2007 年度广东省高等教育教学改革工程本科重点

外语专业人才培养
质量保证体系研究

仲伟合 彭未名 吴岩 杜雯 著

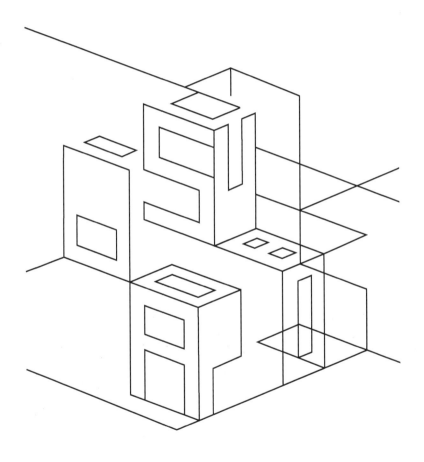

外语教学与研究出版社
FOREIGN LANGUAGE TEACHING AND RESEARCH PRESS
北京 BEIJING

图书在版编目 (CIP) 数据

外语专业人才培养质量保证体系研究 ／ 仲伟合等著. — 北京 ：外语教学与研究出版社，2015.4 (2015.9 重印)
　ISBN 978-7-5135-5962-1

　Ⅰ. ①外⋯　Ⅱ. ①仲⋯　Ⅲ. ①外语教学－人才培养－质量管理体系－研究
Ⅳ. ①H09

　中国版本图书馆 CIP 数据核字 (2015) 第 088770 号

出 版 人　蔡剑峰
项目负责　孔乃卓
责任编辑　赵东岳
封面设计　郭　子
版式设计　付玉梅
出版发行　外语教学与研究出版社
社　　址　北京市西三环北路 19 号 (100089)
网　　址　http://www.fltrp.com
印　　刷　北京九州迅驰传媒文化有限公司
开　　本　650×980　1/16
印　　张　18.5
版　　次　2015 年 5 月第 1 版 2015 年 9 月第 2 次印刷
书　　号　ISBN 978-7-5135-5962-1
定　　价　48.90 元

购书咨询：（010）88819929　电子邮箱：club@fltrp.com
外研书店：http://www.fltrpstore.com
凡印刷、装订质量问题，请联系我社印制部
联系电话：（010）61207896　电子邮箱：zhijian@fltrp.com
凡侵权、盗版书籍线索，请联系我社法律事务部
举报电话：（010）88817519　电子邮箱：banquan@fltrp.com
法律顾问：立方律师事务所　刘旭东律师
　　　　　中咨律师事务所　殷　斌律师
物料号：259620001

前　言

仲伟合

　　随着社会和科技的迅猛发展，高等教育日趋大众化、全球化、市场化，质量成为世界各国高等教育发展的共同主题。提高质量是我国高等教育发展的核心任务，是建设高等教育强国的基本要求。关注质量、保证质量已成为我国高等教育工作的出发点。

　　世界经济一体化迅速发展，我国政治上、经济上、文化上与世界的交流越来越广泛，市场对于外语人才的需求数量越来越大，质量要求越来越高。外语专业成为发展最迅速的专业之一，这体现在专业发展速度、规模和层次上。就我国英语专业来看，已由建国初期23所高校开设发展为1000多所高校开设，规模扩大了近50倍；从20世纪80年代初开始已由单一本科教育逐步发展成为本、硕、博一体化的立体人才培养系统。社会与市场对英语专业人才的需求也在发生着变化：从对单一的英语语言人才的需求转向专业加英语的复合型人才发展，如英语与外交、经贸、法律、新闻等相结合的复合型人才。国家教育部在《高等学校英语专业英语教学大纲》（2000）中就社会对英语专业课人才的需求做出回应，指出："面向21世纪的外语专业必须从单科的培养模式转向宽口径、应用型、复合型人才的教育培养模式。"

　　随着高校专业人才培养目标价值取向的不断社会化和市场化，决定了外语专业人才培养也要以社会整体发展需要为导向。为了主动适应市场对外语复合型人才的需求，调整专业人才培养结构、培养模式，提高人才培养质量，使外语人才更好地为经济发展服务成为所有外语专业人的共识。但是，在目前的英语专业发展中存在着这样两个问题：一方面是英语专业毕业生的激增，使其就业困难，传统的就业渠道趋于饱和；另一方面，随着学生人数的增加，师资和教学条件却得不到保证和提高，因此，培养质量出现不同程度的下降。

提高教育质量是外语专业人才培养工作的重中之重，而质量的提高，离不开质量保证体系、机制、标准的研究与建设。总体而言，我国高等教育质量保证制度建设尚处于探索阶段，缺少完善的高等学校内部质量保证的准则，针对外语专业人才培养质量标准的研究，则更是少而又少。为了提高外语教学质量，为社会和国家培养出更多优秀的外语专业人才，促进经济的增长和社会的全面发展，构建并完善行之有效的外语专业人才培养质量保证体系显得尤为迫切和重要。

人才培养质量保证体系是指教育管理者为保证和提高人才培养质量，用系统论、整体论的原理和方法设置统一的组织机构，把质量管理的各个阶段和环节、学校各部门控制质量的职能和活动有机地组织起来、统一起来，从而形成的一个权责明确、互相协调、互相促进的体系。人才培养保证体系是建立在人才培养质量保证活动和人才培养质量保证机构的基础之上的，一般可分为外部保证和内部保证两个体系，两者有机地结合起来，共同实现对人才培养质量予以保证的功能。

当前我国外语人才培养质量保证体系问题的研究不够深入和细致，我们尝试从多方面、多角度进行理论研究和实践探索。本项目首先进行理论研究。厘清外语专业人才培养质量及其管理的基本理论问题，提出适用于中国语境的外语专业人才培养质量标准和外语专业教学的质量标准，以及质量控制、质量保证、质量改进方案，质量管理的理念、内涵、理论基础、基本特征、评价标准和指标体系等。

我们调查了经济全球化和市场经济条件下外语类专业毕业生应具备的知识结构、能力要求和素质规定，了解了社会对外语专业人才培养的要求，在我国外语专业人才培养现状的基础上，提出了外语专业人才培养的理念、目标，对外语专业人才的培养模式、学生素质培养方案的制定进行了研究。由此提出如何优化外语专业人才培养的课程体系结构，如何进行课程与教学内容的建设。

在外语专业人才培养的目标与内容确定之后，需要通过教学过程系统来推进质量保证。我们进行了教学过程最优化研究、课堂教学质量控制研究、教学测量与评价研究、毕业论文与设计质量控制研究等。外语专业人才培养的教学资源整合系统是质量保证的方面。在教师质量控制方面，我们提出构建教师科学评价体系，促进教师专业化成长。基本教学设备与条件对外语专业人才培养尤其重要。这需要保证教学手段的现代化，充分发挥多媒体、现代信息网络的优势，建构基于计算机技术的英语多媒体教学模式。同时，我们对教学过程质量改进进行了研究。质量改进直接指向慢性问题，它要求诊断和发现原因，并采取纠正措施。此项研究希望可以加强对全国高等院校外语专业人才培养工作的宏观管理与监控，促进高校自觉地加强外语专业学科建设、改善办学条件、强化教学管理、深化教学改革、全面提高外语专业人才培养质量。

然后，在比较、借鉴美国、英国、澳大利亚、法国、德国的外部质量保证体系的基础上，我们提出了我国外语专业人才培养外部质量保证的途径与措施。

最后，我们以广东外语外贸大学为个案，并在比较研究北京外国语大学、上海外国语大学的外语专业人才培养质量标准和质量管理的现实情况和存在问题的基础上，把握外语专业人才培养的全过程，分析研究外语专业人才培养质量监控的规程、流程、流量、流向和管理办法，并按专题开展分类行动研究；以问卷调查和分析、专题研讨、专业人员访谈和实验等方法对外语教学和人才培养质量保证标准进行研究，试图建立外语专业教学和人才培养质量保证体系组织，制定外语专业教学和人才培养的质量标准，编制人才培养质量管理手册。

广东外语外贸大学是华南地区外语专业最多的大学，我们在系统考察和分析外语专业人才培养理念、模式和保障制度的变迁、总结外语专业人才培养的特点与规律的基础上，对外语专业人才培养目标、模式、实施特点和教学与管理评价等做了开拓性的探索。建立了外语专业人才培养的外部与内部质量标准。希望可以为广东省和我国外语专业人才培养模式的改革与发展提供有益的借鉴，为外语人才的培养保证体系的建立提供参考与可行性方案。

国家持续实施高校本科教学质量与教学改革工程，本项目被广东省高等教育教学改革工程列为重点项目。本项目采用了系统分析法、逻辑分析法、比较研究法、调查研究法、实验评估法等研究方法，以保证研究的科学性和可靠性，并力求拥有自身鲜明的特色和独到的创新之处。当然，关于专业人才培养质量保证体系的研究是世界高等教育改革的难点问题，我们的研究仍有需完善之处。希望本书的出版为外语专业人才的质量保障探索提供一个抛砖引玉的契机。对人才保障体系的研究与探索永无止境，我们愿与各位同仁一道共同努力！

目 录

1 导论

1.1 外语专业人才培养质量保证体系问题的提出

如果说，20世纪六七十年代世界高等教育研究的主要课题是教育机会均等问题，80年代的主题是如何提高效率，那么90年代以后的高等教育则踏入了追求质量的年代。关注质量、保证质量已成为我国高等教育工作的出发点。随着社会的发展进步和科技的日新月异以及受经济全球化的影响，高等教育日趋大众化，走向了社会生活的中心。与此同时，人们对高质量的高等教育的需求愈加迫切。

随着我国改革开放的深入、扩大，我们和世界各国的交往越来越频繁，联系也愈来愈密切，加上经济全球化和教育国际化浪潮的推动，我国对外语人才的需求不断提升，外语已由过去单纯的语言交流工具变成一种重要的政治和经济资源。如今，经济全球化已成为世界经济发展的主流。中国若想搭上经济全球化这列快速列车，开展国际间交流和扩大对外开放，外语无疑是基础。特别是加入WTO后，我国要参与国际事务，进行国际间贸易往来，必然面临更加激烈的经济竞争和政治挑战，因此急需一大批专业知识丰富、外语水平较高、全球化视野宽广，同时精通WTO规则的高素质外语人才。外语的地位和作用日趋得到提高，不论是社会的进步还是个人的发展，迫切需要外语这门"实用且高效"的工具作为保证。

顺应这个形势，我国外语专业教育规模不断扩大，水平也不断提高。但是，民众在得到更多外语专业教育机会的同时，外语专业教育质量问题同整个高等教育质量问题一样，越来越受到广泛的关注。

新世纪新阶段，人们对高等质量问题达成了"质量是第一生命线"的普遍共识，提高教育质量已成为教育工作的重中之重。而教育质量的提高，离不开教育的质量保证机制，离不开教育质量保证体系本身的准则。目前，我国高等教育的质量保证工作及其研究方兴未艾，办学质量标准的研究迫在眉睫。总体而言，我国高等教育质量保证制度建设尚处于探索阶段，缺少完善的高等学校内部质量保证的准则，针对外语专业人才培养质量标准的研究，则更是少而又少。因此，为了提高外语教学质量，为社会和国家培养出更多优秀的外语专业人才，促进经济的增长和社会全面发展，建立健全的外语教育质量保证机制，构建并完善行之有效的外语专业人才培养质量保证体系就显得尤为重要。

目前，对高等教育质量保证体系的研究主要涉及高等教育质量的概念、高等教育大众化的质量问题、高等教育评估研究、高等教育质量保证体系研究、对境外高等教育质量保证体系的研究等五个方面。虽然高等教育评估和质量保证国际会议、高等教育保证会议、全国高等教育质量保证会议等相继召开，但是，较系统地研究外语专业人才培养质量的成果在国内外尚未见到。这跟国内对高等教育质量保证的重视程度不够，以及高等教育质量保证机制还不够成熟有关。这些也给我们提出外语专业人才培养质量保证体系问题提供了良好的契机。因此，我们要转变观念，坚持用发展的眼光看问题，充分认识在全球化背景下建立外语专业人才质量保证体系的重要性和迫切性，并应通过一系列系统严密的调查和研究，创造性地提出外语专业人才质量保证体系问题。

1.2 重要概念分析

1.2.1 高等教育质量

高等教育质量是一个复杂的概念，国内外专家学者对质量的理解角度各异，各种看法莫衷一是。联合国教科文组织就指出高等教育质量是一个多层面的概念，应包括高等教育的所有功能和活动。因此，研究高等教育质量保证体系，首先必须厘清高等教育质量的概念，整体、科学地把握其内涵和外延。

高等教育质量是人们对高等教育内在属性的度量。因此，探讨高等教育质量观，必须以研究高等教育质量属性为前提。高等教育质量的属性是高等教育质的体现，可以分为本质属性、自然属性和时代属性：（1）本质属性是指适应性。"高等教育质量是高等教育机体在运转、发展过程中满足其自身特定的内在规定要求与社会的外在规定的一切特性的总和"，即高校培养的人才对社会需求的适应程度和培养成果与培养目标之间的契合程度。（2）自然属性是指多样性。高等教育质量的自然属性是本质属性的延伸和拓展。如今社会对高等教育的需求日趋多样化，提高高等教育对社会需求和自身发展的适应性，需要高等教育适当分工，走多样化发展之路，逐步形成多形式化、多导向化和多层次化的高等教育质量格局。（3）时代属性是指发展性。高等教育质量是一个历史的发展的概念，质量的内涵与标准、人们对质量的理解和认识都处在一个动态的发展变化过程之中。因此，高等教育质量具有很强的时代特征，是一种与时俱进的发展性质量。我们要用发展的眼光看待高等教育质量，不能局限在当时当下。

对于高等教育质量概念，不同的人有着不同的理解，我们认为具体可以从以下四个方面进行具体阐明和解析：（1）卓越，即一流的。质量在很大程度上被视为"卓越"、"优秀"、"第一流"的代名词。对于复杂的质量概念，大致包含大学的等级声望、可享用资源的丰裕度、教学成果和学生能力的提升等。当这些方面都达到"卓越"、"一流"时，才能称之为高质量。（2）达成目标。瑞典的胡森认为，"高等教育质量的高低，就是指高等教育活动所产生的效果达到既定目标的程度，或者说满足社会及受教育者需求的程度。可见，质量是对目标的适应性，这种适应性通过比较与目标的一致程度来测量。（3）满足需要。质量是满足国家和社会需要的程度，主张注重实效、强调社会适应性，把满足社会需要的程度作为衡量教育质量的标准。此外，质量"满足需要"的定义还体现在满足个人发展、实现自我价值的需要上。（4）持续改进。质量是一个历史的发展的概念，与时俱进，具有很强的时代特征。质量的内涵与标准处在一个动态的发展变化过程之中，这就赋予了质量"持续改进"的定义。因此，我们对待质量问题时不应满足现状，而要结合当代高等教育现状和趋势的情况，努力做出适当的调整，对质量进行持续改进和完善。

1.2.2 高等教育大众化

众所周知，21世纪是科技信息时代，经济快速发展，全球化、国际化浪潮一浪高过一浪。在这个大的背景下，教育也与国际接轨，人们对于高等教育的需求愈加饥渴，以往的精英教育已不能解决人们日益增长的接受高等教育的需要。因此，推行高等教育大众化势在必行，它已经成为当今国际高等教育发展的一大趋势。

首先，何谓高等教育大众化？美国高等教育理论家马丁·特罗（Trom）认为，"适龄人口大学毛入学率达15%–50%便进入高等教育大众化阶段"。[1]但是，高等教育大众化是一个内涵丰富的概念，不能仅仅以数量作为其衡量标准，更应该从质量和成果方面去考虑高等教育大众化的标准问题。我们认为，高等教育大众化是指在适龄人口大学毛入学率达到15%以上的情况下，高等教育的成果更加显著和广泛，即受教育者不论身份和地位均享有同等的接受高等教育的机会，教学内容和方法以及涉及领域更加丰富宽广，培养的人才更趋全面化并能满足社会的多方面需求。

1.2.3 高等教育质量保证体系

高等教育质量保证体系建立在高等教育质量保证机构和高等教育质量保证活动的基础上，一般可以细分为外部保证体系和内部保证体系。高等教育质量的外部保证体系是指全国性或区域性的专门机构，主要任务是领导、组织、实施、协调高等教育质量鉴定活动与监督高等教育机构内部质量保证活动，其成员包括高等教育界与高教界之外的专家。高等教育质量的内部保证体系则主要负责高等教育机构内部的质量保证活

---

[1] Martin Trow. Elite and Mass Higher Education: American Models and European Realities. Contribution to the conference Research into Higher Education: Processes and Structures. June 12-16, 1978. Dalaro, Sweden.

动。高等教育质量的外部和内部保证体系结合起来共同实现保证高等教育质量的功能。

1.3 研究外语专业人才培养质量保证体系问题的目的与意义

《高等学校英语专业教学大纲》实施多年来，我国的外语专业教育获得了长足发展。开设英语专业的本科学校已达1300余所。但随着规模的扩大，外语专业教学本身的问题暴露得越来越明显，存在着"思想观念的不适应，人才培养模式的不适应，课程设置和教学内容的不适应，学生知识结构、能力和素质的不适应，教学管理的不适应"。外语专业人才培养是坚持"语言文学本色"，还是强调"与其他专业结合的特色"？外语专业人才培养质量标准莫衷一是。何谓高校外语专业人才培养质量标准？精英与大众高等教育背景下外语专业人才培养质量标准有无本质区别？当前我国外语人才培养质量标准和质量保证体系存在哪些问题？如何在高等教育大众化阶段有效建构外语专业人才培养质量标准和质量保证体系？目前理论界对这些问题还少有探讨，因而本研究将着重解析上述问题，不仅具有现实性，研究过程中注重理论联系实际，具有较大的理论价值和实践意义。

1.4 外语专业人才培养质量的保证体系研究的现状及发展趋势

由于质量是高等教育的生命和灵魂，直接关系高等教育的兴衰，所以对高等教育质量保证体系的研究一直是高等教育理论和实践者关注的重大课题。国内针对高等教育的研究主要有以下特点：以介绍性的定性研究为主。有些硕士论文虽然用了定量研究方法，但是因为没有学校相关机构的参与，外加个人的研究时间与能力所限，所以其成果并不具有普遍性与政策的指导性。至于较系统地研究外语专业人才培养质量的成果，在国内外尚未见到。因此，本研究极具开拓性和创新性。

1.5 研究思路及研究方法

1.5.1 研究思路

一、厘清外语专业人才培养质量及其管理的基本理论问题，开展外语教学的质量标准研究。提出适用于中国语境的外语专业人才培养质量标准和外语专业教学的质量标准，以及质量控制、质量保证、质量改进方案，质量管理的理念、内涵、理论基础、基本特征、评价标准和指标体系等。

二、以广东外语外贸大学为个案研究，并在比较研究北京外国语大学和上海外国语大学的外语专业人才培养质量标准和质量管理的现实情况和存在问题的基础上，把握外语专业人才培养的全过程，分析研究外语专业人才培养质量监控的规程、流程、流量、流向和管理办法，并按专题开展分类行动研究；以问卷调查和分析、专题研讨、专业人员访谈和实验等方法对外语教学和人才培养质量保证标准进行研究，试图建立外语专业教学和人才培养质量保证体系组织，制订外语专业教学和人才培养的质量标准，编制人才培养质量管理手册。

三、在调查经济全球化和市场经济条件下外语类专业毕业生应具备的知识结构、能力要求和素质规定，了解社会对外语专业人才培养的要求和学校的教学条件的基础上，对外语专业人才培养计划即教学计划、教学大纲、学生素质培养方案的制定进行研究。具体研究：各外语专业如何根据高校的定位，结合各学校自身的优势设置课程；各种课程设置先后顺序对学生学习的影响；课程设置如何与培养目标密切结合；以及学生的民族精神素质、外语专业素质、涉外文化素质、跨文化交流的心理素质和创新素质。

四、对包括教学计划、课堂教学、实践教学、考试考查、毕业设计等教学过程质量控制进行研究，使目标控制与过程管理有机地结合起来。包括外语专业教学质量评价体系研究、教师评价研究、专业课程与通识课程的比例与平衡问题研究、教学管理的规范化与灵活性问题研究、学生如何评教及其对教师专业发展的影响。

五、对教学过程质量保证进行研究。具体包括课程主讲申报制度、外语教学的最合理师生比、外语专业教师进修制度建设。

六、对教学过程质量改进进行研究。质量改进中的"改进"是指有组织地确立有益的改变或取得前所未有的绩效水平，质量改进直接指向慢性问题，它要求诊断和发现原因，并采取纠正措施。以加强对全国高等院校外语专业人才培养工作的宏观管理与监控，促进高校自觉地加强外语专业学科建设、改善办学条件、强化教学管理、深化教学改革、全面提高外语专业人才培养质量。

1.5.2 研究方法

一、系统分析法：本项目是一个庞大的系统工程，涉及到语言学、教育学、心理学、管理学、信息技术、网络技术、多媒体技术等若干学科和相关领域，需要研究其内在联系，以形成最佳结构并发挥最大功能，并建构相应的质量标准和质量保证体系。

二、逻辑分析法：弄清理论的内在要素及其与实践的逻辑关系，这是提高本项目研究质量的关键。

三、比较研究法：比较研究法渗透于整个研究过程中。比较广东外语外贸大学、北京外国语大学、上海外国语大学等高校中对外语专业人才培养，比较外语专业教学与其他专业教学，中西方比较，实验比较。

四、调查研究法：对现有的同类专业进行问卷调查，分析研究其中的优点和缺点，并总结归纳和提炼。

五、实验评估法：对于一些技术性的研究要进行实验，以取得第一手数据，并对其进行评估，从而提高本研究成果的可靠性。

此外，我们还制订了项目的具体实施计划，使各项工作有步骤按程序地有效进行，同时还撰写了对于项目的可行性分析，全面具体地分析项目的科学性和可行性。而且，此项目还独树一帜，拥有自身鲜明的特色和独到的创新之处。

【参考文献】

[1] 仲伟合. 美国高等教育的发展经验对广东高等教育发展的借鉴 [J]. 广东外语外贸大学学报. 2005 年第 16 卷第 2 期.

[2] 王茹勤. 谈加入 WTO 对高素质外语人才的需求 [J]. 河南金融管理干部学院学报. 2003 年第 5 期.

[3] 胡高，胡弼成. 高等教育质量：理性评价与认识[J]. 宁波大学学报（教育科学版）. 2004年第4期.

[4] 彭未名. 对"大学管理制度化"的批判[J]. 科技进步与对策. 2007年第24卷第8期.

[5] 李志仁. 我国应建立高等教育质量保证体系[J]. 高教探索. 2001年第2期.

[6] 仲伟合. 新形势下高校教学管理面临的问题与对策[J]. 广东外语外贸大学学报. 2007年第18卷第5期.

[7] 彭未名. 素质教育与人的现代化的一体化[J]. 中南民族大学学报（人文社会科学版）. 2002年第22卷第2期.

[8] 袁长青. 智利高等教育改革及其对中国的启示[J]. 外国教育研究. 2008年第35卷第11期.

[9] 陈建平. 通识教育与素质教育[J]. 广东外语外贸大学学报. 2003年第14卷第3期.

[10] 李志仁. 我国应建立高等教育质量保证体系[J]. 高教探索. 2001年第2期.

[11] 庄芙蓉. 高等教育大众化时期质量保证体系的构建[J]. 理工高教研究. 2006年2月第1期.

2 外语专业人才培养质量保证体系建设的基本理论

2.1 外语专业人才培养质量标准研究述评

2.1.1 人才培养质量的内涵、标准及其发展

质量是高等教育的灵魂和生命线所在，是国内外教育理论者和实践者极为关注的话题。研究和构建外语专业人才培养质量保证体系，必须充分把握质量内涵及标准的发展，一切以质量为中心和出发点，各项工作进展都必须依靠质量的保证和改进为依据。世界是不断发展变化的，为适应新情况，质量的内涵和标准也处于不断发展变化的进程当中。我们不能局限于一时一地，用狭隘停滞的观点看待质量问题，要明确地以发展的眼光和永不满足的态度，积极探讨质量的内涵与标准。

一、人才培养质量的内涵及其发展

研究人才培养质量的内涵及其发展，可以从探究人才培养质量的本质和特性上入手。人才培养质量，本质上是指高等教育机体在运转、发展过程中满足其自身特定的内在规定要求与社会的外在规定需要的一切特性的总和，它是内适性需要与外适性需要、内在的认识论质量与外部的政治论质量的有机融合与统一。内适性需要，一般是指学术的创新与发展、科学和真理的追求需要，学生个体发展与提高的需要，以及高等

教育自身发展规律的需要；外适性需要，一般是指家长的期望、用人单位和社会的需要。

国外学者关于人才培养质量的主要观点：第一种观点是高等教育的质量就是达成标准。政府、学术机构或利益集团为高等教育制订出某一标准，高等教育以此为目标进行努力，如果能达到这种参照标准，这种教育就是有质量的教育。第二种观点认为高等教育的质量就是满足期望。它认为高等教育就是要满足消费者对高等教育的期望，不同的消费者对高等教育的期望类型与期望值均不相同，越能最大限度地满足他们的期望，高等教育的质量就越高。第三种观点认为高等教育质量应该是达到投入与支出平衡。它是运用经济学观点对高等教育质量进行分析。教育活动是一项高投资活动，教育活动的收获应该与支付的资金基本适配，钱花得越少，产出越多，则高等教育质量越高。第四种观点是高等教育质量是一种学生改造过程。学生通过接受高等教育，拓宽知识，提高能力，更好地融入社会。教育质量与学生在改造过程中出现的变化呈正相关性。第五种观点认为高等教育质量被称为精英质量观。人们认为的精英学校如英国的牛津大学和剑桥大学，他们很少怀疑它们的教育质量，因为这些大学提供的教育是普通大学无法代替的，具有本身的独特性。

人才培养质量的本质是人才培养质量特性的总括和升华，特性则是本质具体的延伸和拓展。探讨人才培养质量的内涵，在分析了人才培养质量的本质之后，还要着重把握其各方面的特性，这样才能比较全面完善地识别或区分不同类别和层次质量。人才培养质量的特性便是人才培养质量所特有的能够辨别和解析不同层次质量的一种性质。

人才培养质量具有如下五大基本特性：

第一，适应性。用人单位和社会需要及其得到满足的程度是检验人才培养质量的重要标准，适应性是人才培养质量的本质特性。对于人才培养质量，应当根据人才培养的目的设定相应的规格和标准，来检验标准对目的的适应性。离开目的和对目的的适应性漫谈质量毫无意义。1998年召开的世界高等教育大会指出，"衡量高等教育尺度，应当是介于社会的期望与学校行为之间的适应。"也就是说，高等教育的发展要与社会问题紧密联系，充分考虑社会期望目标和需要，努力适应经济社会和个体发展的需求。为提高人才培养质量，更好地体现高素质人才对国家和社会的独特价值，必须培养和形成人才培养对社会期望的针对性的和适应性。

世界高等教育问题专家纳伊曼认为，当今和未来人才培养能否得到持续发展，在很大程度上取决于它和周围环境是否成功地取得了联系，是否与它要为之服务的社会、就业市场和劳动力市场成功地取得了联系。因此，只有当人才培养成功地表现出它对国家和社会有效用，能够满足社会需要和个人需求的时候，它才能够取得长足的发展和进步，为社会经济的发展和个人自我价值的实现做出贡献。

第二，功效性。它指的是人才培养机体在运转和发展过程中依据其自身要求所产生的效益和功能。功效性的性质必须同机体本身的要求保持一致。如果人才培养机体的结构不合理甚至偏执，即使其产生的功效很大，但从性质上来说却会损害人才培养的质量。评价人才培养的功效性时，首先应判定其性质，然后再考察其具体内容。

为此，提高人才培养质量的功效性，需做到以下几点：（1）有效动员、组织、开发和利用人才培养资源和社会资源。人才培养资源和社会资源是人才培养机体得以运转和发展的最基本的动力源。由于这些资源往往是潜在的，并且需要进行重新组合或改造，因此必须转变传统观念，高度重视这些资源，采用合理的组织手段和开发方式，使其最终产生的功效最大化。（2）提高人才培养机体内部结构的合理性，最大限度地降低其内耗程度。如果人才培养机体内部结构的不合理，体制不完善，就会导致许多人才培养功效在产生以后，被不必要的机体内部的摩擦、冲突、纠纷而不断消耗和抵损，从而造成无端的浪费。人才培养机体的内耗程度越大，其功效性就越弱。因此，必须着力完善人才培养机体的内部结构，使其内耗程度降到最低，从而最大化地发挥其功效性。（3）减少人才培养机体在运转和发展过程中产生故障数量，努力降低损耗。任何人才培养机体在运转和发展过程中都免不了会遇到一些难题，产生一些故障，只是每个人才培养机体故障数量的多少、程度的大小因各自的实际而有所不同。产生的故障越多，程度越严重，则机体的功效性就越低。所以，在人才培养过程中，应大力解决人才培养机体在运转中所产生的故障，并且在修补和完善的基础上不断创新，使机体的功效性不断改进和提升。

第三，全面性。21世纪需要一种新型的人才培养质量观，即全面质量观。这种新型的全面质量观，综合了各种界定和认识，要求以全面系统的观点，用全方位的维度去评价人才培养的优劣。从最基本的因素分析，人才培养的全面质量，应该从以下几个角度去把握：第一，教育目标的质量，即目标的合理性，高校人才培养目标与办学类型和层次的一致性；第二，教育过程的质量，即专业与课程的设置质量，师资队伍的结构质量，教学秩序和环节的实施质量，高校管理人员的素质质量等；第三，教育制度的质量，即人才培养制度的科学性与先进性，管理机构符合规律的质量；第四，教育设施的质量，即高校校舍、设施的齐备，教育教学手段的现代化程度；第五，也是最重要的，教育产品的质量，即高校毕业生在思想品德、专业知识与技能、综合文化修养等方面达到的水平，高校培养的人才满足社会需要的程度及在社会中所起的作用。

第四，协同性。协同性主要有两层含义：（1）人才培养机体本身各环节、各层面之间的协调。人才培养机体是一个由多个环节、多个层面构成的整体，这些环节和层面互相制约、互相依存，任何一个环节或层面都不能脱离其他成分而独立存在和运转。单个环节或层面的突进短期内或许可以奏效，但是，无法长期持续下去。人为地保持单方面突进，从长远来看，是有害于整个人才培养机体的。因此，人才培养机体的良性运转与发展有赖于人才培养机体自身各个环节、各个层面之间的良性协调、运转与发展。（2）人才培养机体与环境之间的协调。人才培养机体存在于一定的环境之中，同时，其运转与发展又会影响环境的变化，尤其是在大学成为"社会的中心"的今天。因此，人才培养机体的运转与发展不应以破坏环境为代价，而应保持一种互动持续发展的协调关系。否则，会妨碍机体正常的运转与发展，导致人才培养质量的下降。另外，协同性不仅仅是指人才培养机体各个环节、各个层面，以及其与环境之间的相互依存的关系，更为重要的是指它们相互促进，自觉发展，主动创造的性质。

第五，发展性。发展性是人才培养的时代属性。一定的"时代"特征已成为评判人才培养系统是否达到了最优化状态的必不可少的标准，撇开一定的时代条件孤立地考察人才培养质量是没有意义的。人才培养质量是一个历史的、与时俱进的、具有很强的时代特征的概念。人们对质量的理解随着时代的变化而变化，质量的内涵与标准也就处在一个动态的发展变化过程之中。这是因为，首先，人才培养所要满足的对象的需要是不断发展的，必须有效满足这种日益增长的需要。其次，人才培养在适应社会需要的过程应该是一个动态的过程，在这个过程中，不能预设特定的模式和标准，而应该发展人才培养的多样性来满足社会需求的多样性。因此，面对瞬息万变的世界，高校的人才培养要做好充分的准备，不断改革和完善自身，以对应和满足社会的改革和发展。最后，人才培养系统必须调适自身和优化系统的结构，优化配置，努力成为一个动态的、开放的系统，从而迅速而灵活地适应环境的变化。

二、人才培养质量的标准及其发展

由于人们对质量的看法和认识不尽相同，对质量的研究角度和范围也都不一样，对于处在不断发展变化之中的人才培养质量标准也有各自的理解。但是，无论是哪个角度的剖析，都离不开一个比较普遍的对质量的衡量标准。综合各家的看法，我们提出一个大家普遍认同的人才培养质量的标准。它包括以下四个方面：

（1）卓越，即一流的。戴维（David）视质量为"卓越"、"优秀"、"第一流"的代名词。质量在很大程度上与卓越同义使用。"质量"在这个层面主要指培养目标所要达到的水平和程度。高等教育的目标在于培养出适应社会发展需求的高素质的创新型人才，也即是卓越、优秀、一流的人才。通常情况下，人们会从高校所培养出的学生素质的高低优劣来判断和评价该校人才培养质量程度的卓越与否。艾斯丁（A. W. Astin）则认为，对于复杂的质量概念，大致包含大学的等级声望、可享用资源的丰裕度、教学成果和学生能力的提升等。实际上他们是把质量看作是外在的为大家所赞誉或称道的现象，主张用高质量代表质量的本义。

卓越、优秀、一流是人才培养质量标准的第一层涵义。这些名词代表的是高校所培养的人才所应具备的思想品质、综合素质和专业的本领。首先，合格、卓越的人才必须具备高尚的思想道德素质，这种素质决定于个人的世界观、人生观和价值观，在现实生活中通常表现为原则性、诚实性、责任心、事业心、为人民服务的意识、团结合作的作风以及勇于克服困难的精神等。其次，必须拥有全面的综合素质，即人们常说的

"德智体美劳"全面发展。既要有高尚的道德情操，又要有出众的知识能力；既要有欣赏美的能力，又要有敢于吃苦的精神以及出色的身体素质。再次，要掌握过硬的专业本领。专业的本领是社会对人才的基本要求，只有拥有过硬的本领和专业素质，才有能力为社会坐贡献。因此，对自己研究的领域要积极探索，不俱困难、勇于挑战、潜心研究，掌握专业的本领并不断开拓创新。

（2）达成目标。瑞典的胡森（T. Husen）认为"质量就是人们期望学校给学生带来的不仅仅局限在认知领域的变化"，"高等教育质量的高低，就是指高等教育活动所产生的效果达到既定目标的程度，或者说满足社会及受教育者需求的程度。"[1]可见，质量是对目标的适应性，这种适应性通过比较与目标的一致程度来测量。

这里把评估人才培养质量的尺度定义为是否符合标准，能否达成既定目标。高校在办学之初，应通过分析和把握自身的特色，给予自己合适的定位，并制定相关的合理的人才培养计划和目标。人才培养质量的优劣可以从教育活动产生的结果的好坏状况、教育成果给社会带来的满足程度，以及受教育者自身需求和价值的实现程度等方面是否达成既定目标来判断和评价。

（3）满足需要。美国质量管理专家朱兰博士从用户的角度出发，把质量定义为"适应性"，主张注重实效、强调社会适应性的"外适性质量"，认为质量是满足国家和社会需要的程度。以莫迪（G. C. Moodie）为代表的专家学者也以实效性作为衡量质量的标准，指出教育质量应能体现时代的精神，反映社会发展的方向和水平。他们提倡的"外适质量"所体现的是社会本位的教育价值观，把满足社会需要的程度作为衡量教育质量的标准。当今的人才培养模式，必须以社会的需要和市场的需求为根据，调整学校的专业设置以及专业的培养目标、培养规格，使人才培养更好地适应经济与社会发展的需要。

此外，质量"满足需要"的标准还体现在满足个人发展、实现自我价值的需要上。贾汇亮认为，"高等教育有促进个体发展的功能，可有力

---

[1] 托尔斯顿·胡森. 平等——学校和社会政策的目标[M]. 国外教育社会学基本文选. 上海：华东师范大学出版社，1989.

地保证个体在更高层次上的全面、自主的发展。"可见，高等教育能够促进个人的自由全面发展，将学生充分培养成为高素质的人才，满足其自身发展的需要。人才的培养不仅要满足社会的需要，而且首先得满足受教育者自我发展，实现自身价值的需要。

（4）持续改进。高等教育质量观是一个历史的发展的概念，具有很强的时代特征，是与时俱进的发展性质量。质量的内涵与标准处在一个动态的发展变化过程之中，这就赋予了质量"持续改进"的定义。该定义比较适用于"内适性质量"。"内适质量"体现的是知识本位的教育价值观。其比较注重影响教育的因素，不满足于短期效果，而重视追求科学和真理。崇尚知识，追求真理是一个永无止境的过程，在这个过程中，我们应当注重对教育质量的持续改进，在原有的基础上不断提高，向更高的层次发展。

事物是不断发展变化的，我们不能局限在当下，要用发展的眼光看问题，解决问题。高等教育的发展也一样，在改革的过程中会遇到各种新的难题，我们要做的就是不断在实践中发现新情况，解决新问题，用发展的眼光看待高等教育的质量建设与改进。随着时代的进步和教育的改革，高等教育的质量的衡量尺度也是不断发展的。因此，我们对待质量问题时就要对其进行持续改进，不应满足现状，而要结合当代高等教育现状和趋势的情况，努力做出适当的调整，并做出有益的尝试。

总而言之，随着时代的变迁，经济社会的发展，人才培养质量标准会不断变更和发展，内容更加充实，范围更加广泛。这就需要人们在实践中不断总结经验，吸收以往人才培养标准的精华之处，结合时代的特征，不断注入新的色彩和面貌，用更加新鲜的科学的标准去培养人才，满足国家和社会的需要，促进经济社会和教育事业全面协调发展。

三、人才质量保障及其必要性

质量保障指建立一个持续的可信赖的不断满足目标并能够周期性审查的体系和程序。质量保障强调目标持续性和可信赖的达成。高等教育质量保障则是指相关主体通过运用质量管理、质量监督、质量控制、质量审计、质量认证和质量评估等手段，所进行的高等教育质量的持续促进活动。[1]

质量保障的概念只是近年才在我国高等教育领域得到使用，引起人们的关注。在我国，人们在理论和实践中比较常用的概念还是评估、考核、控制、管理等。随着质量保障影响的不断扩大，一些高等学校纷纷展开质量保障方面的活动，人们对质量保障的认可度逐渐提高。高等教育质量保障得到重视，它为确立高等教育质量标准，提高办学质量，提供了一条新的路径，为高等教育质量工作提供了一个新的角度。高等教育质量保障将内部与外部、内在与外在的质量关系有机地结合起了，有利于加强高等教育质量工作，有利于确立以学校为本位的办学质量观，有利于建立以学校为本位的质量工作体系。

保障体系是建立方针和目标并实现这些目标方针的体系，它由一组相互关联或相互作用的要素构成。高等教育质量保障体系是与高等教育质量保障有关的基本要素相互联系，相互制约而构成的整体。根据实施高等教育质量保障的主体不同，高等教育质量保障体系可分为内部质量保障体系和外部质量保障体系。内部质量保障体系是指学校内部负责教育的质量保障活动，建立管理体系从而实现连续有效的质量控制和提高质量。内部体系通过成立各种机构委员会，结合工作考核机制、年度财务审计、年度总结与奖惩机制，监督和保障教育质量，通常包括校务管理委员会、学术委员会、教职工代表大会、专业教育委员会、教学指导委员会、教学督导（顾问）委员会等。

外部人才质量保障体系是指学校外部为了对学校教育质量实施连续有效的质量监控所建立的监控体系，通常是由政府设立的专门机构组成。对于高等教育质量保障而言，外部质量保障体系着重强调检查和监督高校的质量，以及保证高等学校对自身质量的管理。随着社会功能的加强，越来越多的社会组织通过评估评级等方式对高等教育质量进行监督。社会参与高等教育的评估和监督，既包括对政府关于宏观高等教育发展战略规划等重大决策的参与和监督，又包括对高校办学的参与和管理，如各高校的科学定位、办学理念、办学方向、人才培养目标与质量、结构与特色等。

---

[1] 张静. 比较视野中我国高等及我国质量保障体系研究 [D]. 西安电子科技大学，2007.

2.1.2 外语专业人才培养质量标准

人才培养质量标准受社会经济、政治、文化所制约，不同的时代有着不同的人才培养培养质量标准。上世纪90年代末的一次外语专业毕业生需求问卷调查显示：国家机关、国有企业、外经贸公司、部队和教育部门对单一外语类毕业生的需求量已经降至为零，而希望外语专业毕业生具有宽泛知识能力与人文素质的则占了66%以上。国家出台的《关于外语专业面向21世纪教育改革的若干意见》指出：市场对单纯的语言类毕业生的需求量正在逐步减小，外语专业必须从单科的"经院式"人才培养模式转向宽口径、应用性、复合型人才的培养模式。这正是现阶段构建外语专业人才培养质量标准的必由之路。

审视过去单一的、过分强化专业教育、要求培养各种专家的传统外语专业人才培养质量标准，必须清醒地认识到它所暴露出来的弊端：培养出来的学生知识面较窄，文化素质和底蕴不够，动手能力和创造能力较为贫乏等。因此，外语院校在人才培养质量标准上应该有明确的定位，即必须遵循外语作为人才培养的核心地位不动摇，同时培养学生过硬的专业技能以及深厚的人文底蕴、出色的跨文化沟通能力、宽广的国际视野和敏锐的创新意识。此标准完全遵循了外语教学和人才培养的自然规律，在突出以外语为核心的前提下，补充了必须掌握的专业技能以及人文底蕴和素质。外语院校培养出来的学生首先要具有非常坚实的外语基本功，这是外语专业人才培养质量的本质和特色所在，丢掉了外语这个特色，就毫无优势和发展可言。只有具备了深厚的外语功底，才能具备跟不同文化背景的人进行沟通和交流的基本能力。与此同时他们应该能够将专业技能与人文素质作为语言的内容和内涵进行强化，从而使得他们在扎实的外语基础上能力和素质得到不断加强与拓展。

据此，在经济全球化、高等教育大众化和国际化背景下，外语专业人才培养质量标准应该是：具有外语思维能力；具有适应经济全球化以及各种社会挑战的听说读写译水平；具有批判的、系统的推理能力和跨文化交际能力，具有敢于创新、独立开展与外语相关工作的能力；具有适应涉外工作的思想道德素质及对外竞争与合作的能力；具有对外国文化的评判能力和辨别能力，熟悉中外不同的思维方式；具有观察不同学科、文化、理念并且融会贯通的能力；具有终身学习能力。这是外语专业人才质量标准中都应该包括的。

在国际化的环境下，能够适应经济全球化形势的外语专业人才，既懂得本民族的价值规范体系，又能融入世界优秀文化之林；既有世界眼光、国际意识，又有强烈的民族自信心、自强感。外语专业学生若只学外国语言及其文化，而对我们自己伟大祖国的民族文化和历史却一无所知，或不甚了解，那就不是合格的外语人才。作为中国人，首先必须深刻把握中华民族的民族精神和价值体系，熟练了解本民族的文化，增强民族自尊心和自豪感。同时，经济全球化又要求外语专业学生必须具备宽广的国际视野和敏锐的国际意识，在本民族价值体系的底蕴下灵活锻造先进的世界思维和眼光。在此基础上，还应具备国际化的视野和世界民族平等的意识，深入了解其他民族文化和价值体系，努力培养和提高自己的跨文化交流知识，不断加强和完善跨文化交流的能力。

2.1.3 精英与大众高等教育背景下的外语专业人才培养质量标准

高等教育的产生和发展与人类社会的进步密切相关，社会的每一次重大变革和进步都向高等教育提出了新的要求，从而产生新的高等教育思潮。高等教育大众化这种趋势和思潮便是社会发展的必然趋势，更是高等教育自身发展需要的一种必然选择。事实上，无论是在精英教育阶段还是大众化阶段，高等教育质量一直是高教界和全社会非常关注的话题。在全球化盛行的今天，外语专业人才培养质量急速提上日程，精英与大众高等教育背景下的外语人才培养质量标准有何不同？在比较和总结两者差异的基础上，外语人才培养应如何应对时代发展提出的要求？这些已成为外语院校和高教界需要切实解决的当务之急。

在计划经济时代，高等教育长期处于发展相当缓慢的精英教育阶段。在这一阶段，外语专业人才培养质量标准比较单一，过于强调培养外语专家，而忽视了对外语人才基本人文素质、宽泛知识能力及创新能力的培养，导致了培养出来的人才成为简单的"外语工具"，而不具备跨文化交流合作的和能力，更缺乏深厚的人文底蕴和素质，不能适应社会对创新型复合外语人才的期望和需要。

现阶段，我国的高等教育已经从精英教育过渡到大众化教育。步入高等教育大众化时代，很多人的认识并未随高等教育发展阶段的变化而相应变化，仍然不自觉地用单一的精英教育质量标准来评价大众化人才培养质量。这种与现实错位的观念是狭隘落后的，应尽快转变人才培养质量观，切实建构起符合大众化阶段的合理的人才培养质量标准。在高等教育大众化背景下，我国外语专业人才培养

总体规模不断扩大，更多的适龄青年有了接受外语培养和教育的机会，产生了一定的良性效应。但是，在数量不断增长的同时，人才培养质量却不见提高，甚至还有所滑坡。大众化阶段外语专业人才培养质量问题更加引起了全社会的广泛关注，此阶段的外语专业人才培养质量标准也应随着时代的发展而不断充实内容，提高自身科学性。

大众化阶段外语专业人才培养质量标准应该是：具有外语思维能力下的适应经济全球化以及各种社会挑战的听说读写译水平；有敢于创新、独立开展与外语相关工作的能力，具有适应涉外工作的思想道德素质及对外竞争与合作的能力，具有对外国文化的评判能力和辨别能力。同时熟悉中外不同的思维方式，具有观察不同学科、文化、理念并且融会贯通的能力，具有终身学习能力。

与精英教育阶段不同的是，此标准更加突出"质量"问题，把外语专业人才的综合素质和创新能力是放在举足轻重的地位。大众化阶段，市场对单纯的语言类毕业生的需求量正在逐步减小，对外语人才的要求已经不再仅仅局限于简单的外语水平的层面上，而是需要外语专业毕业生具有更加宽泛的知识能力与人文素质以应对全球化背景下的新挑战。也就是说，评判外语专业人才培养质量的标准应该转变为：外语专业毕业生是否是宽口径、应用性、复合型的创新型人才。同时，为达到这一标准，外语院校要发扬先进的办学理念，树立以市场为导向、以能力素质为本位的人才培养观，以学生为中心、以实践能力、创新能力培养为核心的教学观，以及以综合素质提高为重点、以社会评价为主要依据的教育质量观。并且开阔办学视野，拓宽办学思路，保持和弘扬传统特色，广泛寻求合作，从而真正走出一条新型的外语人才培养新路。

2.2 外语专业人才培养质量保证体系及其标准

2.2.1 外语专业人才培养目标体系

随着高校的持续扩招，外语专业已经成为我国高校中规模最大的专业，全国开设英语专业的高校达1000多所，最新统计显示，目前英语专业在校生已超百万。一方面，英语专业毕业生的激增，使其就业困难，传统的就业渠道趋于饱和。另一方面，随着学生人数的增加，师资和教学条件却得不到保证和提高，因此，培养质量出现不同程度的下降。所以设立外语人才保证体系成为必要。

21世纪是一个国际化的知识经济时代。我们所面临的挑战决定了21世纪我国高等学校英语专业人才的培养目标和规格：这些人才应具有扎实的基本功、宽广的知识面、一定的相关专业知识、较强的能力和较高的素质。也就是要在打好扎实的英语语言基本功和牢固掌握英语专业知识的前提下，拓宽人文学科知识和科技知识，掌握与毕业后所从事的工作有关的专业基础知识，注重培养获取知识的能力、独立思考的能力的创新的能力，提高思想道德素质、文化素质和心理素质。高等学校英语专业教学指导委员会确定了21世纪我国高等学校英语专业人才培养的目标，明确提出了培养复合型外语人才的任务，即把学生培养成既熟练掌握一门外语的各种技能，懂得该门外国语基本知识，也具有其他一门学科的基本知识和技能的一专多能的人才。教育部颁发的《关于外语专业面向21世纪本科教育改革的若干意见》（1998）强调："从根本上讲，外语是一种技能，一种载体；只有外语与某一被载体相结合，才能形成专业"[1]。

2.2.2 外语专业人才培养的本科课程标准及教学

随着全球信息化的时代的来临，随着世界全面教育改革的展开，那么面对未来，外语教学应该如何为公民能在多元文化的地球村中生存和发展做准备？如何为人们更好地利用信息技术进行知识创新做准备？如何解决知识教育与能力培养之间的严重矛盾？等等一系列问题使世界上许多国家开始重新认识外语教育的价值，纷纷改革其教育思想、教育内

---

[1] 蓝仁哲. 高校外语专业的学科属性与培养目标——关于外语专业改革与建设的思考[J] 中国外语.2009（11）

容、教育方法和评价体系。灵活性、基本技能、开阔的思维、终身培训、个人自主及创造性将成为这一新型教育的主旋律。

　　课程体系改革和课程建设是外语专业教学改革的重点和难点，也是人才培养的关键。21世纪复合型外语人才的培养目标和人才培养的模式出发重新规划和设计新的教学内容和课程系。应改变目前学科单一的现状，多开设与复合学科有关的专业课、专业倾向课和专业知识课，加强课程的实用性与针对性，在进行专业课教学的同时，把专业知识的传播同语言技能训练有机地结合起来，提高课程效益。改造现有传统课程，增开一些适应社会发展需要的、实用性强的专业课程或相关专业选修课，可以尝试某些高校目前正在试验的人才培养模式，如外语加专业知识、外语加专业方向、外语加专业、专业加外语以及双学位制等。

2.2.3 外语专业人才培养的教学资源整合

　　长期以来，受应试教育的影响，我国的外语教学存在着重视集体教学，忽视个别差异；重视知识传授，轻视能力培养；强调教师的主导地位，忽视学生的主动性、创造性的弊端。这种教学方法培养出来的学生缺乏自己学习和生活的能力，缺乏创新精神和综合应用语言的能力，这同知识经济时代对复合型外语人才的要求是相违背的。

　　现代化的教学思想强调学生的主体作用，重视教为主导，学为主体的辩证统一；调动学生的情绪，激发学生学习的兴趣，重视主动参与意识；强调教育的社会化、终身化，重视学习环境的拓展与受教育时限的延长；强调教育的平等化、个性化，重视个性教育及个性差异的客观存在。强调培养学生的创新精神和创造能力，注重素质教育，强调学生个性发展，培养学生独立思考，独立发现问题、解决问题的能力，改变以教师为中心的传统教学方法，突出学生在教学活动中的主体地位，将课堂教学与语言实践相结合，充分利用现代教育技术如广播、录音、投影、电影、电视、录像、计算机、多媒体和网络为外语教学提供便利，鼓励和指导学生主动了解国际局势，学习中外历史文化，熟知现代科技发展情况，通晓我国对外政策，提高学生对文化差异的敏感性、宽容性和处理文化差异的灵活性，培养学生跨文化交际的能力和实际运用语言的能力。

2.2.4 外语专业人才教学管理标准

教学质量是高等教育的生命线，提高教学质量是高等学校的持久主题，也是提高本校声誉最主要最直接的方式。人才培养不仅是高等学校的基础职能，而且是核心职能。相应的，人才培养质量也是衡量高校水平的高低，优劣的最基本标准，而教学质量又是决定人才培养质量的关键因素。由此可以看出教学质量是高校生存和发展的立足之本，是关系高校发展的最为关键的问题，而保证人才培养质量又是高校最为关键的主题。根据国内外的经验表明，提高教学质量和人才培养质量的关键是建立健全科学有效的教学质量监控与保证体系。高校要提高教学质量，就必须不断提高质量意识，以质量求生存，以质量求发展，就必须坚持走质量立校，质量强校之路。

教育部《普通高等学校本科教学工作水平评估方案（试行）》中对教学质量监控体系作了如下界定："教学质量监控体系包括目标的确定、各主要教学环节质量标准的建立、信息的收集整理与分析（统计与测量）、评估、信息反馈、调控等环节。"总体上，六个环节可以被简称为：目标、标准、信息、评估、反馈、调控。上述六个环节相互影响，相互促进。

2.2.5 外语专业人才培养教学质量保障指标体系

质量保障指建立一个持续的可信赖的不断满足目标并能够周期性审查的体系和程序。质量保障强调目标持续性和可信赖的达成。高等教育质量保障则是指相关主体通过运用质量管理、质量监督、质量控制、质量审计、质量认证和质量评估等手段，所进行的高等教育质量的持续促进活动。

无论从哪个视角来认识高等教育质量，都离不开标准。因此，质量问题本质上是标准问题，质量就是达到或符合标准。就高等教育而言，最基本的质量标准有两个，即目标达成和满足需求。首先，教育质量是指某种"标准"，它是"希望达到的目的或目标"或"某种预期状况或水平"。从管理的角度看，人们对教育的预期需要必须转化为能够操作的要素，其中最主要的就是教育目的或目标。就高等教育而言，用其目的或目标来衡量其质量，主要包括两个方面：一是高校在办学过程中有无明确的办学定位和发展目标；二是高校预先制定的办学目标能否有效地完成以及在多大程度上完成。

其次，只有满足高等教育"客户"需求的高等教育活动及其结果才能称得上是有质量的。这是因为仅仅达到预设的目标还不够，目标的适宜性还有待于消费者的检验。否则，某一产品即使达到了预设的标准，但如果不能满足消费者的需要，那么它也只是"合格的废品"，而谈不上质量。因此，衡量高等教育质量是"目标达成"和"需要满足"的统一。

2.2.6 外语专业人才培养质量保证体系标准

质量保证（Quality Assurance）是质量管理的一部分，是"质量管理中致力于对达到质量要求提供信任的部分"（ISO9000：2000–3.2.11）。更具体地说，它是指为提供某实体能满足质量要求的适当信赖程度，在质量体系内所实施的，并按需要进行证实的全部有策划的和系统的活动。

由质量保证的定义可知，"质量保证"已经不是一般意义上的"保证质量"，它已成为一个具有特定内涵的专有名词。其基本思想强调对用户负责，其思路是：为了使用户或其他相关方能够确信组织的产品、过程和体系的质量能够满足规定的要求，就必须提供充分的证据，用以证明组织有足够的能力满足相应的质量要求。其中所提供证据应包括测定证据和管理证据。为了提供这种"证实"，组织必须开展有计划、有系统的活动。质量保证的主要工作是通过进一步完善组织的质量管理，加强产品质量控制，以便准备客观证据表明组织具有满足用户质量要求的实力，并根据用户求有计划、有步骤地开展提供证据的活动。

质量保证分为内部质量保证和外部质量保证。内部质量保证是为了使组织领导确信本组织提供的产品或服务能够满足质量要求所进行的活动。外部质量保证是为了使用户确信本组织提供的产品或服务等能够满足质量要求所进行的活动。

2.3 人才培养质量与保证体系的关系

教育部在其制定的《2003–2007年教育振兴行动计划》中，把实施"高等学校教学质量与教学改革工程"作为其中十分重要的内容，并以此抓手，全面提高高等教育人才培养质量。然而，人才培养质量离不开保证体系的保证和引领，否则就会失去正确的方向，在探索和实践的过程当中走弯路。人才培养质量和保证体系之间有着密不可分的联系，因此，为更全面有效地探究人才培养质量，需要充分了解和深入把握人才培养质量保证体系，辨析和理清人才培养质量与保证体系的关系。人才培养质量保证体系是指教育管理者为保证和提高人才培养质量，用系统论整体论的原理和方法设置统一的组织机构，把质量管理的各个阶段和环节，学校各部门控制质量的职能和活动有机地组织起来，从而形成的一个权责明确，互相协调，互相促进的体系。人才培养保证体系是建立在人才培养质量保证活动和人才培养质量保证机构的基础之上的，一般可分为外部保证和内部保证两个体系，两者有机地结合起来，共同实现对人才培养质量予以保证的功能。

在高等教育大众化这一历史阶段，为了保证人才培养的良性发展，建立和完善人才培养质量保证体系已刻不容缓。建立人才培养质量保证体系是提高办学质量、完善人才培养结构和管理、增加社会信任度的重要措施之一。其必要性主要体现在两方面。

一方面，世界范围内高等教育资源明显呈现出国际化趋势。虽然，教育资源的国际化使我国高等教育在学术交流、国际合作、吸引国际教育投资等领域取得了长足的进步。但是，生源的国际流动、跨国办学和教育资源的国际化，也使得我国的高等教育市场面临被瓜分的危险。这就需要大力建设人才培养质量保证体系，提高高等教育人才培养质量，更好地适应高等教育国际化的形势。另一方面，进入大众化阶段，人们对高等教育需求的不断增长，人才的培养也转入"大规模生产"时期。此时，数量和质量二者的矛盾突显出来，人才培养质量的滑坡已是不争的事实。在此情形下，传统的精英教育管理制度已不能适应新时期的要求，迫切需要建立一种与此相适应的人才培养质量保证体系。

由此可见，建立人才培养质量保证体系对提高人才培养质量，推动等教育发展意义重大。人才培养质量保证体系具有监督、调控、引导、激励等多种功能，对高等教育起到保证作用。今后在转变政府职能、高校自主办学的新体制下，建立人才培养质量保证体系，是解决如何加强宏观管理，建立高校自我约束机制，不断提高教育教学质量的有效途径。十几年的评估研究与实践，丰富了理论基础，累积了大量保证质量的评估做法。我国应该在此基础上建立高等教育质量保证体系，在理论与实践的结合上，在体制上实现高等教育质量的不断提高。

在今后的改革中，应以人才培养质量为核心建立新的管理体制，持续开展人才培养质量保证活动，促进高校不断提高人才培养质量，加强高校与社会的联系，同时鼓励高等教育工作者积极投身高等教育事业，在教学、科研、管理和社会服务等方面做出贡献，督促高等学校建立起自我发展、自我约束的新机制等。我国的人才培养质量保证体系还有待完善，我们应立足国情，借鉴国外评估体制的建设经验，形成政府管理、高校办学、社会参与的发展格局，构建官方评估与非官方评估有机结合的体制。通过政府、高校和社会的共同努力，人才培养质量保证体系的建立将使中国人才培养质量保证进入规范化的新阶段。

【参考文献】

[1] 彭未名. 高等教育质量的本质与特性探讨 [J]. 交通高教研究. 2002 年第 3 期.

[2] 何其莘，秦秀白，陈建平等. 近三十年来我国高校英语专业教学回顾与展望 [J]. 外语教学与研究. 2008 年第 40 卷第 6 期.

[3] 彭未名. 将创新激情融入到时代的呐喊——评《创新教育与创新型人才培养》[J]. 学术交流. 2007 年第 11 期.

[4] 陈玉琨，沈玉顺. 建立高等教育的质量保证系统 [J]. 江苏高教. 1996 年第 2 期.

[5] 王碧艳. 大众化阶段的高等教育质量研究 [D]. 硕士研究生学位论文.

[6] 彭未名. 大众化阶段：高等教育质量保障的发展态势 [J]. 黑龙江高教研究. 2005 年第 8 期.

[7] 张立全. 我国高等教育大众化阶段的教育质量保证探究 [D]. 研究生毕业论文.

[8] 李志仁. 我国应建立高等教育质量保证体系 [J]. 高教探索. 2001 年第 2 期.

[9] 胡高，胡弼成. 高等教育质量：理性评价与认识 [J]. 宁波大学学报（教育科学版）. 2004 年第 4 期.

[10] 赵蒙成，周川．高等教育质量：概念与现实[J]．江苏高教．2000年第2期．

[11] 郑寿春，李晓群，吕荣才．高等教育质量保证体系初探[J]．机械工业高教研究．1995年第4期．

[12] 瞧秀梅．论21世纪复合型外语人才及其培养模式[J]．宁夏社会科学．2001（9）．

[13] 任强．高质量外语人才需求与培养对接研究[J]．北京工业大学学报．2011（5）．

[14] 张静．比较视野中我国高等及我国质量保障体系研究[D]．西安电子科技大学．2007．

[15] 蓝仁哲．高校外语专业的学科属性与培养目标——关于外语专业改革与建设的思考[J]中国外语．2009（11）5．

3 我国外语专业人才培养的本科教育质量现状分析

3.1 本科教育质量的现状及存在的问题

3.1.1 本科教育质量的现状

质量是高等学校的生命线，提高教育质量是高等学校永恒的主题。自1999年党中央、国务院作出了高等教育扩大招生规模的决定以来，我国高等教育从"精英教育"向"大众化教育"迈进的步伐加快，呈现出跳跃式发展趋势。然而，入学门槛的骤然降低，学生入学数量的大幅扩张，使得高等学校的教学基础设施建设，师资队伍的结构、质量和数量等方面的不足凸现出来，教学质量的逆向滑动趋势越发突出，这与社会各方面日益增长的对高等教育人才培养质量更高的要求形成矛盾。因此，如何解决数量扩张和质量保证且不断提高之间的矛盾，如何实现高等教育规模、质量、结构、效益的协调发展便成了目前我国高等教育最重要的研究课题之一，具有很强的现实意义。

近几年，随着高等教育规模的急剧扩张，教学质量的问题越来越凸显。笔者在调查中针对问题"多数学生有过逃课行为"，认为"符合"和"完全符合"的占72.3%，针对问题"大部分学生课上有睡觉、吃东西、看课外书、发短信、听音乐、闲聊等行为"，认为"符合"和"完全符合"的占52.5%，针对问题"你对学生课堂学习的总体评价是"，认为"满意"和"非常满意"的占35.3%，认为"不满意"和"完全不满意"的占33.3%，其余为"说不清"。

3.1.2 本科教学质量的问题

一、多数教师能够完成教学任务，但存在课堂互动不足的问题

调查结果显示：多数教师知识含量丰富，能够顺利完成教学任务，但相应的教育教学能力有所欠缺且不能够有效实现课堂互动，进而不能有效地调动学生的积极性。课堂上仍然是讲授和板书，学生的参与全部属于低频行为；课堂被教师主宰，学生被动应对，气氛沉闷，无吸引力。针对问题"多数教师学科知识含量丰富"，认为"符合"和"完全符合"的占65.3%；针对问题"多数教师在讲课过程中注重介绍该学科的新成果"，认为"符合"和"完全符合"的占44.5%，不足50%，学生满意程度不高；针对问题"多数教师能够有效调节课堂气氛，我不觉得单调、乏味"，认为"符合"和"完全符合"的占39.6%，学生满意程度低；针对问题"多数教师授课语言生动、有感染力，我们爱听"，认为"符合"和"完全符合"的占40%，学生满意程度较低；针对问题"多数教师课上能够实现有效互动，学生积极性高涨"，认为"符合"和"完全符合"的仅占34%，学生满意程度很低。

二、扩招导致生源质量参差不齐，对课堂教学影响较大

随着高校扩招，学生人数迅速增加，由于教学资源有限，多数高校都实行大班额上课，学生间差异性增大，有些专业学生入学成绩相差200分，教师教学和管理的难度陡然增大，进而影响了课堂教学质量。王洪才的调查表明，扩招后生源间差别增大，质量下降，教师认为扩招后生源"差异过大"和"差别增大"的分别占11.8%和50.5%；教师认为扩招后生源质量"有所下降"和"明显下降"的分别占57.0%和11.8%；管理人员认为扩招后生源质量"有所下降"、"明显下降"和"大幅度下降"的分别占56.4%、16.4%和3.6%。本文在调查中，针对问题"扩招后，班级人数增多，对学生听课效果有影响"，认为"符合"和"完全符合"的占53.9%；针对问题"扩招后，生源质量参差不齐对教师讲课效果有影响"，认为"符合"和"完全符合"的占61.7%。

三、学生课上积极性和主动性不强，学习态度令人担忧

调查中发现，现在有相当一部分学生学习目的不明确，学习态度令人担忧：出勤率低，课上积极性和主动性不强。调查发现，上课时有12.4%的学生"经常看"其他书刊，有41.0%的学生"有时看"其他书刊，有32.3%的学生"偶尔看"其他书刊，"不看"的学生只占14.3%。本文在调查中针对问题"多数学生有过逃课行为"，认为"符合"和"完全符合"的高达72.3%，而认为"不符合"和"完全不符合"的仅占12%，可见，上课能够认真听讲的学生只是一小部分；针对问题"部分学生经常逃课"，认为"符合"和"完全符合"的高达72.8%。毫无疑问，有相当一部分学生不能保证出勤，他们的学习成绩可想而知了；针对问题"我从未逃过课"，认为"不符合"和"完全不符合"的占49.2%，近50%的学生认为自己曾逃过课；针对问题"部分学生课上从不认真听讲"，认为"符合"和"完全符合"的占55.3%；针对问题"课堂上，我从未有过睡觉、吃东西、看课外书、发短信、听音乐、闲聊等行为"，认为"不符合"和"完全不符合"的占57.5%，由此反映出五成以上的学生课上听课状态不佳；针对问题"你对学生课堂学习质量的总体评价是"，认为"满意"和"非常满意"的占35.3%，"不满意"和"完全不满意"的占33.3%。

四、院（系）领导对课堂教学重视不够

调查中发现，课堂教学中存在诸多问题的最根本原因在于领导对课堂教学重视不够。针对问题"院（系）领导能够经常深入班级听课"，认为"符合"和"完全符合"的占31%，认为"不符合"和"完全不符合"的占46.3%；针对问题"院系领导能够经常走近学生并深入了解学生"，认为"不符合"和"完全不符合"的占54.9%，认为"符合"和"完全符合"的仅占20%；针对问题"你对你所在院系的教学质量管理的总体评价是"，认为"满意"和"非常满意"的占42.9%，认为"不满意"和"完全不满意"的占31.2%。在走访调查中还发现，多数高校的教学督导机构的工作人员的工作态度都比较认真负责，记录翔实、客观，能够比较真实地反映教师的授课情况，也能够比较客观地评价教师的授课水平，可惜的是，能够走进督导机构认真地了解教师授课情况和水平的领导却寥寥无几，相关领导对教师课堂教学重视不足。

五、多数学生只在考前认真学习

调查显示，大约1/3的学生学习只靠课堂，课下没有学习习惯，44.7%的学生只在考前才临时抱佛脚。调查发现，大学生普遍认为自己学习不够努力，其中只有5.1%的学生认为自己"学习很努力"，认为自己"努力程度一般"的占55.3%，认为自己是"平时不努力，考前抱佛脚"的占33.20%，余下的6.4%的学生干脆表示自己"不想读，混日子"。由此可见，大学生的学习状况令人担忧。针对问题"多数学生课下几乎没有学习的习惯"，认为"符合"和"完全符合"的占33.2%，认为"不符合"和"完全不符合"的占31.8%，其余为不能确定；针对问题"我只有在考前才用功学习"，认为"符合"和"完全符合"的占44.7%，认为"不符合"和"完全不符合"的占36.5%。

3.2 外语专业人才质量的制约因素及现状分析

在全球化、信息化的今天，随着我国各个领域对外交流、合作和竞争的愈加广泛与深入，外语的运用越来越频繁和不可或缺，全社会对高素质复合型外语人才的需求空前广泛与迫切。这些切实的需求外语人才培养提供了新的机遇，同时也使外语人才的竞争更加激烈和残酷。但是，总的说来我国的外语人才培养存在不少问题：外语人才数量不少，但质量不高，不能适应社会对外语人才的多种需要；外语专业布局不尽合理，毕业生改行和不符合要求的现象为数不少，造成人才浪费；在教学内容和要求上，偏重单一的外语训练，学生缺乏宽广的知识基础，毕业后工作适应能力较差。为此，面对这些问题，若想在激烈的竞争中使培养的外语人才在国际化的舞台上更具有竞争力，就必须清醒地认清形势，结合时代的背景建构更加完善的外语人才培养质量标准。

当前，我国外语人才培养模式比较单一，过分强化专业教育，要求培养各种专家，形成了一套过窄、过专、过深外语人才培养质量标准。这套过分强调重专业、重技能而轻素质、轻能力、轻人文教育人才培养模式和质量标准，暴露出越来越严重的弊端。该模式和标准下培养出来的学生知识面较窄，人文底蕴浅薄，适应力和创造能力匮乏等。由于外语学习的特点，外语人在早期多注重模仿、重复，从某种程度上易形成僵化、简单的思维模式。面对这些严峻的考验和挑战，外语类高校要打破定势思维模式，注重培养学生扎实的外语基本功的同时，大力提高学生的人文底蕴和文化素质，努力营造创新的文化氛围，培养学生创新意识和思维，培养创新型高层次人才。

人才培养质量标准的改革，必须首先突出"创新"这个民族进步的灵魂和国家兴旺发达的不竭动力。在此历史背景下，把高校建设成为培养高素质创新性人才基地的要求就变得越来越迫切。培养创新型高层人才，应从以下几点抓起和加强：

一、要打破狭隘的专业思想观念，建构更加合理全面的外语人才培养体系。我们必须在观念上跳出狭隘的专业思想，克服把外语人才的培养狭隘地理解为工具性的语言教学，忽视通识教育和人文素养培养，不注重学科之间的交叉、融合、互动等的弊病，把外语人才培养放到高等教育全球化和建设创新型国家的大背景下来考虑，打破专业壁垒，拓宽专业口径，加强不同院系、不同专业的协作与创新，并积极开展区域性合作与研究。同时，大力开展通识教育，培养既懂外语，又具有人文素养和社会责任感的复合型、创新性人才。

二、整合和凝聚多方力量，提高学校整体科研能力。从整体上看，与世界一流大学相比，我国大学的差距主要表现为学术竞争力和创新能力弱，具有国际影响力的重大原创性成果较少。而外语类高校在基础教学任务中，"重教学，轻科研"的现象更加严重，科研力量薄弱，学术氛围不浓，研究领域、层次、形式都存在短板，这些都无疑会大大降低外语人才培养的质量。为此，高校必须采取措施，进一步加强科研工作，提高学术竞争力。如出台相关鼓励科研发展的政策措施，加大科研以及奖励投入力度；召开科研培训会、激发广大教师的科研积极性和主动性；鼓励学生大胆参与学术研究等。

三、培养学生勇于质疑和批判的精神，营造竞争性的大学文化。有质疑、有批判，才有学术的生气、活力和创新。世界一流大学都有敢于质疑和批判、面对竞争的精神气质。因此，高校在教育教学中要营造学生敢于质疑和批判的文化，引导大学之间的良性竞争，不断激发大学的生机和活力，大力促进学生勇于进取、奋发向上，永不满足的精神。

四、积极推动外语教学模式和教学方法的改革与创新，提高外语教学质量。学校应当进一步改革教学管理与运行体制，全面实行真正的学分制；进一步改革和完善专业课程的设置，不断更新充实教学内容，合理建设更多基础性和交叉性、边缘学科和跨学科的课程；教师也要转变传统教学观念，灵活穿插使用各种实用又有趣味性的教学方法，甚至可以鼓励学生与教师合作，直接参与科研活动等。

3.3 外语教学质量的制约因素及现状分析

3.3.1 教学质量的制约因素

根据大学外语教学的特点，笔者认为大学外语教学活动是一个多因素的复杂运动过程。教学的内外部条件，教学过程的任何一个环节和阶段，都对教学质量有着重要的影响，都与人才质量息息相关。所以本文试图从教学系统的构成和运行过程出发，分析确定制约大学外语教学质量的基本因素。在此基础上，针对教学工作的实际，加强教学质量管理和控制。从我国高校的实际情况来看，制约大学外语教学质量的因素可分为教学过程因素，教学管理保障因素和环境因素三个层次。

一、教学过程因素

教学系统作为时间的变量，所处状态形成一个连续变换的过程，就是我们通常所说的教学过程。教学过程是教学系统演化的动态过程，从结构的角度来看，就是教学系统的"动态"结构。教学过程在形式上可以简洁地表述为教学双边活动的过程，也就是说教学过程是教师引导下学生认识和实践的过程。严格意义上讲，教学过程中的一切条件和所有工作都对教学质量具有不同程度的影响。本文这里仅对其中主要的制约因素进行描述，包括目标因素、教师因素、学生因素和教材因素四类。

（1）目标因素

教学目标就是预期教学结束时所应达成的学习结果或终点行为，或者说是对学生学习终点行为的具体描述。教学是一种有目的、有计划、有组织的活动，它是从一定的教学目标出发，围绕教学目标来展开活动，并以教学目标为依据评价教学结果优劣的过程。因此，教学目标既是教学活动的出发点，也是教学活动的归宿，是教学过程中一个不可缺少的组成部分，应当予以足够的重视。教学目标对教学实践活动具有指导作用，它是教师完成教学任务所应达到的要求或标准，同时，也是教师对学生应达到的学习结果或最终行为的明确阐述。因此准确的教学目标定位是制约教学质量的首要因素。

要衡量质量，首先应该有一个标准。教学质量标准的重要内容就是看教学是否达到了预定的教学目标，是否为所要实现的结果。人们采取的一切行为，总是指向特定的目标。准确的目标定位对大学外语教学质量的影响巨大，因为目标在行为过程中推动着动机的产生，引导和调节着行为的方式与方向，从而成为诱导行为的主要因素。大学外语的教学目标，自改革开放以来，随着社会的发展和需求的变化进行了不断的调整。1986年提出的目标是：培养学生具有较强的阅读能力、一定的听的能力（理工科目标为：一定的听和译的能力）、初步的写和说的能力，使学生能以外语为工具，获取专业所需的信息，并为进一步提高外语水平打下较好的基础。1999年提出的目标是：培养学生具有较强的阅读能力和一定的听、说、写、译能力，使他们能用外语交流信息。外语教学应帮助学生打下扎实的语言基础，掌握良好的语言学习方法，提高文化素养，以适应社会发展和经济建设的需要。2004年提出的《大学英语课程教学要求》（试行）和2007年提出的《大学英语课程教学要求》均提出当前我国大学英语的教学目标是培养学生的英语综合应用能力，特别是听说能力，使学生在今后学习、工作和社会交往中能用外语有效地进行交际，同时增强其自主学习能力，提高综合文化素养，以适应我国社会发展和国际交流的需要。

在以往的外语教学中，忽视了听说能力的培养，在纠正这一错误倾向的同时，也要注意不要走向另一个极端。有学者认为我国外语教学中存在着偏激现象，并提醒："我们解决哑巴外语的同时，也要避免产出文盲外语的现象。"因此，教育部新出台的《大学英语课程教学要求》在突出听说能力培养的同时，也要求重视阅读理解能力、翻译技巧和基本写作能力的培养。

明确的教学目标可以引导教师把握教学方向，运用创新的教学方法和模式进行高质量教学。同时明确的教学目标对学生的引导作用也非常重要。学生可以通过合理选择和设置目标，有效地激励和改善自己的学习行为，从而提高教学质量。明确的目标比没有目标对学生学习活动安排、学业成绩提高都会产生更积极的影响。

一些研究表明，完成同样的学习任务，如果学习者目标明确比没有目标可以节省60%的时间。有人打过形象的比喻：没有目标的学习像是饭后散步，有明确目标的学习像是运动会上赛跑。

因此，要提高大学外语教学质量，就要明确教学目标，这样教师才能把握教学方向，运用创新的教学方法和模式进行高质量教学；学生才能以运用语言能力的提高为最终学习目标，对每一次教学或自学活动都有细致明确的目标，从学习过程中的每一点积累、进步中获得激励，调动学习兴趣，保持较强的学习动机，从而解决大学外语学习效率低下的问题。这也从另外一个侧面提高了大学外语教学质量。

（2）教师因素

教师作为教学的主体之一，在教学过程中起主导作用，是知识、能力的直接传授者，是教学过程的组织者。不仅教学的方向、内容、方式方法、进程、结果由教师的教学所决定，学生的学习动机、学习方法、学习效果及能力培养，也都直接受到教师教学的影响。因此，教师的业务水平、教学水平、理论水平、敬业精神和创新能力等，在很大程度上影响着所培养人才的质量和效果。没有高水平的教师队伍，就不可能培养出高质量的人才，师资力量是制约教学质量的主导因素。

1）业务水平。业务水平是指教师自身在外语语言方面的基本功。教师的自身业务水平是影响外语教学质量的一个核心因素。教师的业务水平高，他更可能在教学中讲解透彻，错误少，教学效果可能更好。当然业务水平并不等同于教学水平，但是教学水平是可以通过教学经验的积累来提高的。而业务水平的提高相对更困难，需要一定的环境和持之以恒的努力。一般来说，外语教师在开始工作后，如果不经过特别的努力，他们的业务水平不会有很大的提高。

2）教学水平。教师的教学水平是教师进行教学的能力的总和，包括教学组织能力和控制课堂的能力等。

3）理论水平。教师的教导理论是来源于实践的，是实践的总结和提高，是别人的智慧的结晶。因此外语教师也应该积极地学习理论知识。理论可以指导教学实践，但是教师的理论水平往往被忽视了。实际上，理论水平，特别是有关教学法中教学手段、教学目标等方面的理论知识，是和教学紧密相关的。

大多数外语教师对语言学、心理语言学、语言习得等知识缺乏系统理论研究，对教育学、心理学、外语课程教学理论等具有指导外语教学的教育课程理论也知之甚少，这也是制约我们整体外语教学质量的一个基本因素。

4）敬业精神。教师的敬业精神也是一个影响教学质量的重要方面。业务水平高、教学水平也高的教师如果敬业精神不强，效果也不会好。敬业精神可以促使教师准备充分、努力创新，加强和学生的交流。

有些教师除了讲课外，对学生的辅导、交流不屑一顾；部分教师对教材不太熟悉，不能准确把握教材的难点，无法确立明确的教学目标及有效的教学方法；还有些教师只限于备好与教材相关的课，很少再阅读其他书籍，对新时代背景下课程发展动态知之甚少，自己的知识面也非常有限，无法做好学生的引路人。这些都是敬业精神不强的体现。

5）创新精神。教师的创新精神和创新能力容易受到忽视。语言教学变化很快，需要教师采用新的观念，新的手段和新的方法。而在新的时代要求下，教师的创新精神更是一线教学一个重要方面。没有创新精神的教师很难说能够培养出有创新精神的学生。因此，在教学过程中，教师能否通过授课引发学生的学习动机，激发学生积极思维，学生是否学会了教师想要传授的知识，是否推动了其对其他知识的学习等等，这一切的教学效果都取决于教师整体授课水平的高低。

教师授课包括备课、课堂讲授、课后辅导、批改作业、指导实验和实践等环节，课堂讲授又包括教学内容、讲授方法、教学手段、教学态度等各个方面。通过每个环节、各个方面的质量积累，形成整体的教学质量。所以，要提高教学质量，就必须在教师授课这个重要环节上下功夫，通过各种有效的措施，不断提高教师的整体授课水平。

（3）学生因素

学生是教学过程中"学"的主体。就学习本身而言，学生是内因，学生的原有认知水平、成就动机、学习能力与方法等因素直接关系到学生在大学期间学习外语的程度，亦即通常所说的"学苗"的好坏直接影响到教学质量的高低。学生素质条件是制约教学质量的内在因素，这充分体现在学生的学习活动和教学过程中。教学效果最终要通过学生的学习来实现。在教学过程中，学生的学习动机、个性、学习毅力、外语基础等，直接影响着学生对知识的学习和掌握，是教学过程中教师授课效果和教学成败的重要影响因素。

学生们的大学外语学习动机差异很大。而学习动机可以分成为两大类：工具型动机和融合型动机。有工具型动机的学生把外语看作是获取信息和今后进行工作的的工具，其要求相对而言要低一些；有融合型动机的学生的目标则是到国外工作和生活，需要融入进新的文化和社会，因此对于外语的要求更高一些。大多数学生的学习动机是工具型的。但即使是工具型动机，其强弱也会有很大差异，有的是为了考研，有的是为了过专业四、八级考试等等。动机越强，学习效果越好。社会的要求对学生学习外语的动机有很大影响，其中在近期对学生学习动机的影响最大的莫过于过级考试了。而过级考试在某种程度上已经起到了负面作用：模糊了教学目标；误导了学生学习和教师教学的方向；导致学生忽视课堂教学，打乱了正常教学秩序；受题型诱导，考生往往高分低能。

学生在大学外语学习上的个性差异表现为个性外向型和内向型之间的差异。外向型的个性对于口语、听力等的提高有优势，因为他们更容易抓住训练口语的机会；而内向的学生则更容易在阅读能力方面得到提高，因为他们不善交流，更多的时间放在阅读上。学习毅力也是学生因素的重要方面，可以影响学生学习时间的长度。学习毅力强的人可以学习更长的时间，因此学习效果会更强更好。而在学生外语基础方面，总体上看，中国学生的外语水平整体上有很大的提高。城市学校与乡村学校之间的、地区学校之间的差异使学生的水平有一定程度的差异，对外语教学有影响。城市与乡村学生之间阅读水平的差异不是特别显著，在听力和口语方面的差异则很明显。而口语方面的差异会导致学生信心方面的差异。口语好的学生自信心会更强，外语学习的效果更好。因此，在教学过程中，教师要重视学生的学习状态和情趣，注意充分调动学生学习的主动性。同时突出学习方法、学习习惯的培养，通过改进学习，提高学习效果，将教学质量的提高落到实处。

（4）教材因素

教材也称教科书，是教学的主要依据，它是阐述教学内容的专用书籍，是教学大纲的具体化。教材的基本构成包括目录、正文（包括编、章、节等）、作业（习题与练习）、实验、图表、附录、索引和注释。

教材建设是进行教学工作、稳定教学秩序和提高教学质量的重要保证。因为如果没有教材，课程往往被视为是不规范的；没有教材，教学的进度和节奏就难以控制；没有教材，考试就缺乏依据和范围。

大学外语教材的选择要能为大学外语教学服务，要能为提高教学质量提供帮助。目前教材市场上的教材数量繁多，鱼龙混杂，或者有的教材内部材料与教学要求偏差较大。这些均会在不同程度上影响教学质量。笔者认为大学外语教材只有表现出与其他语言输入形式不同的特点，或所没有的特点和优点，才能吸引学生，才能发挥教材的真正作用。良好的大学外语教材应具有以下特点：

1）不仅仅能够帮助学生扩大词汇量，掌握语言结构，提高他们的语言技能，更重要的是培养他们的语言交际能力；

2）要能够提供学生最需要的语言（词汇和表达法），即在教材中学到能够在他们现在和今后的学习、工作中直接派得上用处的外语；

3）要体现学习效率，即能够在篇幅有限的课里和时间有限的课堂上尽可能让学生学到更多的语言现象，如核心词汇和典型结构；

4）要能够提供积极有效的学习方法，学会这些方法，即使是离开课堂和教师后，也能进一步提高自己的外语水平；

5）要能够提供语言实践活动的机会，使他们能够展示自己所获得的语言能力，看到学习的成就，激发继续学习的兴趣。

二、教学管理保障因素

这里的教学管理保障因素指教学管理因素和教学保障因素。

（1）管理因素

教学管理就是以教学的全过程为对象，遵循教学活动的客观规律，对教学工作进行决策、计划、组织、实施、检查、总结等管理活动，其目的就是要最大限度地调动教师和学生的积极性，以保证教学目标的实现。高校管理是制约大学外语教学质量的协调性因素。因为做好大学外语教学管理工作，有利于建立稳定的教学秩序，调动教师教学的积极性和提高学生的自我教育的主体意识。在教学中建立有效的教学指挥系统，制定与实施教学管理规则制度，科学地组织教学过程，可以充分发挥教学管理的职能作用，保证教学工作的正常运转，从而提高教学工作的效率，为全面提高教学质量提供有力的保障。大学外语教学管理应贯穿于大学外语教学的全过程。通过强化教学过程的指导、督促和检查，确保大学外语教学达到既定的教学目标。

（2）教学保障因素

教学保障工作是制约教学质量的重要因素。学校保障系统包括网络信息基础设施保障、教学物资条件保障、图书资料保障等方面。保障系统是维护教学活动正常运转的条件，其中任何一个方面的保障发生问题，都会影响学校教学包括大学外语在内的所有课程的正常运行，对教学质量的改进提高产生负面影响。《大学英语课程教学要求》明确指出，应大量使用先进的信息技术，开发和建设各种基于计算机和网络的课程，为学生提供良好的语言学习环境与条件。传统的语言实验室显然已经不能够满足新的教学要求，应该有可以让学生通过网络进行交流的设施。在课后学生应该有能进行自主学习的外语学习中心、外语学习电台等。多媒体网络教室配置上必须给每位学生配备一台网上多媒体电脑、一台收音机和耳机，并配备专业管理员加以培训指导。在多媒体网络教室，利用多媒体技术和网上信息资源，师生可开展多项语言活动。技术保障、信息保障等新的保障内容和保障方式出现，促进现代教学内容、教学方法、教学手段改革不断深化，对教学质量的改进和提高产生前所未有的影响。学校图书馆、资料室的功能，主要是向学生教师提供知识、信息服务。由于现代大学外语教学强调自主学习，图书馆、资料室信息量大，给学生提供了丰富的知识宝库，对于启发学生兴趣，开发学生能力，拓宽学生视野，增强学生的文化素养，培养学生的思想道德、文化、知识等素质有着重要的作用。因此，教学保障工作是影响大学外语教学质量的重要保证因素。

三、环境因素

按照系统论的观点，任何系统总处在一定的系统环境中，环境对系统本身具有重要的影响。开放的系统能够与环境进行物质、能量和信息的交流，有利于系统的演化发展。大学外语教学处在一定的社会环境之中，它的开放性决定了环境因素对大学外语教学的运行和演化具有一定影响，从而对教学质量产生影响。这里谈的环境因素包括社会环境、教学过程环境和教学评估环境。

语言的本质功能是交际。若耗费大量的时间和精力却不能学以致用，外语教学便会失去其存在的价值。因此，"任何语言教学……必须把语言作为一种交际工具来教给学生，因为只有在实际交际过程中，学习者才能真正理解学习语言的目的，才能真正学会运用语言进行交际"然而，由于社会环境、教学环境等因素的影响，大学外语教学的目的与语言作为交际工具的本质背道而驰。

制约大学外语教学质量的环境因素主要包括教学评价环境，如大学英语四六级和专业四八级考试等以语言知识的掌握作为衡量学习者外语水平的依据；社会环境，如用人单位将等级考试的通过作为判断毕业生能力强弱及是否录用的条件；以及由此诱发，并以其为导向的教学过程环境，如以等级考试为"指挥棒"的应试教育。凡此种种都"过分看重外语学习过程中可以量化的指标，忽视了交际得体或有效与否无法简单量化的事实"。

Ellis 认为，"社会环境不仅决定学习者的动机导向，而且决定哪种动机对语言学习最为重要。"因为"学习者的选择受制于其所处的社会环境……个体学习者所做出的选择基于学习语言对自身得失利弊的权衡"。应试教育及片面追求证书的求职性动机使大学外语教学成为通过考试的工具和求职的"敲门砖"。"这种工具性外语学习动机使学习中优先考虑的因素成为语言知识和考试结果，而语言交际能力的发展常被忽略。"从而是大学生外语学习高分低能现象屡见不鲜，使学生在实际运用中捉襟见肘。

以上诸因素，相互联系、相互制约、相互依赖、相互影响，构成了学校教学系统内外和大学外语教学活动过程中极其复杂的矛盾关系，制约着大学外语教学质量的发展。就学校内部和外部质量影响因素来说，学校内部的影响因素起决定性作用。在学校内部诸因素中，起主导作用的是教学过程中的教和学两大因素，起关键作用的是教学管理因素。教学质量的高低，取决于对上述诸因素及其活动过程的协调处理和控制，也就是对教学质量工作的全方位、全系统管理。

3.3.2 大学外语教学质量现状、问题及归因

一、大学外语教学质量现状与问题剖析

大学外语是我国几乎所有高校全部开设的公共课，教学课时多，对学生的素质、择业或进一步求学影响甚大。改革开放30年来，我国高校的外语教学取得了令人瞩目的成绩。教师队伍在不断扩大，一批外语专业本科毕业生以及一定数量的硕士、博士毕业生充实到教师队伍，并成为外语教学的骨干力量。不同版本的成套教材数量不断增加，出现了以外语教学与研究出版社、高等教育出版社、上海外语教育出版社等为龙头的外语教材出版群体。教材编写质量稳步提高，新的教育理念逐渐体现在新的教材编写中，由过去的以语言知识为核心的结构主义编写体系转变为以学生为中心的任务型、主题型教材编写体系。教学质量大幅度提高，学生的听、说、读、写能力都有明显的增强，各种类型的大学生口语竞赛、演讲比赛、翻译竞赛、写作竞赛等都选拔出外语水平突出的人才。"大学英语四六级考试口语考试举行几年来，获得A等和B等成绩的考生达到参加口试人数的45%，这些考生能自如地或较自如地进行交流；达到C等成绩的考生也占参加口试人数的45%，这类学生可以完成一定的交流任务。"高校同时为社会各行各业输送了许多既懂专业又有一定的外语使用能力的专业人才。20世纪80年代以后，我国每年都有数以万计的大中学生赴海外留学，这些学生大都在外语方面打下了良好的基础，以较好的成绩通过了国外各种各样的外语能力考试。据《人民日报》网站（2000年2月9日）报道，中国学生以平均562分（总分670分）的TOFEL成绩列亚洲第四。前三名分别是菲律宾、印度和斯里兰卡，而英语在这三个国家都是第二语言。也就是说，在英语作为外语的国家中，中国学生的成绩最好。而且，"一部分优秀者在进入国外一流大学深造时，只须经过短暂的适应期即可顺利地完成自己的学业。很多国外学者反映中国学生的口语能力普遍高于日本、韩国等国家的学生，这从另一个方面反映了我国大学英语教学的成就"。

但是，在充分肯定大学外语教学质量取得较大的提高的同时，我们也发现，大学生的语言运用能力与教学的实际投入仍然存在着比较大的反差，也就是投入和收益差距太大。从初中，甚至小学开始，一直到大

学毕业，如果平均按每周5课时、每学期18周算，小学3年，中学6年，大学2年，一共11年，22个学期，每个学生花在外语学习上的时间接近2000课时。但是，在大学毕业后真正称得上外语"过关"，即能用外语进行一般的交流、阅读外语专业书籍的人恐怕不会超过50%。许多大学生为了通过大学外语等级考试，几乎把大学学习的前一两年相当一部分的时间花在了外语上。不要说仍然有相当一部分学生仍然不能通过，即使是已经通过这一考试的大学毕业生也很难说其实际外语水平已经达到了《大学英语课程教学要求》所提出的要求。学生的语言产出技能，特别是口语和书面语的表达能力比较弱，还不能很好地适应社会发展的实际需要。

二、大学外语教学质量不高的成因

（1）大学外语教学理论研究薄弱

与任何一门课程一样，大学外语教学有其自己的规律。大学外语教学实践应该建立在对教学对象、教学规律和教学方法充分认识的基础上。然而，遗憾的是，针对"中国人学习外语有什么样的规律？"，"在中国目前的语言环境和师资条件下，大学外语教学应该如何进行？"等问题，我们到目前为止还没有答案，甚至缺乏这方面认真、全面、深刻的研究和思考。苏军在《文汇报》（2002年8月30日"潜心研究教育规律是时候了"）文中提到，"不研究教育规律，对教育就缺少'制空权'，容易为风所动，为'情'所驱；培养人才就缺乏底气，容易按习惯和个人意志行事；把握不了育人的真谛，使鲜活的教育变成枯燥的说教……现在的社会风气和心态不一定利于潜心研究氛围的形成，而教育则要耐得住寂寞，抗得住潮流，顶得住诱惑，识得了经纬。"因此，理论研究严重滞后是我国整体大学外语教学水平难以提高的重要原因之一。

（2）目标定位存在一定程度上偏差

《大学英语课程教学要求》明确给出了大学英语教学目标和主要途径与方法，但是很多院校在对此的理解上和操作上产生了一定的偏差，诸如片面强调大学英语四六级通过率和优秀率，而忽略了基础知识、语言文化和实际运用能力的培养；过分注重读写译能力的训练，挤占了用来培养听说能力的正常教学课时，导致"哑巴外语"学生层出不穷。正是目标定位的认识偏差，使得教学导向上的引导偏离正常轨道，导致质量下降。

（3）大学外语师资状况不容乐观

许多高校的大学外语教师基本上没有经过教学法的培训，更谈不上对教学法的研究。他们上课要么"以前老师怎么教我，我也怎么教学生"，要么是"跟着自己的感觉走"，几乎很少考虑学生的实际情况和需求。尤其是高校扩招以来，大学外语教师严重缺编。许多教师整天疲于上课，很难有时间、精力和动力坐下来好好备课，钻研现代教育技术，或者读几本理论书籍，搞一些理论研究，弄清楚大学外语教学的规律并好好研究怎样提高自己的教学质量。刘润清在其《中国高校外语教学改革现状与发展策略研究》中提出，在大学外语教学以学生为中心的新模式下（尤其是在多媒体辅助教学模式下），合格的大学外语教师应该具备以下素质：有过硬的外语语言基本功，听、说、读、写、译俱佳，口头表达能力强；懂教育理论，了解学生的心理及二语习得的基本规律；了解中西方文化，能将文化内涵渗透在外语教学中；掌握现代教育技术，能使用多媒体等计算机辅助教学手段；不断更新教学理念，随时了解应用语言学理论的发展。目前这样的合格大学外语教师不是太多，而是供不应求。符合这些素质的教师才能胜任教学任务，并不断提高教学质量。

（4）大学外语教学改革认识不足

旨在提高教学质量的大学外语教学改革不是一蹴而就的事。有个别高校缺乏对大学外语教学改革艰巨性的认识；缺乏对规模增长与学校基本办学条件、经费投入等相挂钩的计划性；更缺乏实干精神，领导的重视仅体现在资金、设备的投入上，在管理上没有下大功夫；有的高校不重视管理，致使改革中问题重重，改革的精神贯彻不下去，环节上失控，给改革带来极坏的负面影响，对改革本身、对学生来说都极为不利，更谈不上实现大学外语教学改革的目标——提高教学质量了。

（5）相关质量管理体系不够完善

大学外语教学质量保障体系的建构取得了一定成效，但是有些方面仍不够完善。一方面体现在保障体系中出现内容缺失、反馈体系滞后等现象，另一方面在运行机制上出现过分强调约束机制，而忽略了创新机制、激励机制的运用，从某种程度上导致监控不严，质量不高。下章将具体阐述大学外语教学质量保障体系现状问题。

3.4 当前我国主要外语类人才培养的办学条件与生源状况分析：以英语专业为例

英语专业的全称是英语语言文学专业，在把英语作为母语的国家里英语专业就相当于我国大学里的中文专业。在英语国家里，英语专业的学生学习的是英语文学和写作，就如同我们大学里中文系的学生学习汉语文学和写作一样。

在1949年前西方教会在中国办的一些大学里，英语系完全是他们自己的国家里大学英语系的翻版。由于当时能进入这些大学英语系学习的学生在中学毕业时就具备了较好的英语基础，因此，进入大学后完全有能力把英语文学作为主要的学习内容。1949年后情况发生了变化，中学的英语教学或被俄语所取代，或被削弱，50年代后进入大学英语专业学习的学生首先面临学习英语的任务。自50年代到1966年"文化大革命"，英语专业的教学模式基本上是"英语语言学习＋英语知识（英美文学＋英语语言知识）"。

上世纪80年代以后，随着我国的对外开放和社会经济的迅猛发展，社会对人才需求的理念也随之发生了变化。于是在英语专业的课程设置里陆续出现了一些涉外的、和经济活动相关的课程。这个做法到了90年代变得更为盛行。其结果是当前几乎在所有的大学英语专业里，课程设置变成了"英语语言学习＋英语知识＋相关知识"。这一配置似乎符合当前中国的特定国情和社会对人才的需要，对学生知识面的拓宽也有益。但关键在于这三个组成部分的关系是否能正确处理，它们的相对比例是否合适。不合适的比例有可能导致英语专业发生质的变化。1998年高等学校外语专业教学指导委员会受教育部的委托根据社会主义市场经济对我国高等院校英语专业人才的需求制定了新的教学大纲，并于2000年经教育部批准实施。该大纲对新时期英语专业学生提出了明确的培养目标和规格，提出了以下五个方面的具体要求：（1）扎实的基本功，（2）宽广的知识面，（3）一定的相关专业知识，（4）较强的能力，（5）较高的素质。

在这五个要求中，英语语言的能力是根本。目前全中国在学习英语的人不计其数，英语专业学生没有理由不在这支庞大的队伍中成为精英，成为佼佼者。如果专业学生的语言能力在整体上及不上一般非专业的学习者，英语专业便失去了它最根本的优势。

第二个要求"宽广的知识面"指的是和英语相关的语言和语言学、英语文学、英语国家社会和文化等各方面的知识。这一知识构成板块是专业学生所必需具备的，是英语专业培养目标的一个不可缺少的组成部分，是英语专业特色的体现，是专业学生和其他一般英语学习者的根本区别。

第三个方面是"一定的相关专业知识"，这里的相关专业指的是和英语专业有关联的其他专业知识，如有关外交、经济、贸易、法律、广告、新闻等专业的知识。掌握这些相关知识是当今社会对大学生的要求，也是学生本人的需要。

第四和第五方面是对学生的能力和素质的要求。这里说的能力包括汲取知识、解决问题、分析、综合和思辩等多方面的能力；素质则具体指思想道德素质、文化素质和心理素质。能力和素质应该说是对所有大学生的要求，并非是对外语专业学生的特定要求，但对外语专业的学生来说，能力和素质的培养特别值得重视。

大纲已定，目标已明。目前的执行情况如何呢？在执行的过程中有什么问题呢？首先，就语言能力而言，全国400多个英语专业差别很大，但总体情况尚不理想。2011年英语专业四、八级考试的全国通过率仍不是很高，2011年外语类院校格率平均为61.2%，综合类院校通过率59.9%。八级的及格率平均为54.8%。[1]哪怕是一些处于领头羊地位的院校，学生的语言基本功还是不够扎实，不同程度地存在基本语法概念不清、书面表达能力不够强、语言质量和语言的准确度不够高等一系列问题。

其次，学生在语言、文学、文化等方面的基本知识比较贫乏。语言、文学方面的课程没有受到应有的重视，学生对语言、文学类的课程不感兴趣，学习缺乏动力。对此，学校也不加引导。有些学校没有按照教学大纲的规定开设这方面的必修和选修课，有的则随意削减这些课程的学时和学分，让位给其他相关专业知识的课程。其结果使英语专业变成了一个英语培训班，专业的学生只是比别的学生多学了一些学时的英语。久而久之，英语专业就失去了它的特征，给人的错觉是英语专业就是学

---

[1] 土凌.2011年全国英语专业四级口试总结与分析[J].外语测试与教学.2012（2）：3.

点英语的地方。

相比之下，相关专业的课程成了教学的热点。有些学校的英语专业实际上只是英语技能课加上商务英语、外贸英语之类的课程。办学者美其名为拓宽学生的知识面，培养社会所需要的复合型人才。实际上这类课程往往喧宾夺主，冲击了语言知识类的课程。在这个过程中，英语专业逐渐发生蜕变。如果不及时纠正这一倾向，英语专业最终会失去它的特色，由此失去它存在的必要性。

学生能力的培养是教育的根本，贯穿在从幼儿教育到高等教育的全过程之中。和其他专业的学生相比，外语专业的学生在能力方面往往相对薄弱。这可能和外语专业的学习要求和教学方式有关。学生在四年的大学学习中要把相当大的一部分时间用于学习、掌握一门外国语上，一些外语教学方法又在一定程度上限制了学生开拓性的积极思维。所以，在专业教学中，我们特别要注意如何在教授、训练语言技能的同时拓宽学生的知识面，培养学生的思维能力。

素质是对所有受教育者，乃至全体公民的要求。在我们这个专业中，素质教育的任务并非完全由外语专业课承担，学校所有的课程以及所有的活动都在综合地培养提高学生的整体素质。但是，我们应该看到语言教学客观上提供了培养学生能力和素质的有利条件。这是因为语言是思想的载体，任何作为教材的篇章为学生提供的并不只是语言的表达方式，更重要的是它们必然同时为学生提供了思想内容，传递了信息，起到启发学生思想，培养学生思考能力的作用，对学生的人格培养，素质的提高起到潜移默化的作用。但是外语教学在这方面的作用没有被充分认识，没有得到最好的发挥。我们要在教授语言点的同时，以课文内容为基础向学生灌输人文思想，培养他们的分析能力、思维能力。也许这是"教书"和"育人"的一个很好的结合点。新的社会经济环境对英语专业提出了新的要求和期望。在新的情况下英语专业应该怎样应变以求生存和发展呢？

首先，保持这个专业的特色是这个专业能否生存的先决条件，一个不具备自身特色的专业不可能作为一个专业而存在。那么英语专业的特色何在？我认为英语专业的特色至少体现在两个方面。

第一，英语专业的学生应该比一般的非专业的英语学习者在听、说、读、写、译各种能力上具有高得多的水平，他们所应该具备的不是一般的语言交际能力，而应该具有能运用相对正确、准确、适切的英语进行有效的口笔语交际的能力。

第二，英语专业的学生应具备一般的英语学习者所不要求具备的英语语言、文学、社会文化知识和修养，应具有较高的人文素质和修养。这是专业和非专业的一个根本区别。不知道乔姆斯基，没有读过一点莎士比亚，不能算是合格的英语专业毕业生。反之，一个有较强英语能力，能通过专业八级，但什么语言文学课都没有上过的人也绝对称不上是个英语专业毕业生。在英语专业的毕业生身上应该体现出语言能力和语言修养的结合。这两个方面始终应该是我们教学的重点和核心。

对英语专业的实质和内涵，从办学者（如系主任、院长、校长等）到教师，到学生都应该有一个明确的认识，对教学大纲提出的目标和要求都应该比较了解。这样我们才有一个共同的奋斗目标，才不至于在变化中迷失方向。如果我们自己都不了解自己，我们怎么可能让别人了解我们呢？

除了我们自身对这个专业要有充分的认识外，我们还需要让社会认识我们。实际上，目前社会上一般人对英语专业存在许多模糊乃至错误的认识，其中包括学生家长，包括用人单位，甚至一些受过高等教育的人也把英语专业简单地看成是就多学一点英语的地方。这无疑是对我们的一种贬低，对我们的生存是一种潜在的威胁。

在当前的形势下，变化是不可避免的，但万变不可离其宗，一旦偏离其宗，我们就将失去这个专业。我们必须按照教学大纲的要求，努力提高我们的办学水平，办出特色，培养出更多具有高素质的人才，让社会认识我们、承认我们。以上所谈仅为个人观点，不代表任何单位和组织；有谬误之处，欢迎英语专业教学界的同事们指出、探讨。

【参考文献】

[1] 高艳红. 高校本科课堂教学质量的现状、问题及对策研究[J]. 黑龙江高教研究. 2009年第5期.

[2] 高志栋，孙卓人. 外语院校人才培养模式改革刍议[J]. 科技信息. 2007年第5期.

[3] 文君. 提高高等教育质量培养创新型人才——北京外国语大学教育教学改革的实践与探索[C]. 北京市高等教育学会2007年学术年会论文集.

[4] 张立全. 我国高等教育大众化阶段的教育质量保证探究[D]. 研究生毕业论文.

[5] 何兆熊. 对英语专业的现状和未来的几点思考[J]. 山东外语教学. 2004年第6期.

[6] 蔡基刚. 全球化背景下我国大学英语教学目标定位再研究[J].外语与外语教学. 2012年第3期.

[7] 王凌. 2011年全国英语专业四级口试总结与分析[J]. 外语测试与教学.2012（2）: 3.

4 外语专业人才培养质量保证体系的探索与创新

4.1 质量保证体系产生的历史背景

一、科学技术和生产力的发展，是形成和产生质量保证体系的社会基础。随着生产力的发展，产品结构日趋复杂，商品一般都通过流通领域销售给用户，这时，用户很难凭借自己的能力和经验来判断产品的优劣程度。生产者为了使用户放心，采用了对商品提供担保的对策（如我们常见的"三包"），这就是质量保证的萌芽。

二、质量保证是世界质量管理发展最新阶段的必然产物。在世界范围内，质量保证的发展先后经历了质量检验、统计质量控制、和全面质量管理三个阶段。尤其是上世纪 60 年代初美国的质量管理专家菲根堡姆博士提出的全面质量管理的概念逐步被世界各国接受，并不断完善、提高，为各国质量保证体系的相继产生提供了坚实的理论依据和实践基础。

三、世界各国质量保证的成功经验，推动了质量保证体系的制订和发展。1959 年美国国防部发布 MIL-Q-9858A《质量大纲要求》，这是世界最早的质量保证标准。美国军工产品质量优良，发展很快，与制订和实施这些标准是分不开的。在军工生产中的成功经验被迅速应用到民用工业上，首先是锅炉、压力容器、核电站等涉及安全要求较高的行业，之后迅速推行到各行各业中。

四、国际经济贸易事业的发展，加速了质量保证体系的产生和推广。60年代后，国际经济交流蓬勃发展，贸易交往日趋增加，有关国际间产品质量保证和产品责任的问题引起了世界各国的普遍关注，而世界各国间贸易竞争的日益加剧也使不少国家把提高进口商品质量作为执行限入奖出保护主义的重要手段，迫使出口国不得不用提高质量的办法来对付贸易保护主义。这就加速了质量保证体系的产生和推广。

五、组织生存和提高效益的需要是产生质量保证体系的重要原因。组织为了生存和发展，获得更大的经济效益，除重视质量管理和内部质量保证外，还应重视外部质量保证。为避免因产品缺陷而引起质量事故，赔偿巨额钱款，宁可先投入一定资金，走预防为主的路线。这就促进了质量保证体系的产生、形成和贯彻，也是质量保证体系的真缔所在。

综上所述，世界各国、组织和消费者都要求有一套国际上通用的、具有灵活性的国际质量保证模式，这就是导致质量管理和质量保证国际标准产生的根本条件，也是质量保证体系产生的历史背景。

4.2 外语专业人才培养质量保证体系的内涵

外语专业人才培养质量保证体系的提出，是基于整个外语专业人才培养过程的一种质量管理理念，是指学生从入校到毕业本科整个过程，教育质量的提升和保证要关注生源选拔、学校教育过程和毕业生质量评价各个环节。在具体实践中，学校按照外语专业人才培养的过程，从招生环节开始，制订各个环节的质量标准，然后通过评价反馈机制，形成全过程、综合性的质量保证体系，以此保证达到学校按照社会和岗位的特定要求来确定的外语专业人才培养的质量标准。外语专业人才培养质量保证体系界定了学校各组织机构在外语专业人才培养过程中的地位，并以外语专业教育质量为基本目标整合了学校各组织机构的职能。从而使教职员工认识到外语专业教育质量的保证和提升是整个过程和环节相互影响和作用的结果，是全过程、多机构协同作用的结果。外语专业教育质量保证涉及本科生源（入口）、教育过程（培养）、毕业生质量反馈（出口）等环节，是一个过程概念。外语专业人才培养质量与生源质量、教学质量、服务质量、社会评价密切相关，外语专业教育要配合这一人才培养过程综合构建质量保证体系，确保外语专业人才培养质量。

4.3 外语专业人才培养质量保证体系的主体构成

通常一所高等学校外语学院（系）的教学质量保证体系可以由五个系统组成：决策与指挥系统、信息收集与处理系统、评价与诊断系统、信息反馈系统、教学条件保证系统。

一、决策与指挥系统

外语专业教学质量保证的指挥通常由外语学院（系）院长（系主任）、分管教学的副院长（副系主任）以及学院（系）的教学管理部门负责人组成，吸收关注教育质量的资深教师和其他人士参加，主要任务是确定学院（系）质量管理的目标和质量标准，制订有关教学活动的政策性措施，指挥和协调学院（系）关于教育质量管理的各项活动，指导建立各级教学质量保证系统；分析与诊断人才培养的重大问题，总结学院（系）质量保证的经验和得失。为了实现学院（系）培养人才的目标，教学决策指导系统，应在对与教学相关的学院（系）内外环境充分调研的基础上，制订两个或两个以上备选方案，并对其进行决策。据此可以看出，教学决策与指挥系统的实质性工作，就是为谋求学院（系）内外部环境和学院（系）人才培养目标的动态平衡而作出努力；其工作质量的好坏将直接影响到整个学院（系）工作的协调统一。

二、信息收集与处理系统

该系统是以教务处为中枢，由有关部门、专家、教师、学生信息员等组成的学院（系）内教学信息网络系统。通过信息网络，及时、准确地掌握反映教学活动中的各种信息，以便对教学实施过程及时进行有效地调整；同时不断捕捉和分析人才市场的需求信息，为学院（系）领导提供决策的依据，及时调整人才培养质量的目标与规格，增加人才培养的目的性和适应性。所以教学质量保证系统中应加强这些方面信息的收集与处理，以构成一个院（系）内与院（系）外信息有机结合的比较完善的信息系统。质量信息收集系统是否有效，直接影响整个质量保证体系的成效。

三、评价与诊断系统

通常是在院长（系主任）领导下建立的，由教学管理部门、教育评价专业人员、学院（系）责任心强的资深教师组成。教学质量评价就是教学管理机构根据教学目标定位与教学规范标准，通过对教学过程的系统检测与考核，做出相应的价值判断。要采用公平、公正、客观的评价体系，全面评价教师的教学质量。第一，必须采取有效妥当的办法解决专家评价与学生评价、定性评价与定量评价之间的矛盾。第二，必须采用符合教育教学规律的手段，以宽松的态度来解决评价标准与教改创新之间的矛盾。教师在教学过程中推出的超常规的"教学创新"可能不太符合评价的固有标准，所以，评价时不能以"弊端"视之。第三，必须确立一套严格、细致、便于操作的监督措施和纠偏措施，避免个人恩怨影响教师教学评价的公正性。第四，教师的综合素质应在评价指标中占一定的权重，包括教学能力、科研能力和职业道德。第五，评价指标应根据形式的变化实行动态管理。指标应该随着学院（系）教学水平的不断提高以及师资力量的不断改进而修订。

四、信息反馈系统

这是教学质量保证系统的一种特殊功能，它的主要目的是使学院（系）有关方面彼此了解对方的期望及自身活动质量的评价，获得进一步思考提高教学质量的可靠信息。学院（系）的领导、专家、教师也可以根据需要考察和了解评价的内容，以利改进教学工作。教学信息收集、处理系统与教学信息反馈系统是一脉相承的。通过多种信息渠道所获得的信息，可以全面了解学院（系）教学状态，及时将有关信息反馈到有关部门和领导，使教学工作及进度得到调控。同时，反馈信息也是教师奖惩和晋升的依据。这一工作通常由教学质量主管部门负责，教育教学质量信息的及时反馈是一切质量决策的基础。

五、教学条件保证系统

以学院（系）教学服务部门构成教学条件保证系统，针对"输入保证——过程保证——输出保证"的机制，经常分析实现教学目标所需要的必备条件，提供必要的人、财、物的支持。一个学院（系）的师资队伍、教学设备、用房等设施，以及教育教学环境等方面的基本情况构成办学条件，办学条件几乎决定着学院（系）的办学能力，办学能力的高低又是办学水平、规模、质量的关键。"有多大能力办多大事"是不积极的、不提倡的办学态度，"以最大的潜力去做尽可能的事"是积极的、可以提倡的办学态度。但其核心是要结合本院（系）实际，决定所要做的事情，不切实际、盲目攀高、过分求大、不符合做事规律的决策就不利于学院（系）发展。就人才培养目标的定位而言，人才的培养过程需要人力、物力、财力的支持和良好的教育教学环境。人力的核心是师资队伍，师资队伍的人员结构、思想、学术水平及其整体素质，是高等学校教育教学工作的支撑点；物力的基础是实验设备、图书资料、教学用房及相关的教学设施，它们形成学院（系）能正常进行教育教学工作的物质保证；财力就是指办学经费，学院（系）的发展建设、运营运转均需要经费支持，资金是学院（系）进行教育教学工作的助燃剂；教育教学环境是与教学、科研、服务、管理等诸多因素共同相关的学院（系）整体所营造的教育教学氛围，对人才的培养起着"润物细无声"的潜移默化作用。因此，师资、设施、环境构成学校培养人才的三大支柱，是学院（系）办学条件的核心内容，是体现学院（系）能培养什么样人才的重要指标。

【参考文献】

[1] 杨金观，李爱民. 构建全过程本科教育质量保证组织体系的理论与实践[J]. 中国大学教学. 2008年第12期.

[2] 吴光华，王晖，李艳等. 高等院校教学质量保证体系探析[J]. 教育学术月刊. 2009年第9期.

5 外语专业人才培养目标体系研究

外语专业人才培养的过程中一个重要问题就是确立人才培养的目标体系，也即是对外语学院（系）进行必要和恰当的定位，这样有助于明晰该外语学院（系）在全国外语学院（系）中所处的层次和位置，以免盲目追风比拼，从而扬长避短，最大限度地挥洒优势，把自己的外语学院（系）办出水平，凸现特色。

5.1 外语专业人才培养的理念

随着社会经济的发展，如何培养面向 21 世纪的人才是教育工作者面临的重大课题。为此，我们进行了广泛的市场调研，结合我校（广东外语外贸大学）的实际情况，将外语专业的培养目标从原来的培养高级外语语言文学人才转为培养外语语言文学和高级外语复合型应用人才。使培养出来的学生不仅具有扎实的外语语言基本功，宽广的知识面，还要掌握与毕业后所从事的工作有关的专业基础知识及具备获取新知识、新信息的能力和独立思考创新的能力，并在思想道德素质、文化素质和心理素质等方面得到提高，使其在就业市场上具有相当强的竞争力。

5.2 外语专业人才培养的目标

外国语学院（系）的定位，一般涉及这样三个方面：一是教学型学院还是教学科研型学院；二是发展努力的方向是纯外语型学院还是复合型学院；三是设院（系）目的是强化本科教学质量，为学科建设提供支撑。一般讲，外国语学院（系）的几种代表性类型和外国语学院（系）的必要定位之间的对应关系可见表1。

表1 外国语学院（系）代表类型和外国语学院（系）必要定位之间的对应关系

外国语学院（系）类型	外国语学院（系）定位
外国语大学（学院）外国语学院/综合大学外国语学院	应该定位于以教学科研型学院；努力方向既可以是具有厚重底蕴的纯外语学院和专业，又可以不断赋予纯外语学院和专业新内涵。例如，适当增开适应社会和学生就业需求的课程和内容；本科教学和学科建设的互动，有基础，有条件，应该朝着高质量和强实效努力。
师范大学（学院）外国语学院	应该定位于以教学为主、科研为附的（强）教学（弱）科研型学院；努力方向主要是具有厚重底蕴的纯外语学院和专业，当然也可以适时赋予纯外语学院和专业新内涵。例如，适当增开必要的选修课、辅修课；本科教学和学科建设的互动，有一定的基础和条件，应该在质量和数量方面不断努力。
涉外院校外国语学院	应该定位于以教学为主、科研为附的（强）教学（弱）科研型学院；努力方向主要是复合型学院和复合专业，纯外语学院和专业不应该成为主流；本科教学和学科建设的互动有着良好的基础和条件，应该在复合型专业的教学和跨学科研究的质量和数量等方面有所突破。
理/工/农/医/财经等院校外国语学院	除了具有博士点和建院久远的少量外国语学院（系），相当数量的外国语学院（系）应该定位于教学型学院；努力方向主要是复合型学院和复合专业，纯外语专业的规模应该有所控制；本科教学和学科建设的互动，因为院（系）整体水平较低、积淀相对薄弱，在质量和数量方面都比较欠缺，对此决策部门应该及早进行规划并付诸实施。

《高等学校英语专业英语教学大纲》对21世纪英语专业人才培养目标作了明确规定：高等学校英语专业培养具有扎实的英语语言基础和广博的文化知识并能熟练地运用英语在外事、教育、经贸、文化、科技、军事等部门从事翻译、教学、管理、研究等工作的应用型创新英语人才。同时该大纲还对英语应用型人才的规格作了具体要求：扎实的语言基本功、宽广的知识面、一定的相关专业知识、较强的能力和较高的素质。因此，培养高素质的应用型创新人才以满足多元化发展的社会需求，显然已经成为高等教育的共识。社会对应用型创新人才的需求促使我们重新审视自身外语人才培养的观念与模式，特别是普通高校本科阶段外语人才的培养。传统型的外语人才培养，是培养具有听、说、读、写、译语言技能的工具型人才。这样的人才培养，把外语教学变成纯语言技能的工具性培训，仅掌握英语知识和技能。因而，外语专业毕业生逻辑思维能力比较差，专业知识能力比较弱。这就导致高校培养的外语人才在知识结构上不够全面，在发展潜力上存在不足。随着对外语人才的需求提高，高校需要培养具备较高的外语水平，较全面的知识结构和具有国际视野的应用型创新外语人才。我们要培养的外语人才，是国家迫切需要的国际化人才。国际化人才首先要具备较高的外语水平。在此基础上，具有综合的知识结构和广阔的国际视野，能够参与全球性的竞争与合作。在全球化和知识经济的时代，高校外语教育就要围绕应用型创新人才的培养目标而展开。

外语院校的目标是培养复合型、复语型、高质量外语专门人才和外语运用能力强的经济、管理、外交、新闻、法律等涉外专业人才，建设一所多语种、多学科、多层次、具有重要国际影响的教学科研型外国语大学。这一目标体现在人才培养模式上，其核心就是培养特色人才。

5.3 外语专业人才培养的现状、问题及原因分析

5.3.1 外语专业人才培养的现状

构建人才培养模式是大学英语专业建设与发展的关键性环节之一，因此我们在培养目标、课程设置、方向课模块、实践教学等方面进行了深入细致的探讨与研究。从当前的社会发展和经济现状看，纯粹的外语

专业面临的挑战越来越大；外语专业（特别是本科）不能超脱市场，要顺应学生就业的需求。因此，在加强外语学科建设的同时，必须对外语本科专业及其教学进行必要的优化和调整：低年级统一设课，宽口径，厚基础；高年级专业分流，明确方向；增设复合型必修课程；力争推出有特色、受学生欢迎的选修课；加强复合型（跨学科）和紧缺专业的申报和招生。单凭有限的课堂教学很难有质的飞跃，因此，激励学生潜能、优化单位时间内的质量和效率成为解决这一课题的重要出路。在一定程度上，外语专业架构的调整（顺应学生和就业的需求）对于实现这一初衷无疑是非常有帮助的。

5.3.2 当前外语专业人才培养的问题及原因分析

我国日益融入世界经济格局，多元文化背景对人才提出了更高需求，尤其对传统外语人才培养模式提出严峻挑战。一个外语专业本科毕业生，在论述句子结构时，往往得心应手，但是如果要进行现场口译、翻译科技文章、草拟商务合同、主持贸易洽谈，却感到举步维艰。口语不流利、专业知识缺乏、商贸规则陌生等表现，令不少用人单位抱怨不已。为何外语毕业生在学校里所学的知识无法在进入社会时得到充分的应用？这不得不令我们反思当前高校外语教育存在的种种问题。

阻碍外语人才培养模式发展的最重要因素是培养目标定位有误。长期以来，我国的外语教学把外语当作一个独立的学科，如外语文学、语言学等等，而不是把它当作一种工具和技能去对待，在课程设置上"基本采用1+1模式，即外语+语言学或外语+文学的语言文字知识结构模式。其专业应用性主要体现在听、说、读、写、译语言技能的工具意义上"。这一培养模式左右着外语教育的专业体系、课程设置、教学内容和手段等。因此，当前高校培养的外语人才更适用于从事教学和研究，而不能把语言作为工具运用于实际交流。"改革开放的实践证明，社会对外语人才的需求已呈多元化趋势，外语的工具性、应用性特征更加明显。"当前，严峻的就业形势使外语人才培养模式的弊端益发凸显：一方面企业招不到真正需要的外语人才，另一方面外语人才找不到真正合适的岗位。如广东东莞作为一个地级市，外向型经济发达，在招商引资、国际会展．企业对外交流、出口贸易、技术引进、产品升级等方面，外语人才重任在肩，然而外语人才市场供需却出现错位现象。据笔者调查，东莞市现拥有8万家企业，其中外资企业6 153家，港澳台企业11 192家。笔者针对员工1 000人以上的10家外资企业、15家国内私有企业和员工50人左右的15家外贸公司进行问卷调查。调查结果反映了外语人才的现状是：到各企业应聘的外语专业毕业生多，但符合要求的少，想要招到满意的人才更是难。这说明，社会经济所需要的外语人才与高校培养的外语人才之间存在着很大的矛盾，企业在对外经济活动中需要的是实践应用型外语人才，而学校在专业设置方面则偏重于培养应试型和理论型外语人才。

虽然，为适应社会需求，许多高校都开设了专用外语方向，如广东省高校英语专业共开设有四个方向：英语语言文学、外贸金融英语、商务英语、科技英语（主要是医学英语）。然而，"我国传统的教学机制将英语教学与研究划归于'外国语言学'这一学科。随着科学技术和经济贸易的发展，科技英语、经贸英语的教学与研究又划归'语言学'学科之下的二级学科'应用语言学'门类。因此，无形中引导人们只重视外国文学和语言学。"应用型外语教育在传统的眼光中始终难登大雅之堂，在教学模式方面与传统外语教学没有区别，使得地方高校外语人才与市场需求严重脱节。

5.4 外语专业人才培养模式

培养模式是实现培养目标的根本途径。所以。要培养适应新世纪的外语人才必须改变现行的不合理的培养模式。在上个世纪90年代，针对毕业生进入企业，找不到对口的工作的现象，我国外语界提出了复合型的人才培养模式。

经过多年的研究与探索，各校对培养复合型外语人才培养模式有了一定的共识。比起传统的语言型的外语人才，复合型培养模式下培养出来的人才既具有扎实的语言功底，又具有符合市场需求的专业知识，更受到人才市场欢迎。复合实践说明，外语人才知识结构的复合是多样化、多形式、多层次的。

5.4.1 外语专业人才培养模式现状

复合型人才培养模式指既熟练掌握一门外国语的各种技能，懂得该门外国语基本知识。也具有其它一门学科的基本知识和技能的一专多能的通用人才。1983年世界大学校长举行一次讨论会，大家一致认为。理想的大学生应该具备以下三条标准：（1）具备专业知识，掌握本学科的方法论；（2）具有将本学科知识与实际生活，与其他学科知识相结合的能力；（3）具有良好的人格品质。由此可见，"复合型"这一概念通常表示一种相关学科之间相互交融、渗透的类型。因此复合型外语人才可理解为既掌握一门外语，又掌握一门相关学科知识的外语人才。目前我国复合型外语人才培养的主要模式有：外语+专业知识、外语+专业方向、外语+专业、外语+外语、专业+外语和双学位等。这种模式实际可粗略地分为两大类：一是语言类，学生主修一门外语。辅修其它专业知识；二是专业类，学生主修一门专业，兼修外语，形成"四型一辅"的外语人才培养模式：（1）外语专业型，即各外语语言文化专业；（2）复合专业型，此类模式培养既有所学专业的基础知识、学科理论为基本技能，又具有扎实的外语基础、熟练掌握外语语言能力的新型复合型外语人才；（3）专业方向型，此类模式即在原有专业中增设若干方向型课程，以系统学习六至八门相关课程体现复合型专业方向；（4）双外语学位，此类模式为主修语种加辅修语种，主修外语专业必须达到本科毕业水平；（5）辅修制，此类模式为专业主修成绩优良的学生增设辅修专业，辅修系列课程合格者由学校发给辅修证书，以补充主修专业，无方向型课程的语言类专业学生，可通过主辅修培养成为复合型人才。

可以说，上述几个模式代表了目前多数人对复合型外语人才的认识。看来，目前国内外语界对复合型人才理解比较狭隘。要么"外"字当头，特别强调外语为主，其他专业为辅，是主从复合，而不是并列混合；要么是外语加经济、金融、财会、法律等社会上热门专业。但市场对人才的需求可变性较大，热门也可能变冷门。新世纪是个快速多变、改革创新的时代，与之相应的复合型外语人才也必须是多样、多向、多变、多彩的。

在一定程度上，新世纪复合型外语人才的知识结构是呈动态的，而不是固定于某一个具体的、一成不变的模式上的。为适应市场经济建设的需要。培养复合型外语人才必须要突破这个界面。使外语与其他专业互相渗透，融为一体。因此，复合专业的选择不应局限于几个专业或几个热门专业。应尽可能拓宽专业选课自由。用"外语+x"来表示复合专业更为恰当。式中的x为变项，随着社会市场需求和学生个人志趣的变化而变化。就综合性大学来说，可以提供诸多文理工方面的专业课程，供外语专业学生作为辅修。这一方面。我国很多理工大学英语专业的"主辅修制"经验值得借鉴。根据这一模式，学生除主修英语外，辅修另一门理工专业，按照有关教学计划修满所辅修专业的学分后，授予辅修专业证书。复合型外语专业人才的培养，最终受制于高等院校的运行体制。真正实现复合专业的自由选择，关键在于落实高等院校教学体制的改革，施行完全的学分制。外语专业人才培养应开阔视野，面向各种专业和学科的学生，有重点有选择地进行培养，创新教育管理思路，探索更为有效的人才培养模式，不失时机地扩大和加速培养符合时代要求的外语人才。

应用型的外语人才培养模式。以广东外语外贸大学为例，为了满足社会对翻译人才的需求，从20世纪80年代起，广东外语外贸大学就着手进行应用型人才培养的改革，在本科阶段开设了英语翻译专业方向。1997年，在英文学院内设立了翻译系，开始在英语专业高年级阶段培养翻译方向的本科生并招收翻译理论与实践方向硕士研究生。2005年，成立高级翻译学院（高翻），开始探索建构完整的专业翻译教学体系和各层次翻译专业人才的培养模式。2006年，教育部批准在广东外语外贸大学等三所高校试办翻译本科专业。2007年，由广外学者首倡设置的翻译硕士专业学位（MTI）获得国务院学位委员会的批准，广东外语外贸大学成为首批15所试点培养单位之一。

目前国内翻译本科教学包括：（1）翻译专业本科教学；（2）外语专业高年级翻译方向教学；（3）4+0/4+1双学位/双专业教学。无论这三类教学中的哪一类，都应以培养基本的翻译能力为主，翻译专业本科阶段的教育主要完成语言板块、技能板块、知识板块和人文素养的培养，其他两类教学可以侧重不同的板块和不同的指标。翻译专业本科的培养模式主要有：扎实的双语应用能力+熟练的双语转换能力+基本的相关专业知识+相应的人文素养。

在这样的认识下，广东外语外贸大学对翻译专业的培养目标进行了充分的论证。将培养重点落在：过硬的口笔译技能＋娴熟的译者能力＋丰富的相关专业知识＋较强的人文素养。

广东外语外贸大学的翻译专业具有下列三个特点：（1）首创性。不仅完成了把翻译教学理论研究与教学实际结合起来的尝试，而且还制订并不断完善了翻译专业的培养目标、教学大纲、教学内容、培养模式、教学手段、翻译专业人才及翻译教学评估体系等。（2）不可替代性。率先设立"翻译实务"本科双专业；成为翻译本科和翻译硕士专业学位的首批试点培养单位；完成翻译本科教学大纲和翻译硕士专业教学大纲草案；获得国家级口译精品课程和翻译学省级重点文科基地；形成了理论支撑下的完整翻译教学体系。（3）可推广性。从理论上理清了翻译实践与翻译教学的关系、外语教学与翻译教学的关系、翻译理论与翻译教学的关系、各层次翻译教学之间的关系，并在此基础上探索出行之有效的翻译专业人才培养模式，预期该模式具有可操作性，可以推而广之。

5.4.2 外语专业人才培养模式研究思路

高校应拓宽外语专业人才的培养模式研究的思路，抓住重点，着力解决传统教育模式与新时代要求间的主要矛盾，做到有的放矢。

一、突出解决外语教学中过多的关注语言考试技能，而忽略了语言所表达的深层文化的问题。这里的文化不仅仅特指所学语言所属国家文化，而是包括东西方国家文化的交流。上海外国语大学校长曹德明教授曾指出，"会外语没文化"是庸才。高等院校在外语教学中要特别重视文化交流的重要意义。这包括两个方面，一方面是说在对外语的学习过程中要力求把握外语所表达的文化的精髓，取其精华为我所用；另一方面是说在学习其他文化的过程中，要对本国优秀文化做到熟练学习和努力弘扬，这一点现在却往往被忽略。

二、突出解决外语教与学脱离实际，与专业分离，导致学生在大学学习四年仍然无法将其转化为有用的行业技能的问题。要研究对外语课程的合理设置，加强对外语双专业学生的教育管理，加强对非外语专业学生外语实践应用能力的培养。

三．突出解决由于教学方法及手段陈旧单一导致学生语言输出能力和实践能力薄弱的问题。要加强第一课堂与第二课堂的相互结合，加强校园外语文化建设，通过创新机制、打造平台等手段培养复合应用型外语人才。

5.5 外语专业学生素质培养方案

借鉴国外英语教学界的最新研究成果，结合中国的实际情况，要把英语教学从结构主义彻底过渡到交际功能主义，从以教师为中心彻底过渡到以学生为中心，从词汇语法教学彻底过渡到主题教学，从做大量选择题彻底过渡到以任务为基础的教学操练活动，从传统的劳动密集型教学过渡到多媒体教学与面授相结合的高科技密集型的授课方式，并配之以一个考查语言综合运用能力的评估系统，实行形成性评估与终结性评估相结合的办法，增加随堂测试的分数比重，减少高风险考试的分数比重。

下面将以"二体"为研究基点，通过对不同类型的培养对象在两个平台与"多维"手段的联动探讨高校外语专业学生素质培养方案。

"二体多维联动"教育培养模式并不是单纯的教学模式和育人模式，而是以"二体"（课堂教学体系和课外培养体系）为平台，以"多维"（多种教学方法和技术）为手段，将学生与老师之间、不同专业学生之间、二体及多维之间联动起来的一整套组织、设计和调控教育管理行为的人才培养方法体系。其中的"多维"手段包括课内和课外的多种手段，是随着教育观念及方法的进步呈动态发展的变量，它的量值可以在不断的学习和实践中增加或减少，以满足时代对人才培养的要求。

一、第一课堂教育培养模式探索

（一）应用实践型：培养应用实践能力要从课堂入手，从课外进行锻炼。目前课堂教学中"说"的学时数较少，很多高校虽然开设口语课程，但因为班级学生多，学时少，基本上也只有教师一个人和少数几个人学生"说"，多数学生张口练习沟通的机会很少。课堂上的锻炼不够，自然也会影响学生课外展示及锻炼的勇气和自信。因此，有条件的情况下应将口语课程分成10～15人左右的小班，真正让口语课程发挥其作用。要注意将师生交流、学生相互交流和教师点评相结合，调动学生口语锻炼的积极性。对非外语专业的学生来讲，英语的教育一般采用的是拉通式教育，近年来虽有高校对非外语专业学生进行分级式教育，但很大程度上，大学英语课程教材选择和教学方法无法跟上时代的发展，所有学科和专业采用的是同一类教材，即便版本不同，但基本上仅是对学生简单的英语交际对话和阅读能力及常用单词和语法的教授。

（二）学术研究型：培养复合应用型外语人才并非单纯地指外语在金融、科技、电子等行业的应用。特别是对于外语专业来讲，不能让学生的努力方向全部一味地追求其与其他学科的复合，而缺失了应有的语言学、文学、翻译学等方面的学术素养。课程设置方面要注意在加强听、说、读、写、译训练的同时，合理配置语言学、文学、语用学、修辞学等课程。这样做既能较好地体现外语专业学生的优势，培养学生的思维力和创新力，又对想要继续深造的学生提供了成为外语专业拔尖人才的机会。教师要注意改进教学方法，增加学生讨论及参与环节，多介绍名家趣事以提高学生的学习兴趣。要尽快提高高校外语专业教师队伍门槛，严把入口关，加强师资培养，建立审核评价机制，促进外语专业语言研究学术人才的健康成长。

（三）辅修专业型：对非外语专业的部分学生，可以从大二或大三开始辅修外语专业，除加强基础性的培养，如语音、语调、语法、词汇等以外，要特别加强以外语为工具，以专业为方向的培养，使学生能比较熟练地掌握专业外语，并重点培养听说能力和阅读能力，成为复合应用型外语人才。对外语专业的部分学生，辅修其他专业主要有两种体现形式，一是要在整个外语专业课程设置中增加科技、法律、经济、贸易等课程的比重，并在教学中多采用双语或外语教学；二是要加强导师的指导，做好两种学科的有机结合，以及两种专业能力的交互提高。在此，要注意外语是主专业，其他是辅专业。主专业的重点是听说读写译，辅专业的重点是初步的相关领域知识和技能。

（四）双学位型或双专业型：对非外语专业中对外语有浓厚兴趣或所学专业与外语联系紧密的学生，或者外语专业中对其他专业有浓厚兴趣的学生，可以建立双学位（或双专业型）培养模式。目前我国高校多采用的是院系级管理制度，学科间交叉融合不够，因此对此类学生，要加大双语式教学力度，加强学科交融，可以由不同的学院联合培养，如：

德语+机械，日语+软件，英语+国贸等，使学生成为复合应用型外语人才。要解决的关键问题是教师，因为外语教师讲授专业课程往往力不从心，而专业教师讲授外语课程也大多流于形式。因此要下功夫加强教师培训，改善教师知识结构，充分发挥"海归"的作用。

对外语专业的学生来讲，他们普遍要学习第二外语。以英语专业为例，第二外语的学习基本上从大三开始，集中的学习时间仅有一年半的时间，此外学生在高年级的时候又存在找工作、考研等压力，对第二外语的学习几乎无法达到预期水平。双外语专业型人才的培养弥补了此方面的不足。这种培养模式鼓励学生入学伊始就进行两个语种的学习规划，避免了以往第二外语学习不扎实、不实用、毕业之后几乎丢弃的情况，同时也增强了社会适应能力。目前，英语专业人才相对过剩，而法语、西班牙语、俄语、德语等专业人才相对紧缺，为了适应市场需求，需要大力推进双语专业的培养力度，提高学生就业灵活性，避免人才培养过程的滞后性。

（五）中外合作培养型：随着国际交往和对外交流的增多，使得国外（特别是西方发达国家）优质教育资源的利用成为可能。中外合作培养人才作为一种新的培养模式，愈来愈受到重视，特别是对于复合应用型外语人才的培养具有战略意义。目前的全国高校中对外合作模式中有1+2+1、2+2、4+4以及1+3+1等模式，是真正的F学科和X学科的融合，不足之处是费用高，手续繁杂。学校可以分层次推进，采取交流计划，对特别优秀学生全额资助、比较优秀学生部分学费资助以及开通留学贷款等方式解决问题。要加强对国外学校的了解和对学生的指导。

（六）国际通用型：随着经济全球化趋势的日益加剧，各国经济逐渐连接成一个互相依赖、互相促进的整体。经济是发展教育的基础，经济全球化已对教育产生了广泛而深刻的影响。不同国家不同区域的高等教育跨国界、跨民族、跨文化的多边交流、合作与援助逐渐增多，高等教育国际化已成为高等教育自我发展的必然选择。这一趋势，打破了高校原有的封闭式的人才培养模式，对人才培养规格提出了新的要求，要求高校所培养的人才应具备国际视野，熟悉国际惯例，具有跨文化交际能力，能直接参与国际竞争与合作。

二、第二课堂培养体系探索

外语专业人才的培养仅靠课堂教学是不行的，还需要大力建造第二课堂体系，通过各种实践性环节来实现。实践教学可拓宽学生的专业知识面，创造职业岗位的实践环境，提供知识向能力转化的场所，培养学生创业精神和创新能力，提高其职业素质和综合能力。第二课堂培养体系是采取多维手段实现实践教学的主要平台。

（一）大力开展外语类校园文化活动和社团活动。可以通过举办"校园外语文化节"以及开展外文演讲、辩论、配音、朗诵、写作、歌曲和话剧等一系列内容丰富的比赛，激发大学生的外语学习兴趣。学生在台上短短几十分钟的表演需要课余很多时间来练习。通过反复的排演，一些外语的结构和句型在不知不觉中掌握，一些名言名句可以脱口而出，有利地促进了外语口语表达和应用能力，使学生可以体验真实的外语，并终生受益。此类活动的一个特点是可大可小，可以使多数学生参与并得到锻炼，对培养学生的综合素质具有重要意义。

（二）加强外语交流。鼓励学生讲外语、听外语、赛外语，积极营造外语交流的浓厚氛围。可以在学生课外活动场所建设"外语沙龙"、"外语自主学习中心"及"外语角"等实践平台。学生们可以在这样地方自主学习、互相学习，查阅各类外文书籍报刊，共享外文歌曲、BBC、VOA等听力资源，观看外文原版电影，和外教、留学生交流，邀请著名专家、外籍学者以及毕业后在国外工作的优秀校友举办讲座，拓宽学生的视野。学生可以充分利用这些先进的教学设备和资源获得独立学习、自觉交流和解决问题的能力。

（三）组织学生参加全国竞赛。如"外研社杯"全国英语辩论赛、"外研社杯"全国大学生英语演讲大赛、中国及世界模拟联合国大会、全国日文演讲大赛。通过这些大型比赛的选拔和指导过程，有利于培养外语专业拔尖人才。以西南交通大学参加"外研社杯"全国大学生演讲比赛为例，每年都有几百人参加选拔赛，然后是校级选拔赛、省级选拔赛和全国总决赛。在此过程中，学生外语应用能力和解决问题能力明显提高，学生成为学习的主体，指导教师成为辅助，学生学习积极性极大提高，对学生的气质风度、反应能力、合作精神及独立思考能力都有益处。

（四）培育外语实践文化。加强外语实践是提高大学生外语水平的关键，要搭建一系列平台来拓展大学生外语实践的能力。可以通过外语协会等学生组织开展一系列诸如编辑广播英语节目、创办外文期刊、开辟外语宣传专栏等外语实践活动。也可以积极组织学生参加各种外语志愿者服务活动，如国际性体育比赛、跨国贸易洽谈会、抗震救灾国外抢险援助等大型活动的外语翻译服务工作。此外，特别要利用国外学者讲学的机会，组织学生参加本专业的学术讲座，与国外学者加强交流，既提高学术水平，又提高专业外语水平。

（五）探索"书院制"外语人才培养体系。书院在中国起源于唐代，兴盛于宋代，存在了一千年之久。书院对我国封建社会的教育，特别是具有高等教育性质的教育产生过重大的影响，经历了一个极为繁盛的时期。现在大学中的"书院制"指在教育主要关注做人，开展通识教育、学生素质拓展、就业辅导、心理辅导等活动，主要以文化建设和非课程的形式来进行，以培养学会学习、学会做事、学会做人和学会合作的高素质人才为目标，强调学生自我教育和自主发展。国外大学如英国的牛津和剑桥大学，由于拥有较为丰富的教育资源，一个导师指导几名学生成为其书院制的显著特色。国内则以香港高校的书院建设最具特色，实行的是"舍堂"制，内地几所高校如复旦大学、西安交通大学等正在推行书院制。结合书院制度的历史起源及各地发展状况，可以探索建立外语文化书院，推行学生培养"金字塔"计划，即自进校伊始，为学生选设导师，以书院形式培养学生英语能力和人文素养、心理素质、适应能力及团队合作精神，成为真正的外语专业拔尖人才。

5.6 新培养目标和培养模式下教学方法的探索和实践

人才培养是一个系统的复杂的有机整体，需要各方面的积极配合。而教学方法是各种教学行为的一个缩影，教学方法的改革是深化教学改革的关键环节。围绕培养目标，学校在教学观念、教学形式、教学手段等方面展开了全面的探索与实践，以提高教学效果，确保教学质量。

一、转变教学观念和教学方式，确立学生在教学过程中的主体地位

培养学生的主体意识和合作意识传统的教育观念一直把教师看作是知识的占有者和传授者，在教学过程中通常采用"一言堂"、"满堂灌"、

"填鸭式"的教学方式。建构主义学习理论打破了人们对知识静止状态的传统认识，认为学习是学习者在认知、解释、理解世界的过程中建构自己的知识。因此，教师不应只是知识的简单呈现者，而更应重视学生自己对各种现象的理解，引导学生丰富或调整自己的理解，并提倡教学模式应以学生为中心，充分发挥学生的积极性、主动性和首创精神，达到使学生有效地实现对当前所学知识的意义建构的目的。

激励教师开展教学改革和教学研究，从理论层面转变教师观念。各大学可以积极组织教师开展教学方法改革的相关研讨会，鼓励教师尝试在课程教学中采用讨论式、启发式、探究式等众多能有效调动学生参与教学积极性的教学方法与形式，还可以组织教学经验交流会；从课堂实际操作层面上转变教师观念。各教学部定期进行集体备课，大家对课程各抒己见，集思广益，探讨不同教学方法，不断优化教案，开展合作教学，力争课程教学达到最佳效果。

二、采取全英/双语教学方式，提高学生外语实践能力

要参与国际竞争，一个基本前提就是要能与人交流对话。我国涉外型人才培养普遍存在的一个问题是学生的外语能力与其专业水平不相匹配，特别是专业外语交流和应用能力的普遍不足。如果一个专门从事国际贸易、金融等涉外专业的高级管理和高级业务员，不能用娴熟的外语和别人交流对话，谈何竞争和合作？另外，要学习国外先进经验，也必须具备一定的外语能力，特别是专业外语能力，这样就能找到可以同时促进专业知识和外语实践能力发展的契合点。如广东外语外贸大学根据国内外高校的成功经验，决定对部分高素质的学生实行"全英/双语"，以适应经济社会对高、精、尖层次人才的需求。学校的全英/双语教学是指教师以英语为授课语言、学生用英语来学习经济、管理、法律、计算机等专业知识的教学过程。在这个过程中，全英/双语教学充分体现了专业教学与外语教学的强强联合，不仅使用专业英语教材，而且授课、课堂讨论、做作业、考试和论文写作等环节均使用英语，使学生在掌握扎实的专业知识的同时，也具备了较强的英语综合应用能力。目前，学校已在国际商务、国际经济与贸易、金融、市场营销、新闻、广告等六个非外语专业中开设了全英/双语教学班。而上海交通大学英语专业的做法则是在英语专业的课程设置"坚持英语语言文学专业知识为主，金融

和商务专业知识为辅"的原则下对英语专业课程体系做了大幅度的调整：改造现有英语技能课，增加英语语言文学专业课，加强课程体系的人文性；改造金融商务类课程群，强化课程体系的复合性。

三、创立多维度英语教学体系，培养学生跨文化交际能力

跨文化交际能力是国际通用型人才必备的一个素质。只有深刻理解一个国家民族的文化特征、社会习俗等，才能更好地与人沟通和交流。对于非外语专业的英语教学，目前高校的大学英语教学还远不能适应我国扩大对外开放的新形势，"聋哑英语"依然是我国大学生英语学习的诟病。我们传统专业教学模式下培养的学生，尽管掌握了较丰富的专业知识，但在国际交往日益频繁的今天，却不能直接用外语进行专业交流，更无法利用所学的专业知识积极参与国际竞争与合作。

为克服传统英语教学的缺陷，切实提高学生的英语实际运用能力，培养学生终身学习的能力。广东外语外贸大学建构了英语教学理念——"多维度英语教学"。这一理念改革的主要落在四个支撑点上：一是课程设置创新。通过制订英语专业（特色模块）辅修课程和选修课计划，开设西方社会与文化、英语文学选读、笔译、口译、商务英语技巧、交际英语、英语过程法写作、英语口语等丰富多样的英语课程，从而解决了大学英语教学学时不足、课程单一的问题。二是课堂组织创新。探索形式多样的大班教学的课堂教学方法，如小组活动、口头汇报、辩论、角色扮演、模拟记者招待会等。三是测试方式创新。测试既保留了传统的笔试形式，又创新性地实施了灵活多样的英语口试。四是学习环境创新。积极为学生营造多元化的学习环境，除了传统的英语戏剧大赛、英语综合技能大赛之外，组织英语奥林匹克趣味运动会、英语音乐剧等活动，不仅注重活动的竞赛性，更注重活动的参与性。而上海交通大学英语专业的做法则是强调在整个教学环节中运用不同形式的研究性教学方法，如任务驱动式教学法、讨论式教学法和案例教学法等。

四、深挖实践教学渠道，锻炼学生国际交流与合作能力

要培养学生的研究能力，学科知识和研究方法的传授固然重要，但更重要的莫过于让学生在实践中积累研究经验。在这点上广东外语外贸大学的做法值得借鉴。学校利用地处广州的有利条件，从 20 世纪 70 年代就开始组织学生为广州中国出口商品交易会服务，近年来学校每年都有

一千余名学生全程参与交易会的各项相关工作。通过参加交易会，学生受益匪浅：一是学会与来自世界各地的人士沟通，提高外语运用能力的同时培养了跨文化交流的能力，开拓了国际视野。二是培养和锻炼了学生获得信息和处理信息的调研能力。在通过和客商的交谈接触和其他渠道，学生们学会了收集信息，在对各种信息进行整理、归类、分析、处理的过程中，提高了处理信息的能力。三是锻炼了独立工作能力、处理问题能力和创新思维能力，增强了团队合作精神，培养了良好的心理素质。广交会所有的接待工作都是整体工作的一部分，而且环环相扣，需要学生们团结互助，积极有效地发挥团队精神。另外，学校还和众多知名外企签订协议创办实习基地，并先后在越南河内外国语大学、泰国诗纳卡琳大学等诸多国外大学建立了国外实习基地。组织学生到国外的基地开展教学实习活动，使学生有国外第二校园的经历，提高了语言运用能力，增进了对语言对象国的了解。

广东外语外贸大学在国际交流上严格按照高等教育国际化的内涵制订了一套自己的发展理念，并一步一步往前推进。其宗旨是培养高素质的国际化人才，基础是构建国际化的育人环境，路径是"310"工程，具体内容是实现教师、学生、研究和管理的国际化。让学生作为大学教育的中心，实现国际化要让学生能切实感受到在广外学习能把自己培养成为具有高度责任感的国际化人才。

在对外交流的项目上有双学位项目、单项派出项目、夏令营项目短期实习项目。据统计，2012年到2013年，广东外语外贸大学仅双学位外派项目达39个，出国学习人数超过600人，按照当年入学的学生数来计算，出境学习学生已超过10%。大学希望到2025年学校建校60周年之际，希望25%以上的学生在读期间能到海外交流学习。

上海交通大学英语专业的做法是增设实践类必修课程，开展研究性实践教学。除保留课程原有的专业实习和毕业设计（论文）之外，增设了创新实践、商务英语实践、学术讲座和通识教育实践等实践类必修课程，加强第二课堂和第一课堂之间的衔接。

北京外国语大学一直鼓励学生运用所学专业知识和外语技能，以"志愿者"形式服务社会，并在服务社会的过程中不断地充实和提高自己。北外学生志愿者先后为联合国世界妇女大会、APEC青年节、财富论坛、中非论坛等重大会议和国际赛事提供志愿翻译和服务工作。北京奥运会期间，北外师生参与奥运志愿者服务的程度和比例之高，在全国高校中首屈一指。北外有近3 000名学生成为"奥运志愿者"，为各个奥运比赛场馆和奥运官员提供了"独一无二、不可或缺"的语言服务。包括罗格、维尔布鲁根等几十位奥林匹克大家庭主要官员，都由北外学生全程陪同翻译。"北京奥运会多语言服务中心"更是立足北外，服务奥运。其出色的工作表现更是得到了党中央、国务院的专门表彰。正在如火如荼举办的2010年上海世博会，同样有北外志愿者的身影。2006年，在教育部、财政部和北京市的大力支持下，由北外创建并实施的"歆语工程"，以"传播美妙语言、共享和谐讯息"为出发点，以大学生社会实践和专业实习为着眼点，积极开展农村中小学英语师资培训。经过几年努力，"歆语工程"已经在社会上取得了良好声誉并创建了北外服务社会的品牌。2009年暑假，北外在河北省、湖南省、四川灾区及北京近郊顺利开展了"歆语工程"项目，效果明显，反响强烈。这锻炼了学生的实践能力。

北京外国语大学利用一切对外交流与合作的渠道，为学生提供在读期间短期出国学习的机会，每年组织50～100名学生利用暑期赴国外参加课程学习，实地体验外国社会与文化。北外在非通用语种教学中，还积极实施"7+1"人才培养模式，即在条件成熟的前提下，每个非通用语专业的学生在北外学习四年期间，七个学期在北外，另一学期在海外，在大学三年级会有半年去对象国学习的机会。种形式，既提高了学生扎实的专业知识和技能，又拓宽了学生的国际视野，提高了他们对对象国社会和文化的理解力。这种新的人才培养机制对北外外语人才的培养质量有着极大的提升作用。此外，北外还充分利用外语语言优势，采取短期留学机制、与国外大学联合培养、聘请外国专家、开辟国际化课堂、营造国际化校园文化氛围等多种方式，努力形成以中外语言文化交汇为优势、以沟通中西文化为己任、以广泛的国际合作交流为渠道的国际化育人特色和较为完善的国际化育人环境。

五、推进教育手段信息化，提高教学效果，培养学生信息技术运用能力

信息技术的发展变化，改变着世界运作和人们生活的方式，也促进

了教学手段和教学方法的变革。信息技术在教学中的合理运用，可以活跃学生的思维，有利于提高教师的教学能力，提高教学效果。学生在利用现代信息技术获取知识的同时也提高了自己的信息技术运用能力。现在上海外国语大学、北京外国语大学、广东外语外贸大学都在英语专业学习中设立了语言学习实验室，建设了网络自主学习平台。学生可以充分发挥学习的主动性与自主性。北京外国语大学的做法是成立了北京外国语大学网络教育学院。采取"教与学分离"以学习者为中心，以自主、自发、独立学习为主，助学辅导为辅"的原则。使学习者从一开始就能体会到全面的助学服务。所有课程的单元数、学时数、语言点和学习目标等都一一列明，从宏观上指导学习者的独立学习。此外，还特意编写了助学手册和成功指南。这些构成了课程学习的帮助系统，使学习者树立了信心，减少了无所适从感，有利于提高学习效率。网络技术使学习资源全球共享，学习过程不受时间和空间的限制得以实现。学习者可选择的自主学习，提高学习效率。

【参考文献】

[1] 仲伟合，穆雷.翻译专业人才培养模式探索与实践[J].中国外语.2008年第5卷第6期.

[2] 仲伟合.国际通用型人才培养的教学改革与实践[J].中国高等教育.2009年第18期.

[3] 刘岩，仲伟合.转变外语教育观念 探索人才培养模式[J].广东外语外贸大学学报.2004年第15卷第3期.

[4] 李波阳.英语专业人才培养模式研究[J].杭州电子工业学院学报.2004年10月第25卷第4期.

[5] 田学军.外国语学院（系）的目标定位和整体发展[J].郑州航空工业管理学院学报（社会科学版）.2009年第28卷第3期.

[6] 任新红，张长玲.高等复合应用型外语人才的培养模式探析[J].河北师范大学学报（教育科学版）.2009年8月第11卷第8期.

[7] 王瑜.高等教育外语应用型创新人才的培养模式[J].英语教学.2009年第6期.

[8] 陈文杰，丁元林.应用型外语人才的定位、定向以及培养模式研究[J].广东海洋大学学报.2009年4月第29卷第2期.

[9] 胡开宝.复合型、研究性和国际化英语专业人才培养体系的构建：理念与实践——以上海交通大学英语专业教学改革为例[J].中国外语.2010（7）：8.

[10] 纪雪梅.网络英语教学初——探北京外国语大学网络英语教学体会[J]内蒙古师大报.2003（4）.

6 外语专业人才培养的教学资源整合系统

6.1 外语专业人才培养的教师质量控制

6.1.1 教师质量控制要以教师发展为本

新课程实施的教师评价是以教师的专业发展为目的，是一种形成性评价，它不仅关注教师的过去成绩，而且还着眼于教师未来的专业发展需求和发展方向。没有教师的成长和发展，就不可能实现每一个学生的发展，而对于外语专业更是如此。因此，在新课程实施中，要实现以教师发展为本的评价。

一、职业道德评价：直观、提升

外语专业教师的职业道德无疑是非常重要的，它包括了爱心、正直、诚实、公正、上进、奉献、职业热情和健康心态等。教师对自己工作的强烈的事业心是一种高尚的职业道德情感，也是做好教学工作的巨大内在动力。具有强烈事业心的教师，无论何时何地、或在任何情况下都会主动、自觉地意识到自己职业的道德责任而尽职尽责。没有职业道德肯定不行，可怎么知道一个老师职业道德的好坏呢？那种平时走过场，只是在发生了一件违背师德的重大事件后，大呼其师德败坏，然后开除出队伍的做法，并不能从根本上解决教师职业道德评价的问题。

教师的职业道德评价主要解决的是"你为什么做教师？"和"你是怎样做教师的？"这两个问题。目标应该是"为了每位学生的发展"，在周期性的量表里写出具体的案例，根据一段时期的案例积累，评定职业道德的依据就直观多了。

学校还可以通过挖掘资源（比如树一些身边的典型等），营造氛围（比如开展"学习型单位的创建"、"师德在学生进步中闪光"等活动），强化意识（比如经常学习宣传新课程为了中华民族的复兴和为了每位学生的发展的理念）等方面来提升教师整体的师德水平。

二、发展计划：个性、反思

新课程的教师评价要求老师制订并有效实施个人发展计划，这在一定程度上也反映了尊重老师个体的人本管理思想。为了保证个人发展计划的有效实施，还应该明确一些阶段性的发展目标。

目标应该根据学校要求和教师的个人差异来确定，具体可以从文化素养提高、教学水平提高、师德水平提高和学历职称提高等方面着手制订，并加以具体化。比如文化素养方面，我这学期要读两本书、学多少句英语口语等；教学能力水平方面，要努力开设一堂体现新课程理念的公开课，尝试采用某种方法使某位学生有明显进步等；师德方面，我要努力挤出多少个小时的业余时间为学生服务，帮助学生解决各类问题（本学科以外）不少于多少个等；学历职称方面，我要开始研究生或本科学历的进修，争取写至少多少篇教学研讨文章等。当然，除了以学期为阶段以外，还可鼓励老师制订三年或五年个人发展目标，引导老师积极向上。这样，对老师个人发展计划实施的有效性评定操作起来就方便多了，同时也能通过评定有效地促进老师的发展。另外，作为学校还可设置一些发展提高奖，用来作为对教师评价中获得发展的一种鼓励。

养成反省习惯，鼓励老师多写教案后记，也可以对典型事件进行记录，还可以记录对这些事情的看法和感受。这样，不仅可以避免教师上交千篇一律的教案，而且教师个性会得到展现，从而为评价提供更有价值的信息。

三、自评：客观、内化

无论是领导评价，还是同行、学生或家长评价，要对教师的行为产生作用，最后都要经过教师自我评价的机制，通过其认同、内化，最终才能起到促进教师素质提高的作用。

教师在进行自我评价时，最常出现的问题可能是对自己的评价过高或过低，因此在开展教师自评活动时应做好以下几方面工作：

首先，树立正确的自我评价观。"人贵有自知之明"，要客观地对自身作一番评价是困难的。自我评价的前提是自己有自我评价的要求，让教师懂得只有通过客观真诚的自我评价，才能从根本上认识自己的优势和不足，从而做到发扬优点，克服不足。同时还要让教师认识到自己从传统教学模式里接受了锻炼和熏陶。作为新课程中要求的"引导者""组织者""合作者"身份的到位还需要主动寻找自身的突破口，自己理应处在学习成长中，对照标准，客观评价自我将有利于自身的发展。

其次，细化自评，提高自评质量。教师长期工作在教学第一线，他们对自己的工作，常常根据其特殊的感受和体验，采取一些独特的工作方法与方式。由于条件的限制，其意图与最终效果，有时可能一致，有时可能不一致。因此，他们的想法与努力，外人从表面上有的能够理解或了解，有些却不能。因为培养学生毕竟不像一个工厂生产产品这么容易鉴定。在评价中，教师必须充分阐述自己的观点、看法和工作依据，详细分析自己的工作成效与设想、意图之间的矛盾，对自己的努力状况加以分析，从而既增加了评估信息的广泛性、真实性，又使评价结果对教师本人更具效用性，从而提高评价质量。

最后，注重教师的自评结果。不可否认，在目前教师考核的自评中，存在着较为严重的形式主义，形成了一种似乎"为了他评而自评"的倾向，忽视了"他评"最终需"自评"的"内化"来达到评价目的。通过自评，学校要积极帮助教师分析存在问题的原因，并对解决问题的方法、措施提出建设性的意见，切实有效地加以落实。

四、互评：合作、愉悦

由于评价目的等因素的影响，现行教师考核中的同事之间的互评的结果往往失真，效果并不理想。其实，在互评中，教师之间的合作很关键。教师评价过程是一个连续的过程，在这个过程中，评价双方的关系是否融洽与和谐，会影响评价过程的开展。在美国，教师的评价改革，可以由被评价的教师，选择合作教师作为自己的评价者，可以在纸上写上自己申请的合作教师名字，再由校方调配。通过合作教师的观察和反馈，能够丰富学校其他教师的知识和技巧，有效提高教师的整体教学水平。

这种方式实际很有效，因此现在美国愈来愈多的学校，要求被评价教师在本校选择优秀的教师作为自己的合作伙伴，开展观摩教学。

五、生评师：科学性、针对性

首先，正确认识学生的评价功能。有人认为学生还是小孩，并不懂得多少评价。但真正教育的主体或服务的对象却是学生，特别是学习过程中的情感和态度因素最有体验的也是学生，了解老师每一堂课基本情况的还是学生。通过学生参与评价，才能更多地了解学生心灵深处的东西，客观上提高学生参与事务的能力。因此，学校要充分发挥、重视学生在老师评价中的作用。

其次，问卷要设计得科学合理。学生认识问题、分析问题的能力与成人尚有距离。因此，学生对教师评价需要引导。但如果问卷能注重学生特点则会更加有效。比如针对老师的教学方法和态度，可以设问作业批改的认真、及时程度；针对师生情感，可设问是否在乎学生的快乐与苦恼；教学方法上，可了解对学生是否经常运用提问、实践活动手段等，避免一些难以甄别的选项。也可以请学生举一些主题性案例，比如"最（没）有意义的一次探究活动"或者"评评老师最大的优缺点"等。

最后，正确处理评价过程中出现的情况。由于师生关系的特殊性，在"生评师"的过程中可能会出现一些偏颇，比如教师可能会因注重评价结果而放任对学生的正常教育，由于期望过高而评价一般，会感到委曲而产生消沉现象。通过问卷活动固然可以获得被评价老师某一阶段工作情况的信息。但还应看到，老师也是处于发展变化中的人，况且新课程被师生全面接受并有效实施也需要有个过程的，一两次的问卷结果尚不能作为学期甚至学年评定的依据，而应看成是发展过程中的一个阶段。当然每次问卷活动中的一些情况，包括进步和存在问题，应通过合适的方式及时反馈。

六、校长："走动"评价

"走动管理"的策略源于一些优秀的美国公司的管理经验。这是一种创造性的有效管理方法，管理者通过与个人保持密切的接触，达到组织管理的目的。这种方法在企业管理中发挥了积极的作用，受到普遍的认可和接受。运用这种策略对教师实行"走动"评价，主要要求校长到学各个学院听课看，与教师学生座谈，多接触教师和学生，经常进入教室、教研组和年级组等教师出入的地方，从而获得第一手资料，避免在面对有些量化评价时，校长跌入"数字面前，人人平等，让数字说话"的无奈境地。运用"走动管理"的策略组织教师评价! 关键在于做好各种有关教师的信息收集和整理工作。另外，在评价中，要注意渗透人本主义的思想，不能走进"为评而评"的死胡同，要强化发展为本、全面评价和全员参与的意识。

当然，教师评价工作并不是一件简单的事，不管是面对过去的终结性评价，还是面向未来的发展性评价，并不能完全解决评价中出现的所有问题。国内外大量资料表明，就"评价"本身来说，也始终处于发展完善之中。因此，我们应该在深刻学习、领会新课程标准的基础上，因校制宜，在评价教师的过程中，力求学校、教师和学生的共同发展，不断完善教师评价体系。只有这样，我们才能发挥评价的导向、激励、调控和改进功能。

6.1.2 优化教师评价制度完善学校内部管理

教师是学校赖以生存发展的最宝贵的资源，教师的思想境界、工作质量、潜在能力的调动、运用和发挥，可以转化为较高的办学效益。教师能够胜任社会赋予他们教书育人的职责，学校就能够存在和发展，反之学校就会衰落。从这个意义上说，完善合理的教师评价制度关系到学校的发展，关系到教育事业的发展。

一、以校为本分层评价

如何构建新课程背景下的外语专业教师评价呢? 应该结合学校实际，对教师的工作进行评定，构建以校为本、分层评价的教师评价体系。新课程实施以来，我校采取了一种新的管理模式，即基本标准和拔高标准。基本标准：强调师德和职能。要求教师思想素质好，热爱本职工作，能胜任和完成学科教学任务；拔高标准：强调教研和科研。要求有广博的文化基础知识，有精深的专业学科水平，在现代教育中，还要有丰富的教育科学和教育理论知识，教育教学工作研究和教育科研能力，教师著述、论文、报告、科研成果。我们从教师专业化发展的角度，在评定原则上，全校不搞统一模式，不做过细要求，而是从实际出发，着眼于教师专业化发展，从教师的年龄差异、学历差异、学科差异入手，本着为教师发展服务的指导思想制订具体的评估方案。在实施评价的过程中坚持"教师自主申报，全员动态管理"的原则，对评定结果两年认定一次。

评价流程为：首先由教师依据自己的现实表现，对照评价标准，进行自我评价，申报相应的等级，然后由教研组组织考评小组依据本校的具体方案，对申报教师进行评价，并在校内予以公示，对于申报"骨干型、名师型"的教师，则上报材料，由学校组织评审小组进行认定，使教师专业化发展的方向更明确，使评价不仅仅囿于鉴定判断，而是充分显示其导向、激励、反思、修身、提高、发展的作用，引导学校建立起学习型组织，教师的理论修养、科研能力、教学策略、反思调节等方面有明显进步，在评、学、研的过程中，提高教师专业水平。将教师的教学劳动，学生的学习活动，学校的教育科研、校本培训等与课程改革紧密相关的重要环节的实施过程，纳入到评价范畴内，全面收集信息，综合分析，及时反馈，听各种类型、各种层次教师的课，课后进行参与式评课，然后分别从科、研、训三个方面对相关人员进行访谈、查阅资料，参与教师研讨活动。在整个过程中，进行两个层次的诊断：一是症状诊断，确定教师或某项工作的现有水平和存在的问题；二是原因诊断，探明出现问题的原因或是妨碍学校、教师发展的原因，并对其发展的可能性进行预测，以便对症下药。评价活动不是就事论事，而是着眼于学校的发展，把评价和指导结合起来，本着"找问题、抓经验、重反馈、促发展"的指导思想，不打分、不排队，排除教师紧张、戒备、被动、应付、焦虑等精神负担，主动展示学校教、学、研、训最真实的一面。

二、建立开放的评价体系

外语专业教师的评价改革仍然是一个新课题，对学校学院、对领导、对教师来说，还都有一个逐步认识与完善的过程。教师评价评价制度是不断完善的过程。教师是评价的主体，不应只是学校教育的管理者，而应建立以教师自我评价为主，学校领导、学生、教师、家长共同参与的多元评价主体，即把自我评价、同行评价、学生评价、家长评价、领导评价结合起来，使教师能从多渠道、多角度获得信息，不断提高自身素质和教学水平。我校对教师的评价强调教师对自己教学行为的诊断和反思，注重学生的意见和家长的反馈信息，通过多方力量的评价，使教师从多种渠道获得改进教学行为的信息，不断提高教学水平。既进行定量精确评价，又进行定性模糊评价；既自我评价，又他人评价，构建全方位的动态性教师教学评价体系。

三、注重自主的选择性评价

为了引导和激励广大师生充分地自主创新、健康发展，应该打破过去只靠教学成绩给师生定"乾坤"的单一评价模式，由一元变多元，坚持多把尺子评价教师的原则，注重教师的个性发展评价，近年来，我们为充分发挥评价的激励、导向功能，促进教师最大限度地挖掘自身的创新潜能，建立了与创新教育和新课程发展相匹配的教师专业发展的评价体系，通过确立"学识"、"教学"、"业绩"等基础性指标，增设"课题实验特色"、"教育教学创新"等教学个性特色的发展性指标。

学期末，让教师充分结合自身教学个性特色和独特的教学风格，自主选择奖项申报，如班级管理有方、备课有特色、教学辅导有个性、教具与学具有创新、自主性作业设计、个性化朗读等。填写《教师教学个性特色奖项申报表》，整理所报奖项的过程材料和阶段性成果，切实体现出"人无我有，人有我优，人优我新"的独特性。学校按其独特性和显著性，给予相应的奖励加分，特别突出的给予重奖。这项评价，大大凸显了教师的教学个性，挖掘了教师的创造潜能。

四、考试成绩不是唯一标准

与传统的评价体系相比较，我们对教师的评价已经有了明显变化，力求体现出发展性、选择性。

在构建新的评价内容上，应该注重以下几个方面的变化：一是教育思想与理念。教师理念的变化是课改能够落实到课堂的关键，教师理念到底变没变化，主要从教师读书、学习、研讨会的发言、在学校内部各种论坛中的表现，以及教师发表的文章与交流的文章等方面来看。二是课堂教学的转变上。主要看在课堂教学中是否关注学生的发展，是否关注学生学会学习及自我发展。这一方面主要通过听课、评课、公开课等形式对教师进行相应的评价。三是作业布置情况。主要看教师是否能够根据学生的需要，分层布置作业，不同水平的学生能够自主选择相应水平的作业，关注不同情况学生的差别。

在评价的指导思想上，主要是想摆脱过去那种单纯以知识为中心评价的方法，教师除了传授知识，还要看怎样去促进学生发展，比如注重课外延伸，促进学生学习自主性的发展，指导学生综合实践与研究性学习等方面。在评价教师的方式上，除了学校领导评价以外，还要召开学生座谈会、家长座谈会，对教师进行评价，这样教师可以从多方面了解一些信息，以对自己的行为进行调整。

对于学校来说，在管理方式上也有了新变化，主要是要减政放权，改变过去那种有些机械的、过死的管理方式，让教师在课程设置和处理教材上有更多的自主性，课堂气氛的处理上与过去也不一样，更加民主活跃。以前对教师在课堂中知识点如何体现很关注，在新的评价体系中更注重教学的互动、学生能力的提高。以前是以学生的考试成绩来衡量教师的业绩，现在考试成绩只是其中的一个部分，同时还把教师的思想理念、科研情况、课堂教学以及促进学生综合发展等几个方面放在一起综合考评。至于评价的具体内容与指标也在与人事制度等改革一起不断调整。

同时，外语专业教师的评价与学生的评价是密不可分的，要随着学生评价的发展而发展。新课程的实施，将改变学生的学习生活，也将改变教师的教学生活，这就必然要求对传统教师评价制度进行改革。传统的教师评价常常仅以学生学业成绩论定教师工作业绩，仅以一、两节的公开课或一、两次的常规听课判定教师的教学能力，而且，评价者只限于检查者，教师本身完全处于被动挨查的状态。这种评价的过程中，偶然性和主观性的因素较多，难以对教师作出全面、系统和客观的真实评价，也从而难以发挥激励和改进的评价功能。这种评价还常常造成学校的人文气息淡薄，教师失去了对工作的热情主动，教师之间封闭保守，关系冷漠，甚至猜疑嫉妒，互不服气。新课程的教师评价，既要发挥评价对教师的甄别功能，更要发挥对教师的教育功能，激励与改进的功能，使每一位教师自身素质的各个方面（不仅仅是教学能力）都获得最大的发展。

现代学校管理改革中，教师评价制度的实施与完善越来越受到重视，成功的教师评价制度有助于提高教学的质量、有助于确定教师是否需要及需要接受怎样的培训、有助于形成良好的师生和教师间的交流关系等等。合理完善的教师评价制度既是促进教师专业发展的有力措施，又是纠正缺点、发扬优势的有效途径，更是一项至关重要的教育改革。一个完全合情合理的教师评价制度，现实中可能还不存在，但是，只要从实际出发，不带任何私心杂念不断向着尽可能合情合理的方面去探索，去改革，那么，这样的教师评价制度也就足以使我们的教育教学工作得到大大的促进；使广大教师的基本素质得到不断提高，并焕发出更大的工作热情；也能促使教师和教师之间、教师和领导之间的人际关系更加团结凝聚，其最终效果必然体现在学校整体质量的进一步上升和学校整体形象的进一步提高上。

6.1.3 教学结果的评价与反思——教师自我评价

对于外语专业教师来讲，教学能力和水平的提高，更多的在于教学后的反思。可以说，一个出色的教师，他/她的反思一定是深刻，最积极的，也最认真的。一位同行曾和我说过，其同事常常是每上完一节课的课后反思写得比教案还要多，而大多数老师，是很难做到这点的。

对于外语专业教师的课后反思，应该从以下四个方面着眼：

第一，对学生学习方法和学习能力的培养。现在很多学生的学习时间都很长，但是却取得不了理想的成绩，重要的在于学习方法不当。比如，学生认为，学习理科只要理解，学习文科只死记硬背就可以。其实这是一种错误认识。学习理科，同样需要识记很多内容，在识记的基础上才能够很好的理解，掌握。对于文科，也要认真去理解。对于概念的学习，首先要识记，再去理解，可以用实验、习题，辅助达到目的。对于能力，不同的课，要培养不同的能力。比如，实验课就要培养学生的观察分析能力。对于理论课，更多的培养学生的归纳能力。而复习课，一般要培养学生的总结能力。

第二，对学生学习兴趣的培养。兴趣是最好的老师，只有兴趣的提高，学生才会更主动积极去学习。而兴趣的培养，需要教师具要较好的授课风格，能够感染学生，让学生在教学中体会艺术的魅力。并且，兴趣还来源于实践，特别是在化学物理等科的教学上，学生可以亲自动手去实践，这对培养他们的兴趣，有很重要的作用。再者，科技前沿的知识适当渗透，激发学生求知的欲望。与实际生活的紧密联系，也会提高学生的兴趣。

第三，对学生合作精神的培养。合作学习，是学习的最佳方式之一。也是培养学生良好的生存品质的方式。无论是在学习中，还是在工作上，能够团结协作，是一个人取得好的成绩的重要途径之一。合作学习，可以促进学生之间的相互交流，互相探讨，更可以提高学生对知识的理解，掌握。这也会培养班级良好的学风、班风，促进班级整体的向上。合作学习精神的培养，不仅有利于学生学习，还有利于学生人格的发展，学生是要走向社会，而向未来的。能够与人合作学习，融洽相处，以后在工作中是大有好处的。

第四，使学生懂得"学以致用"。让学生通过理论与现实的联系，知道学习的目的是为了应用。而不是单纯的为了学习而学习。学习是一种乐趣，要乐学，不要苦学。学习某一部分知识，在现实中有哪些应用。学习中增长的分析归纳能力，对学生解决实际问题、为其后续学习和发展奠定了扎实的基础。一个人学再多的理论，如果不去应用，不去实践，等于没学。

正确评价教学效果，不仅可以促进教师教，也可以促进学生更好的学。作为一名现代社会的教师，不仅要有高的教学能力，更重要的是，要有先进的教学理念。正确的理论对教学工作有指导意义。二者相辅相承，缺一不可。

为了降低教师自评的实施难度，一份简化了的教师自评指标体系可以让教师较为轻松地做好自评（见表2），并在指标的设项方面采用了我们一线教师较为熟悉的内容。

表2 教师自我综合评价指标体系（以广东外语外贸大学为例）

指标	分值	具体指标内容描述	得分
教育理念	2	1. 没有什么理念，无非是让学生获得一些知识	
	5	2. 教育是为了搞好升学率，学生的成绩分数是主要的	
	8	3. 教育旨在充分发挥学生主动性，发展学生的能力	
	10	4. 能不拘形式充分发挥主观能动性，有开拓创新的精神	

指标	分值	具体指标内容描述	得分
质量观念	2	1. 尚未系统考虑	
	5	2. 初步形成自己的质量观，并能让学生、家长与同事知晓	
	8	3. 形成自己较为完善的质量观，并将其内化为师生共同行为，能对同事产生积极影响	
	10	4. 确立教师是管理者，能全面参与学校质量管理	
教学过程	2	1. 以讲授为主，留出一些时间进行问答	
	5	2. 讲授、演示、问答、讨论并用，偶尔采用现代教学手段	
	8	3. 研究学生的学校特点，采用包括合作学习和发现学习在内的多种教学方法	
	10	4. 尊重学生，形成民主、自由、宽松、平等的课堂环境，学生有浓厚的兴趣与热情	
教学评价	2	1. 依据学生的考试成绩给与评定	
	5	2. 依据学校统一标准，主要是评定学生的成绩	
	8	3. 评价过程注意定位性、诊断性、形成性和总结性	
	10	4. 能遵循发展性原则与丰富性原则，能围绕学生的发展为学生服务	
教育培训	2	1. 基本学历的达标与职称的评定升级	
	5	2. 主动参与到本校培训或校级以上的业务与素质的培训学习	
	8	3. 经常性看些专业杂志与教育理论书籍，能坚持自我学习与提高	
	10	4. 确立终生学习的观念，不放过任何学习提高的机会	
教育科研	2	1. 完成学校布置的教学任务，没有什么研究事项	
	5	2. 偶尔撰写经验总结或教学论文	
	8	3. 有教改课题，能主动参与教育科研课题研究	
	10	4. 平等待人，能宽容合作，有团队工作精神	

续表

指标	分值	具体指标内容描述	得分
协作精神	2	1. 无所谓人际关系，教学工作室个人行为	
	5	2. 教师间尽量避免发生矛盾，不发生无谓的争执或吵闹	
	8	3. 能经常问候他人，可以做到集体教研	
	10	4. 平等待人，能宽容合作，有团队工作精神	
师德品质	2	1. 偶尔与教育规范冲突	
	5	2. 遵守明文规章，不违背法律、法规和政策	
	8	3. 正值诚实、自尊自强，能用教师良心约束自己	
	10	4. 自觉积极地进行教师职业道德的自我修养，确立为学生服务的观念	
师生关系	2	1. 在课堂教学中和班级活动中与学生进行单向说教	
	5	2. 对全体学生一视同仁，与少数学生进行交流	
	8	3. 理解学生的烦恼，给予关心和支持	
	10	4. 了解所有学生，能与学生的感情形成共振	
教育成果	2	1. 教学上形成自己的风格，班级管理井然有序，成绩良好	
	5	2. 常有奖励或证书的认可，收到学校的表彰	
	8	3. 有论文发表或获奖，或有专著，或受到学校以上的表彰	
	10	4. 教育教学上有较大影响，并得到学生及家长的充分认可，是个全面质量型的教师	
合计	100		

　　该体系共分10项总指标，40项分指标。每一大项依次分为4个等级，分值为2、5、8和10分。教师自评时每一项只能选一个分指标，即四选一，并在相应的标准评价栏中打上得分，然后把10项指标的总得分统计后填在合计栏中即可得出总分。自评得分合计满80分的可以为优秀，满70分为良好，满60分为合格，低于60分的则表明自评者更需加倍努力。

　　通过自评，教师可以比较真实地发现自己在哪些方面还有更多的改进和提高的空间，并以此为基础制订自己的未来发展计划，以下所示则是一位教师在自评后所做的专业发展计划：

1. 同市、区学科专家保持联系，阅读并以用最新教育教学信息。

2. 教学方式多样化，至少1/3以上课堂采用现代化教学手段。

3. 对学校图书馆资料购买提出建议，提供本领域最新发展信息，邀请专家深入课堂进行示范或提出改进意见，将最新的理论方法付诸教学实施、积极参加各级教育学会的活动，实施有计划的开放性的继续教育，并在具体实践中不断完善。

4. 建立有独立、比较系统的课程资源库，能根据学生情况自如调整教学进度和调整课堂实施策略。学生全面参与课堂教学的准备，实现"学习即生活"的教育教学目标。

5. 尊重每一个学生，为学生鼓劲，错误被视为学生成长道路中的必要经历。

6. 鼓励学生合作并帮助他人获取成功，创设条件让学生因为自己工作的成就和帮助他人获得成功感到自豪，创设让每一位同学都获得成功的班集体目标。

7. 通过积极计划战略的实施，通过各种渠道获得充分的相关信息，并在对本班观察实施的基础之上进行系统的横向和纵向的比较与分析。

8. 形成教学多样化策略，并建立了一套独立的具备自己特色的多样化课程资源库。

我们知道，教师自我评价指标体系的建立并不容易，甚至可以说非常困难。我们并不意在设计一套能够适合所有教师的自我评价指标体系，而只是为大家提供一种可供参考的分析框架。

6.1.4 学生评教及其对教师专业发展的影响

美国心理学家G. J. Posner将在职教师的发展与教师对自己经验的反思结合起来，并提出了一个广为中国学者应用的公式。即"教师成长＝经验＋反思"。而现在正流行的学生评教在一定程度上能对教师的成长有促进作用。所谓学生评教（student ratings of teaching effectiveness），就是学生根据教师的课堂表现、授课效果以及自己的学习收获和体会对评价对象进行评价，它既体现了"教学相长"和以"学生为主体，教师为主导"的教育思想，又能强化教师的教学质量意识，调动了教师提高课堂教学质量的积极性。

学生评教是我国高校教学质量监控体系的重要组成部分，它与教师评学、同行评教、监督专家评教共同构成完整的教学评估体系，是近年来我国高校常用的对教师课堂教学质量进行评估的方式。由于学生是唯一的自始至终的参与教师的教学活动，对教师的教学有着切身的感受和体会，因而对课程教学的质量和效果最有发言权。内容主要包括两部分，即教学过程评价和教学成功评价。前者主要是说通过课堂教学成果水平来体现教学质量；而后者是指通过学生对自己学习水平的评价来体现教学质量。虽然两者的角度不一样，但其着眼点都是对教师的教学质量进行评价。由此可见其对于促进教师的专业发展有不可小视的作用。

1. 为学校领导班子尤其是教学管理组对该老师有一个直观的概念。学生评教为教学行政部门提供了比较准确的信息，对教师的晋升、聘任，以及课程开设的决定有个准则，有利于维护学校与学生的双方利益。

2. 诊断和改进教师具体的授课水平。通过评教能促使每一位老师直面自己的长处与不足，并且不断思考，取长补短，最终提高自己的教课水平。当然相应的，各级行政部门能因此对教学进行相应的调整。

3. 评教既是压力，也是动力。评教反馈的信息，能使教师积极投入教学，更加关注教学活动的趣味性和有效性，优化教学过程。

4. 评教也肩负着监督的作用。由于当今社会面临的重压力和快节奏生活方式，有些老师难免在教学过程中有偷工减料、应付过关的现象。而学生评教就是对教师活动的一种定期定性检查，促使老师讲重心放在工作上。

当然，任何事物都是两面的。随着教学改革的不断深入，学生评教的教学评估体制不足之处渐渐显露。下面将从反面来考虑这个问题。

学生评教主客体双方都容易带感情色彩，导致学生评教结果失真。尤其是一些个人情感因素会使学生不能公正公平地评价教师的教学，致使这样的评教结果失真。如有些老师的要求较严，考试较难等客观影响因素使学生评教的分数难以反映教师教学的真实水平，最终使学生评教的客观性、准确性和科学性都达不到让人满意的程度。学生对评教活动的不当反应，另一方面，也给教师提供了错误的信息，使教师的反思缺少可靠的内容。更糟糕的是，很多精明的老师因此想方设法将被动变为主动，迎合学生的需要，无原则满足其不正常的要求。这对教师专业发展有着致命的伤害之处。

学生评教的结果过多地用于行政决策，使教师受到太大的压力，缺乏反思教学的时间和动力。现在有些学校将学生评教广泛运用于人事决策，在相当大程度上滥用了评教的功能，大大地偏离了学生评教的目的与初衷，致使老师不禁感慨师道的悲凉与凄凉，甚至有的在感慨之余倘若有别的长处也就不想以教书为生了。正是，古人云，家有五斗粮，不为孩子王；今人叹，身若有他技，不谋教书事。试想，来自学校、学生、以及家长和社会等方面重重压力之下的老师，能有多大的个人空间专注于专业发展这样的"私人问题"？

学生评教没有相应的整治措施，导致学生的评教活动只限于形式。很多学校虽然展开了评教这一形势，但是缺乏相应配套的奖惩措施，缺乏体现优胜劣汰的公平原则。最后，不论是评估的主体（参与评估的学生）还是客体（教师）都有不同程度地对评估产生厌烦心理。

师生关系的变化自有其底限。闻道有先后。教师是先行者，是教育者，学生是后来人，是受教育者；教师是主体，学生是客体。教学相长的事实也不意味着教学过程是学生教老师，相反，教学的过程实质是教师教，学生学的一种人际互动过程。学生的意见不是完全没有价值，在一定程度上，师生关系具有后现代哲学所谓的"主体间性"。但是万物有度，需仔细掂量斟酌。因此，笔者认为，我们的教学管理部门可以从以下几点入手。

（一）评价者专业化是学生评教专业化的重要标志。为了促进评价人员的专业化，美国教育评价协会在年确立《评价人员行为准则》对评价人员的行为要求作了详细的规定。学生评教中对参评学生基本要求包括参评学生必须进行系统的、以收集信息为基础的评价。可以通过报刊、宣传册子、广播、集会等多种形式进行宣传，也可以集中进行培训，提高评价人员素质。让学生清楚地认识到学生评教的目的、作用和意义激发学生的责任感和良知，认识到评价既要对教师负责，又要对学生自己负责，对社会负责强化学生的主人翁意识，认识到评价教师教学是学生的权利。

（二）科学设计评价量具建立科学、可行的学生评教标准体系和测评员具，是提高评教质量、增强学生评教有效性和可靠性的重要保证。学生评教要树立先进的教师教学价值观念。什么样的教师是好教师？什么样的教学是优质教学？这涉及人们关于学校教师教学价值的观念。确立评价标准设计必须坚持两个基本原则：一是与目标一致，二是学生能力所及。因此，学生评教标准的确立必须扬长避短，量力而行。组织专家、学生、教师、管理者共同构建评价量表。设计者首先要辨明涉及或者受评价影响的人及其特殊的需求，然后综合各种价值取向，确立一个大家公认的、可接受的标准。

（三）再次分析评教结果，以求公正、公平。尽管在学生评教前进行了良好的准备、宣传和培训工作，标准设计科学合理，管理控制也很严格，但仍然有许多因素我们无法完全控制，统计的方法则可以帮助我们消除或者减小部分误差，可以判断评价结果的可靠性和可用性。利用统计工具消除的误差主要有由非测评因素课程、班级规模、学生学习动机、学习习惯、学习努力程度引起的误差等。

（四）充分利用评价结果。首先，应建立持续的反馈机制。只有这样，才能充分有效地改进下次的学生评教活动，形成学生评教持续改进的机制。第二，要建立合理的激励制度。学生评教是评定判断教师课堂教学价值的活动，在此基础上的奖惩制度就成为大家最关心的问题。如果付出就有相应的回报，他们就会产生更强的工作动力，情绪高昂，尽心尽力搞好教学工作。反之，则会失去工作的积极性。学生评教结果是很好的依据，但须注意学生评教结果更需慎重使用。

迄今为止，国内仅有极少数有关高校学生评教指标体系的效度和信度的研究，而这与如火如荼的高校教师教学评估实践很不相称。效度和信度检验室高校学生评教指标体系的科学性的命脉。缺乏科学的学生评教体系，将会耽误教师的教学行为，挫伤教师的教学积极性。

广东外语外贸大学在教学质量评价上具有创新之处：开展合格课程评估和重点课程评估相结合，学生评教与同行评教相结合，教师发展评教为主体。即对课程教师教学进行了学生评教工作同时采用督导听课制度相结合。督导听课的目的是为了提出建设性意见，提高教师的教学质量。

为提高学生评教工作的效率，广东外语外贸大学一方面引进了计算机技术，改变过去人工记分的方法，由光电阅读器读取数据并由计算机直接计算出各项指标得分和总分；另一方面对原有的指标体系进行了简化，由原来的15项指标简化成8项指标（见表3），学生按"优""良""中""差"四种等级对各项指标进行评分。从2001年起在学校全面实施学生评教工作。

表3　广东外语外贸大学学生评教表

评估指标	优	良	中	差
1. 教书育人，治学严谨				
2. 遵时守纪，认真负责				
3. 备课充分，熟悉内容				
4. 条理清晰，表达流畅				
5. 方法得当，手段灵活				
6. 联系实际，因材施教				
7. 夯实基础，培养能力				
8. 启发思维，激发创新				

安世全、关媛媛（2003）指出，我国一些高校"学生评教"工作失败的重要原因之一在于许多人对"学生评教"的可靠性和有效性心存顾虑。人们怀疑学生评教的科学性、可靠性和有效性有其客观的理由。其实，从已公开发表的文献来看，迄今为止只有少数论文分析和报告了高校学生评教指标体系的效度和信度。效度和信度是高校学生评教指标体系科学性的重要衡量指标，效度和信度分析是设计、修改、简化学生评教表以及预评估和再评估的必要功课。缺乏信度和效度的检验而茫然地将这些指标体系用之于学生评教实践，其结果将使教师对学生评教指标体系争议大，评教结果不可靠，挫伤教师的教学积极性。

王笃美（1996）指出，关于计算学生评教效度的效表，目前我国采用的主要有以下两种：（1）专家组评价结果；（2）学生课程综合成绩。也就是计算学生评教结果与专家组评价结果或者学生课程综合成绩的相关。请两位大学教师分别就表3的八条评估指标进行比较分析，结果发现，两位教师均认为该八条评估指标与课堂教学质量密切相关，且相互之间并无明显重叠之处。均认为这八条指标可分为教学态度（1、2项指标）、教学方法（3、4、5、6项指标）和教学效果（7、8项指标）等三个部分。

信度分析有两个主要方法，一个事检验学生评教表的各项指标内容是否相一致，只有一致，各项指标得分相加得出的总分才是有意义的；另外就是重测信度要高，这是假设教师在短期之内其课堂教学质量相对稳定，不可能有很大的变化。

总体来说，就像王笃美（1996）在综合国内外已有研究基础上得出的结论一样，在大样本情况下，学生评教是稳定可靠的。从统计学角度分析，学生评教不仅短期稳定，长期稳定性也很好。当然，教师教学质量受多种因素的影响，要全面衡量一个教师德教学水平，还应从更广的角度，像教材、课程类别、科研，以及更多的视角如同评估、教学文档等来评估教师的教学。

6.1.5 构建学校教师科学评价体系，促进教师专业成长

在新一轮课程改革中，教师参与课程改革的积极性直接关系着课改的成败。而新课程中的教师评价机制又影响着教师投身课程改革的积极性与创造性。笔者长期从事学校管理工作，深刻认识到构建学校教师科学评价体系并付诸实践，是学校发展和促进教师专业成长的重要前提条件之一。

一、反思传统评价机制，促进教师发展评价

以往的教师评价制度的功能即管理与奖惩，性质是静态的终结评价。这一评价制度注重对教师教学效能的考核与鉴定，充分发挥了评价对教师的管理功能。同时也显示出明显的缺陷：为"应试教育"推波助澜，阻碍教学改革的顺利推进，不利于教师间、教师与领导间的团结与合作，不利于教师的专业发展。在教师评教中必须大力改进教师评价制度，树立以人为本的办学理念，用科学的发展观来构建学校教师评价体系，以此促进学校整体发展，激励教师专业成长。

二、领悟课程改革理念，构建科学评价体系

新一轮基础教育课程改革强劲的发展势头，促使学校管理者自觉转

变办学观念。用先进的教育理念。统筹学校整体发展思路，引领广大教师的专业成长。关于教师评价改革，《基础教育课程改革纲要》中明确指出："建立促进教师不断提高的评价体系。强调教师对自己教学行为的分析与反思，建立以教师自评为主，校长、教师、学生、家长共同参与的评价制度，使教师从多方面获得信息，不断提高教学水平"。这一理念集中体现了发展性教师评价观。

发展性教师评价对于学校发展与教师专业成长，具有良好的激励作用。其显著优势表现为：其一，主张评价以促进教师的专业发展为目的；其二，强调教师在评价中的主体地位、民主参与和自我反思；其三，重视教师的个体差异；其四，主张评价主体多元化。因此，大力推进教师发展性评价，构建学校科学的教师评价体系是新课程对学校管理者提出的迫切要求，必须用新的评价理念，结合本校实际，积极推进教师评价制度的改革与创新。

这一体系即教师自我评价，学生及家长评价、教师相互评价、领导集体评价的主体评价体系。以教师自我评价、反思、展示为主，其他几类评价为辅。重视教育教学过程评价，辅之于终结性评价。在教师相互评价中，以学科教研组为具体评价单位，结合各人的教学工作具体情况，把教师的工作效能与其他评价结合，客观、公正地评价教师的教育劳动过程。同时，让每位教师以此作为自我能力、水平、业绩的展示平台，张扬个性，反思提高，不断促使自我专业成长。另外，不断创新教师激励机制。在教师评价工作中，以鼓励为主，充分发挥评价机制的激励功能，调动广大教师工作的积极性、创造性，使每位教师用最大的热情投身课程改革与教学研究活动中，使学校的整体办学质量大幅度提高。

6.1.6 发展性教师评价与青年教师成长

现代高校管理改革中，教师评价制度的实施与完善越来越受到重视，支持者认为：成功的教师评价制度有助于提高教学的质量、有助于确定教师是否需要及需要接受怎样的培训、有助于形成良好的师生和教师间的交流关系等等。在对现行教师评价制度的反思中，发展性教师评价制度以其鲜明的"促进教师发展为目的"的特点引起了关注。它是一种以教师为核心，注重发展教师个体的评价。它源自20世纪80年代末以英国为首的一些发达国家对现行教师评价制度的总结与完善。许多教师称赞这种教师评价既是促进教师专业发展的有力措施，又是纠正缺点、发扬优势的有效途径，更是一项至关重要的教育改革。

大批的年轻教师在承担教学和科研任务的同时，还承受着必须尽快提高自身学历的压力。青年教师是高校未来发展的重要基石和希望所在，他们对自身的成长怀有怎样的要求呢？学校对他们的期望又是怎样？两者有什么冲突和联系吗？又该如何将两者协调发展？我们认为，这些问题在发展性教师评价制度中能得到较好的解决。

英国的《教学质量》指出："教师的个人品质是其工作富有成效的决定性因素"；"任何一种重要专业，作为该专业的一名新兵，不管他的职前培训是如何的全面，也不可能立即期望他做出大量的贡献。对初次担任教学工作的教师，需要并且应该为他们安排部分脱产的时间，特别在见习期，应当为新教师安排削减过的教学工作量，并且给予适当的其他支持"。青年教师特别需要在专业发展上得到支持和鼓励。我们认为，对青年教师来说，教师评价的目的旨在促进他们专业的发展，而不是评定他们表现的优劣，更不是作为奖惩的依据。

有的研究者把青年教师的成长分为适应、发展、成熟三个阶段。特别是适应期的青年教师，需要一定的时间和"空间"熟悉业务和适应教学情况，当他们被匆忙地推上讲台并委以"重任"时，他们的压力感变得更强、更锐利了。大学教师的工作极具创造性和挑战性，心理学家对心理压力、工作难度和作业成绩三者关系有这样的解释：在简单易为的工作情境下，较高的心理压力将产生较佳的成绩；在复杂困难的工作情境下，较低的心理压力将产生较高的成绩。青年时期是教师人格健康成长和发挥创造性的重要时期，其创造性只有在适当的压力下才能更好地发挥。而现行教师评价制度多是奖惩性的，着眼于教师在评估前的工作业绩，表明教师是否履行了应有的工作职责，是否符合学校的期望；并将评价结果直接用于做出晋级、加薪、奖励或降级、解聘等人事决策。这样的评价体系能够对教师中的佼佼者给予及时的嘉奖，给较差者以警醒，借外部刺激来促使教师改进教学和科研，对教学科研工作相对成熟的教师而言，其激励和督促效应是显而易见的。但广大的青年教师对这样的评价更多的是担心和惧怕，因为在具体实施中，学校自觉或不自觉地把关于教师的评价当作是对教师的测量和鉴定、是对教师进行比较、把教师分出等级或排个顺序。作为高校教师中的新生力量，青年教师阅历浅，人际关系欠稳定，同事之间竞争加剧后对他们的环境容易产生负面影响，而他们对自我的期望往往又较高，在较高的角色期望与"底层"的学术、经济、社会地位之间徘徊，焦虑与困惑接踵而来。学校对他们的评价给他们的工作定位、工作方式带来的震动很大，势必影响他们对自我能力、德行、价值的评价，使他们在对自我和外界的肯定与否定中陷入深深的迷惘之中。

伴随着教师聘任制的不断深化和完善，高校对教师评价的科学性和有效性提出了更高的要求。"要想取得有关教师工作的可靠的、综合的和最新的信息，以促进有效的业务支持和发展，最有效地安排教师的工作，就必须对教师工作进行定期的正式评价"。发展性教师评价于是应运而用，有研究者确切地阐述了它的理论假设："(1) 对于教师来说，内部动机比外部压力具有更大的激励作用。而受过较高层次教育的教师主要是自我激励的，外部压力可以使他们达到最低标准，要想达到优秀的水平，还是要靠内部动力。(2) 如果教师能够通过评估获得足够的信息与有用的建议，学校为他们提供改进、提高的机会，高校教师是能够实现预期目标的。(3) 高校教师作为专业工作者，对其本身的专业具有高度的热情。工作所需的条件能够充分满足的话，他们就会爆发出极大的创造力，以改进教学和科研，提高水平。"对青年教师而言，他们的工作成绩和贡献更需要受到重视和表扬，因为一旦感受到自己受到重视和表扬，他们的自尊心就会提高，其意义不亚于物质奖励；青年教师更迫切地需要有机会讨论和反省自己的工作表现，渴望获得机会畅谈自己的工作成绩和压力；尤为重要的是，校方得以了解他们的需求，从而制定出更加合理的进修计划和资源分配计划。

发展性教师评价模式具有自己的评价风格，其主要特征是：学校注重教师的未来发展；强调教师评价的真实性和准确性；注重教师的个人价值、伦理价值和专业价值；实施同事之间的教师评价；由评价者和评价对象配对，促进评价对象的未来发展；发挥全体教师的积极性；提高全体教师的参与意识和积极性；扩大交流渠道；制订评价者和评价对象认可的评价计划；由评价双方共同承担实现发展目标的职责；注重长期的发展目标。就高校青年教师这一群体而言，发展性教师评价有着怎样切实可行的评价方案呢？评价方案一般要求包括：为什么评、由谁来评、评什么和怎样评，即明确评价目的、确定评价者、制订评价指标体系、选择评价方法和步骤。

为什么评？其目的是，在没有奖惩的条件下，促进青年教师的专业发展，从而实现学校的发展目标，为年轻人的工作提供信息、咨询和改进的建议，为评价者与评价对象共同制定未来的发展目标提供机会。

由谁来评？包括学生对教师的评价、同事对教师教学工作的评价、同事对教师非教学工作的评价及教师自我评价。学生评教自20世纪70年代以来一直为世界各国所重视，学生评价教师的可信性和有效性是多数研究者所公认的。学生评教最方便，最具有可操作性，尤其是认识能力发展到一定程度的大学生具有其它评价主体不可比拟的科学性。同时，具备评价技能的同事对教师工作提出的反馈意见和建议，尤其是同一专业领域的专家、学长公正、坦率的评价，将有利于教师提高业务水平和改进教学和科研的技能。如历来重视教师评价，已开展教师评价工作上百年的美国的大学在教育评价实践中，评价表填好后，评价人与被评价教师共同讨论评价结果，征求被评价教师对评价结果的意见，并由被评价教师签字。这一点对青年教师尤其可贵，这可以让他们感受到受尊重，让他们充分了解同事和学校对他们的期望。

评什么？评价对青年教师而言，是一个检验自我的机会，也是一个自我完善、自我发展、调适心理使之内外更加协调的过程。在影响学校教育质量、教师个人未来发展的诸因素中，有些因素是至关重要的，不对这些因素做出评价，评价就会失去实际意义。有些因素是次要的，忽略了它们，对评价的结果影响不大。因此，一次特定的教师评价应该主要抓住哪些因素，这是评价方案必须解决的核心问题。

怎样评？即评价的方式方法问题，主要包括如何搜集和处理信息的方法、评价结果的反馈方法、评价活动的组织方法、选择评价时机的方法等。评价的主要环节有：在相互信赖与尊重的气氛中评价者与评价对象面谈，共同商定评价对象未来的发展目标；课堂听课；复查面谈，回顾评价过程，探讨一年前确定的发展目标是否妥当，进一步落实实现发展目标的措施，了解参加进修的价值。

外语教师继续教育发展性评价结论标准分为四个等级，即优秀、良好、合格、不合格。该评价体系观测点共76个，指标权重总分为34分，优秀等级指标的得分占指标权重的80%以上，良好等级指标得分占指标权重的60–79%，一般等级指标的得分占指标权重的50–60%，低于50%以下者为不合格。（见表4）

表4　外语教师继续教育发展性评价指标体系表（以广东外语外贸大学为例）

		评价内容	权重	评价方式
培训前	设计课程	1. 是否调查参训者在教学中遇到的问题	1	问卷调查、统计
		2. 是否了解参训者的素质	1	
		3. 是否了解参训者的专业知识水平	0.2	
		4. 是否了解参训者的教育教学理论水平	0.2	
		5. 是否了解参训者的课程素养	0.2	
		6. 是否了解参训者的信息素养	0.2	
		7. 是否了解参训者的文化素养	0.2	
	如何确定评价主体	评价人员结构	8. 职称比例；行政人员、专业人员、权威人员、同行人员比例；人员素质	0.5	
		评价人员水平	9. 教学管理及改革研究与实践成果（教学成果、论文、著作等）	0.5	
		评价标准的制定	10. 评价标准的制定是否科学；评价标准的制定是否可行；评价标准的制订是否实际	1	
	课程建设	课程适应水平	11. 课程社会适应水平	0.5	
			12. 课程个人适应水平	0.5	
		课程结构合理性	13. 课程深层结构合理性	0.7	
			14. 课程表层结构合理性	0.3	
	主讲教师	15. 主讲教师资格（任职资格和职业道德）、业务水平和能力（专业水平和实践能力）、主讲教师培训情况	1	
		16. 教学计划、教学大纲表的制定；自学组织计划、面授辅导计划；单门学科评价标准的制订	1	
		17. 教学方法和手段的选择	0.8	
		18. 教学效果的预测	0.2	

续表

		评价内容		权重	评价方式
培训中	课程	19. 主讲教师对课程的满意度		0.3	终结性评价和形成性评价相结合；书面测试（打分、描述性评论）；教师评价；论文报告；自评性报告；学员互评；专家评价；讨论性评价；问题解决报告
		20. 参训教师对课程的满意度		0.7	
	参训教师	专门知识	21. 理解英语语音、语法和篇章的语言体系	0.5	
			22. 综合掌握语言教学和学习的基本原则	0.2	
			23. 在英语听、说、读、写方面具有流利的能力	0.2	
			24. 理解语言和文化之间的关系	0.2	
			25. 理解语法和功能的关系	0.2	
			26. 理解语言形式、语义和语用的关系	0.2	
		教学技能	27. 熟知语言教学理论	1	
			28. 理解和体验运用大量的技能	1	
		人际技能	29. 意识到跨文化差异	0.4	
			30. 与同行和谐、友好的分享教学思想、教学方法	0.6	
		个人素养	31. 责任心强	0.2	
			32. 做事井井有条	0.2	
			33. 出错时应变能力强	0.3	
			34. 求知欲强，喜欢尝试新的教学法	0.3	
		信息素养	35. 信息收集来源广泛	0.5	
		课程素养	36. 了解课程的实施背景	0.1	
			37. 解读新课程的标准	0.4	
			38. 了解新课程的教学大纲	0.5	
	主讲教师所采用的教法	39. 教学计划、教学大纲表的执行		0.4	
		40. 理论课时数和内容的对口性		0.3	
		41. 实践课时数和主题的适应性		0.3	
		42. 主讲老师授课时所采取教法和手段的多样化和适应性		1	
	评价标准	43. 评价标准的执行		0.2	
		44. 真实地履行评价标准		0.3	
		45. 在评价的同时，是否给与评价者一种潜在的建议		0.5	

续表

	评价内容			权重	评价方式
培训后	课程		46. 及时调整教学目标、教学计划和教学大纲	1	终结性评价和形成性评价相结合；书面测试（打分、描述性评论）；教师评价；论文报告；自评性报告；学员互评；专家评价；讨论性评价；问题解决报告
	参训教师	专门知识	47. 继续学习	0.7	
			48 定期阅读和参加会议了解现代英语的发展	0.2	
			49. 语言和文化意识在实际教学中的贯彻	0.1	
		教学技能	50. 有效的设计和实施课堂计划	0.5	
			51. 有效的监控课堂	0.3	
			52. 有效的觉察学生语言的需求	0.2	
			53. 在课堂中善于激励学生互动、合作和团体精神	0.5	
			54. 运用适当的课堂管理原则	0.2	
			55. 对不同的语言能力，运用有效的、清晰的呈现技巧	0.3	
			56. 运用互动、激发学生内在学习动机，有效的测试（评估）和评价	0.5	
			57. 给学生传授一定的学习策略，培养学生一定的自主学习能力	0.5	
		人际技能	58. 对学生充满激情，师生关系和谐，有幽默感	0.3	
			59. 尊重学生的观点	0.2	
			60. 充满耐心的对待能力低的学生，善于挑战能力高的学生	0.2	
			61. 与同事和谐、友好的分享教学思想、观点和技能	0.3	
		个人素质	62. 制订短期和长期专业发展计划	0.8	
			63. 坚持和树立道德标准典范	0.2	
		专业发展	64. 互相听课	0.7	
			65. 自我观察和观察清单的运用	0.7	
			66. 实际问题解决能力	0.3	
			67. 恰当运用来自各方的积极的、有意义的反馈	0.3	
			68. 自己建立个人教师专业发展档案	1	

续表

		评价内容		权重	评价方式
培训后	主讲教师所采用的教法	69. 根据反馈及时调整教法		0.5	
		70. 培训后有无送课上门		0.5	
		71. 实际教学中的互动研究与"现场解决		1	
	继续教育的效应	社会效应	72. 是否提高教学质量和经济效益	0.2	
			73. 是否与高等师范院校对口专业的有机衔接个人效应	0.2	
		个人效应	74. 是否取得合格证	0.2	
			75. 是否优化自己的教学水平	0.2	
			76. 是否有意识的学习和提高自己	0.2	

对教师而言，最重要的不仅仅是知道自己在群体中的优秀程度，而是让他们充分了解学校对他们的期望，并根据现有的工作表现，明确个人的发展方向。学校在了解教师的表现后，为教师提供各种培训和自我发展的机会，提高教师的责任感、思想素质和教学科研能力，从而促进学校的发展。发展性教师评价的意义就在于，在没有奖惩的条件下，对青年教师的现有的发展特点和水平、对工作的情感和态度、现在的工作状况以及未来的发展需求与可能，做出较为完整的、综合的评定。这样的评价，有助于青年教师在期望与现实之间找到自我，满足获得尊重的需要和自我实现的需要；有助于学校根据其本人的潜力，帮助成长，并得以驾驭教师个人的独特才干，协调他们的活动，从而实现学校的需求。

6.2 外语专业人才基本教学设备要求

现代化的教学思想强调学生的主体作用，重视教为主导，学为主体的辩证统一；强调调动学生的情绪，激发学生学习的兴趣，重视主动参与意识；强调教育的社会化、终身化，重视学习环境的拓展与受教育时限的延长；强调教育的平等化、个性化，重视个性教育及个性差异的客观存在。现代化的教育思想为我们的外语教学指明了方向。加之，现代新技术革命造成信息量激增，知识更新更快，计算机技术和其它各种电子、通讯技术的应用，使人类知识能够迅速传播、积累、分析组合及存储再现。同时，科技日新月异，计算机辅助教学、远程教育、网络课程无不给外语教学带来新的发展良机。

在大学教学中，教学媒体发展与外语教学有密切的联系，每一种媒体进入高校，最早尝试应用新媒体教学的课程就有外语。无疑，媒体对外语教学的辅助作用是巨大的，它既可以为外语教学提供强有力物质条件，其声音、色彩、图文及直接的背景影像又可为学生提供一种真实的本土语言模拟情境，对提高学生语言能力、语言水平和语言学习兴趣都起到了积极的作用。大学教学媒体的出现也伴随着相应理论发展。

6.2.1 教学手段要实现现代化

其内容可概括为三个方面。第一，明确教学手段现代化的内容，即主要指开展多媒体教学，各个高等学校应根据实际情况，从硬件建设、网络授课和资源建设等方面推进此项工作。第二，明确教学手段现代化的作用，即利用现代教学技术所具有的形象直观、信息量大、强化记忆、可"虚拟现实"的刺激感官体验式学习等优势，建立一种全新的现代型课程，促使现代教学技术的应用与学习过程的组织和管理结合起来，与学生的认知思维过程结合起来，从而实现学生对现实世界的深层次认识和理解。第三，现代教学手段一定要和传统教学手段中的合理成分结合起来，各展其长，相辅相成，构成教学信息传输及反馈调节的优化教学媒体群。

6.2.2 大学教学多媒体发展的理论依据

一、行为主义

20世纪50年代以后，美国程序技术迅速发展，并形成了以直线和分支式为基础的各种程序教学模式的变式。程序教学思想是行为主义心理学代表，它所强调的"刺激—反应—强化"的模式对早期CAI软件设计有着决定性影响和作用。70年代末，这种方法借计算机得以实现和强化。程序教学就是把预先设计好、编制好的程序指导或控制学生学习某种知识、某种技能的整个过程。这种程序就是最早的计算机辅助教学软件，程序教学是CAI（Computer Assisted Instruction，多媒体辅助教学）的雏形。直线程序或称普莱西（B. L. Pressay）程序，是美国教育家普莱西首创，即"直线程序—多重反应程序"。直线程序的基本假设是每一个刺激的设计都能引起学生的正确反应，而且他自己的反应结构是学习情境整体的一部分。斯金纳（B. F. Skinner）程序也是一种直线程序，即"直线程序—构答反应程序"，其特点是学生必须构成自己的反应，而不是从一套可供选择的已有答案中选择回答和反应。分支式程序是由美国心理学家克劳德创立。该程序选用多重选择反应的可变程序，是一种"分支程序—多重选择反应"程序。两种程序的区别在于后者增加了计算机的判断功能，根据学生反应的正误判断是否应当重新学习或补充学习，所增加的分支程序用来对学生进行提示或辅导，直到真正掌握知识或技能为止。外语CAI的大量练习性、操作性及游戏性课件和课堂教学中，强调及时强化和积极反应原则下生成知识，体现了行为主义的思想。

二、人本主义

美国20世纪50～60年代崛起的新心理学派，由美国著名哲学家马斯洛开创。马斯洛心理学被称为心理学的"第三思潮"（相对于它之前的两大思潮——弗洛伊德精神分析学（第一思潮）和华生行为主义（第二思潮）而言。马斯洛对唯机械论过分强调人的行为而忽视人感情、人的潜力和发展进行了批判。他主张以正常人为研究对象，研究人的经验、价值、欲念、情感、生命意义等重要问题，旨在帮助人健康发展，自我实现；强调人的意识选择和自由，坚持人的整体性与不可分性；强调人在自然演化过程中已获得的高于一般动物的潜能，包括友爱、自尊、创造以及对真善美和公正价值的追求。在方法论上，主张用现象学的方法研究人的心理现象。认为学习不仅是在认知领域产生，还与感情、行为和个性发生作用。目前大学教学中的英语网络多媒体便渗透了人本主义的思想理念，它提倡以人为本、以学生为中心、挖掘学生潜力；从实践经验到一般原理；鼓励学生主动参与，给学生更大的空间和自由；强调学生学习的自主意识和自我实现，强调对学生的关爱，尊重学生的兴趣，让学生健康快乐地学习。

三、认知主义

成熟于上世纪80年代，是在批判行为主义理论的基础上，吸收行为主义和心理学派的有益成果发展起来的。美国认知心理学家布鲁纳继瑞士著名认知心理学家皮亚杰（J. Piage）关于认知发展的观点后，提出了发现学习法，否定知识概念仅仅是由外部的刺激—强化而得到的。认知主义提出学生在学习过程中存在环境刺激、主动发现、与原有知识互相作用、重新构建知识结构四个主要环节；强调研究个体内心的心理过程，认为环境提供的信息只有通过支配外部行为的各种认识过程才能被编码、储存、加工和操作。因此，人的认识不是由外部刺激直接给予的，而是外部刺激和认知主体内部心理过程相互作用的结果。基于这一思想的CAI设计模型的教学活动，采用与教学内容相联系的刺激、认知、回忆来激发学习，注重学习任务需求和提高个别学习者独立操作的能力，如英语网络多媒体教学中语言训练和会话交流训练，通过网络多媒体课件可以调动各种感观的刺激，也可以采用文字、符号、语句激励学习者的努力；另一方面，学生面对的是电脑，避免一些内向、害羞和怕出错的学生产生心理障碍而不愿开口讲英语，形成人—机互动个别化教学。

四、建构主义

20世纪90年代初，由教学媒体引发的问题在美国大学产生一场大讨论，为解释媒体对教学的影响和批驳"媒体无用论"的观点，建构主义理论由此产生。90年代后期形成认知心理学分支流派，它是认知主义心理学的进一步发展，因为在皮亚杰和早期布鲁纳的思想中已经有了建构思想。此外，前苏联心理学家维果斯基（Vogotsky）的"文化历史发展理论"（70年代末引入美国），影响和推动了建构主义的发展。维果斯基强调认知过程中学习者所处社会文化历史背景的作用，重视学生原有的经验与新知识之间的相互作用。他把学习的日常经验称为"自上而下的知识"，而把他们在学校里学习的知识称为"自下而上的知识"，自下而上的知识只有与自下而上的知识相联系，才能获得成长的基础。建构主义认为，学习者对客观存在的外部世界，是根据自身的经验来理解并赋予意义的，如何以原有的经验、认知结构和信念为基础来建构知识最为关键。因此，建构主义强调学习的主动性、社会性和情境性。用建构主义解释媒体的作用，就是用不同媒体对认知和符号进行加工而建构知识。媒体不仅具有传播或传递信息的功能，也有构建内部表征或"心智模型"的性质（N. M. Seel & W. D. Winn，转自赵健，2006）。最能突出建构主义思想的是外语媒体辅助教学，学生借助媒体，在教师指导下，可以有效地自主学习、自主选择教学内容和建构知识，如编制短对话，学生可以利用媒体提供的词汇、语言情境、故事背景或图画和自己已有的知识进行重新加工和建构，与媒体进行对话的互动活动，还可对词的构成、派生、合成，句子的构造、生成，语意的引申、单词的记忆进行循环认知加工建构知识。

6.2.3 多媒体教学的重要性

鉴于我国高校大学生人数迅速增长和可利用教育资源的相对有限，我们应当充分利用多媒体、网络技术发展带来的契机，采用新的教学模式改进原来的以教师讲授为主的单一课堂教学模式。新的教学模式应以现代信息技术为支撑，特别是网络技术，使英语教学朝着个性化学习、不受时间和地点限制的学习、主动式学习方向发展。新的教学模式应体现英语教学的实用性、文化性和趣味性融合的原则，应能充分调动教师和学生两个方面的积极性，尤其要确立学生在教学过程中的主体地位。新教学模式在技术上应体现交互性、可实现性和易于操作性。另外，新教学模式在充分利用现代信息技术的同时，也要充分考虑和合理继承现有教学模式中的优秀部分。

各校应根据自身的条件和学生情况，设计出适合本校情况的基于单机或局域网以及校园网的多媒体听说教学模式，有条件的学校也可直接在互联网上进行听说教学和训练。读写译课程的教学既可在课堂进行，也可在计算机上进行。但是，无论是计算机上学习，还是课堂学习，各校都应安排足够的教师进行指导或讲授。

教学模式改革成功的一个重要标志就是学生个性化学习方法的形成和学生自主学习能力的发展。新模式应允许学生随时随地选择适合自己需要的材料进行学习，应能够完成传统课堂上无法完成的听说训练，能够随时记录、了解、检测学生的学习情况以及教师的教学与辅导情况，从而能督促学生积极学习，促使学生的英语听说能力与其他实用能力有一个较快提高。

教学模式的改变不仅仅是教学活动或教学手段的转变，而是教学理念的转变，是实现从以教师为中心、单纯传授语言知识和技能的教学模式，向以学生为中心、既传授一般的语言知识与技能，更加注重培养语言运用能力和自主学习能力的教学模式的转变。

6.2.4 大学教学媒体发展历史回顾

一、美国

20世纪以来，随着生产力和科学技术的发展，在教育领域内，幻灯、投影、录音、电影、电视、计算机多媒体和网络等教学媒体相继涌现。它改变了传统教学中"黑板＋粉笔"传递知识的教学手段和教学模式，教室出现了第二个画面（除黑板外，出现电视或投影）、第三种声音（除教师和学生外，还有机器传播的标准读音及音乐伴音）和"人—机"教学新模式。特别是网络教学出现，突破了时间和空间限制，赋予学生极大的热情和兴趣，大大提高了教学效率和学生参与度。美国大学教学媒体一直走在世界前列，引领着世界的潮流，经历了视听机器和教学机器与模拟训练以及计算机、多媒体与网络辅助教学三个阶段（见表5，傅刚善，2005）。

表5　美国大学教学媒体发展历史回顾

阶段		媒体使用情况
听、视觉和教学机器（20世纪20至40年代）		教学媒体以无线电广播、收音机、唱机、电影为主
教学机器与模拟训练（20世纪40至50年代末）		常用的媒体以电影、录音机、幻灯机、投影、电视为主
计算机、多媒体与网络（20世纪60年代至今）	60年代	计算机辅助教学在高校实践
	70年代	CAI和CMI教学系统和管理系统在高校普及
	80年代	计算机多媒体和网络成为新的教学手段
	90年代	进入信息、网络化时代

国外CAI的发展也非常迅速，特别是一些发达国家，如美国、德国、日本、新加坡等。以美国为例，美国CAI软件的设计与开发经历了一个较大的观念转变过程。过去CAI软件的设计开发着重在传播知识，并通过计算机向学生提出问题，由学生做出解答来评估学生的能力。在发展中，许多教师成了CAI软件设计的行家里手，他们开发的软件从原来的

由计算机向学生提问转变为学生向计算机提出问题和要求，再通过学生与计算机之间的交互作用去探索解决问题的途径。MCAI软件的设计注意了为学生提供多种解决问题的途径和方法，让学生在解决问题中去学习、去发现知识、掌握知识，适应了不同学习程度学生的要求，使学生学习更加主动，增强了他们的学习兴趣。

二、中国

中国大学教学媒体发展起步较晚（见表6，傅刚善，2005），主要从20世纪70年代末开始，也分为听觉、视听、计算机多媒体和网络教学辅助媒体四个阶段（下面主要以外语教学媒体发展为例）。

表6　中国大学教学媒体的历史回顾

阶段	媒体使用情况
听觉阶段（20世纪50年代至70年代末）	以无线电广播、收音机、录音机为主
视听阶段（20世纪80年代初至90年代初）	以无线电收音机、幻灯机、收录机、录像机、电影和电视为主
计算机和多媒体辅助教学（20世纪90年代至21世纪初）	以CD、VCD影碟机、计算机、计算机多媒体辅助教学为主
计算机多媒体和网络辅助教学（21世纪初至今）	以计算机多媒体和网络辅助教学为主，进入信息、网络化发展阶段

我国在CAI方面的研究应用起步较晚。上世纪80年代末，华东师范大学现代教育技术研究所开始研制微机辅助BASIC教学系统，以后十多所高校陆续开始了CBE研究。1985年，我国召开了第一次计算机辅助教育学术交流会，1986年召开了第一届学术年会，1987年召开了第二届年会，会上将学会的名称正式命名为全国CBE学会，以后在清华大学、北京大学、西安交通大学等院校相继成立了CAI研究所或CAI中心实验室，研究开发出了一批实用CAI软件。目前国内已有一些写作系统及课件生成系统相继推出，对CAI的普及应用起到了促进作用。即使在中小学，CAI的应用工作也在普遍开展。1986年国家教委基教司成立了"全国中、小学计算机教育研究中心"，专门负责CAI的应用、研究、评审和推广工

作，对CAI的发展起到了巨大的推动工作。1994年全国教育科学规划领导小组批准中央电教馆申报的"百年树人中学教学辅导软件研究与开发"项目增补为全国教育科学重点研究课题，并已取得了阶段性成果。1996年底，在国家教委的多方努力下，国家科委正式批准了"计算机辅助教学软件研制开发与利用"作为"九五"国家重大科技攻关项目之一。进入新世纪以来，现代教育技术越来越受到关注，并逐渐发展成为教育改革的突破口。《中共中央国务院关于深化教育改革全面推进素质教育的决定》指出，要大力提高教育技术的现代化水平和教育信息化程度，教师要掌握必要的现代化技术手段。为了落实国务院提出的《面向21世纪教育振兴行动计划》，贯彻第三次全国教育工作会议精神，提高教师运用现代化教育技术的能力和水平，教育部下发了《关于实施新世纪高等教育教学改革工程的通知》，并决定从2001年开始在全国开展教师教育技术的培训工作。

6.2.5 CAI与MCAI

伴随着计算机技术的不断发展，人类生活的各个领域都闪现着现代科学技术的身影，其中，计算机辅助教育（Computer Based Education，简称CBE）是计算机技术在教学领域中的重要应用，也是当今教育现代化的一个重要标志。计算机辅助教育的应用范围日益广泛，已辐射到家庭教育、学校教育、社会教育的各类学科和管理的各个方面，目前它正逐步形成一门现代教育技术的新学科。计算机辅助教育包括两大方面，一是计算机辅助教学，简称CAI（Computer Assisted Instruction），它是指利用计算机来执行部分教学功能，辅助完成教学任务的一种教育技术，其中计算机是用来展示教学内容并帮助学生理解和记忆知识，对已学知识进行推理和实践的一种"智能"工具，并作为现代的教育技术中的主要内容正成为授课教师的得力工具；二是计算机管理教学，简称CMI（Computer Managed Instruction），是指用计算机管理和指导教学过程，帮助教师进行测验构造与评分，进行教学计划管理，教学资源调整等，直接为教师服务，已经用于学校的日常教学管理之中。

多媒体是当今信息时代伴随着计算机应用日益普及于社会各个领域而迅速流行起来的专业术语，它来自于英文"multimedia"，是指以某种物质形态为标志的，如报纸、书刊、电视、广播、电话、录音、计算机及幻灯片、投影等，具有存储、处理信息的功能。计算机技术和通信技术的发展使人们有能力把各种非数值媒体信息在计算机内均以数字形式表示，并综合起来形成一种全新的媒体概念——计算机多媒体。由此把原来只能承担数值运算任务的计算机发展成为能对文本、图形、图像、音频、视频和动画等多种非数值信息进行加工、处理、呈现和传输的综合性工具。多媒体技术与CAI的结合促进了计算机辅助教学的发展，指明了现代教育技术的最新发展方向——MCAI。

MCAI（Multimedia Computer Assisted Instruction）即多媒体计算机辅助教学，是一种以计算机为核心，联结并控制文字、图形、影像、动画、视频和声音多种媒体的系统。它使计算机具有处理各种信息的功能，使长期以来各自独立的教学媒体如录像、录音、挂图、投影仪、幻灯机等与计算机这种交互媒体结合起来，形成一种新型媒体。（周瑞琪等，2000）

它在原CAI系统的基础上又增加了声卡、视频采集卡以及CD-ROM等相关外围设备、软件等，克服了原CAI系统存储容量小，传输速度慢，交互方式简单，只局限于处理文字、数据、图形等的缺点，使CAI的内容更为丰富，形式更为多样。

从MCAI在教学中的应用看，MCAI是将多媒体计算机用作教学工具，通过对图文并茂、形声并举、生动直观的多种媒体形式的信息内容进行非线性、超文本、网状、动态地的组织，通过采用友好、便捷的人机交互方式提供现代、虚拟的教学环境，使教师和学生利用计算机对各种教学媒体信息存储、处理来支持自己的教和学的一种活动方式。MCAI技术是现代教育技术中最有活力、最具前景的新兴技术，是教育信息化的重要手段。随着计算机的日益普及和多媒体、网络技术的迅速发展，以及素质教育的全面实施，应用MCAI技术已经成为广大教育工作者改革教学方法、改进教学手段、提高教学质量的首选途径。

6.2.6 CAI 在外语教学上的优势

根据建构语言学理论，外语学习者一方面要学会利用语言体系中的材料建构话语，另一方面要从话语中学习新的语言材料，充实自己的语言知识，建构自己所掌握的语言体系（王德春）。而外语教师是起提供学生建构自己知识的学习环境的作用。这学习环境包括四大要素："情景"、"协作"、"会话"和"意义建构"，教师单靠传统教学媒体是没办法给学生创设这种学习环境，但通过CAI是做得到的。CAI能通过光盘等给学生创设真实"情景"；学生可以通过键盘和语音设备进行"协商"与"会话"；交互式学习环境，图文并茂的多重刺激对学生关于当前所学只是的意义建构是非常有利。因此CAI在外语教学上给学生提供的学习环境是其他教学环境及其他教学媒体所无法比拟的。具体表现为：

一、外部刺激多样化有利于知识的获取与保持

实验心理学家赤瑞特拉（Treicher）做过两个著名的心理实验，一个是关于人类获取信息的手段，关于知识保持即持久性的实验。实验表明：人类获取的信息83%来自视觉，11%来自听觉，3.5%来自嗅觉，1.5%来自触觉，I%来自味觉。后一个实验表明：人们一般能记住自己阅读内容的10%，自己听到内容的20%，自己听到和看到内容的50%，在交流过程中自己所说内容的70%。这说明如果既能听到又能看到，又通过讨论，交流用自己的语言表达出来，知识的保持将大大超过传统教学的效果。（何克抗）CAI在外语教学中能高效，准确地从多维，多形式，多角度呈现和描述教学内容，改变过去单维文字或孤立静止图形传递信息的局面，从而更大程度调动学生视、听、讲、做等各器官的参与，有利于知识的获取与保持提高学习效率。

二、教学内容新颖、多样化，激发学习兴趣

高校外语专业所采用的教材一经确定就意味着不轻易改变，因此十几年一直使用同一本教材在众高校是普遍现象。可想而知，一本几年前年出的教材的内容与现今社会远远脱钩，以致于教师上课无力，学生上课无神，为应付考试而去看书，实属无奈。但是采用CAI，教师上课所用的外语资料可以从网络、光盘等多种渠道获得，而且信息量多、新，与时代联系紧密，符合学生求新求变的认知心理，激发学习兴趣。

三、交互式学习环境，提高学生学习自信心和主动性

网络教学是一种新型教学手段，它以互联网为传播媒介，突破了传统教学在时间和空间上的限制，使教与学随时可在，随处可在。一方面，学生可以在合适的时间和合适的地点上网进行自主化和个性化的学习。

这里的学生是一个广泛的受众群体，既包括本门课程课堂教学中的学生，也涵盖了对这有兴趣并积极投身于学习的人群。另一方面，教师可以根据学生提出的要求情况通过网络进行交流和引导。如解答学生的疑点和困惑、选择性发布教学内容等。因此，网络教学的核心是利用互联网的优势，实现两种形式的交互式教学。一种形式是学生通过人机交互自主学习，一种形式是学生在与教师的双向信息交互中学习。

CAI教学系统区别于其他媒体的最大优点在于它能提供交互式学环境。传统的外语教学过程中的一切都是由教师决定。从教学内容、教学策略、教学方法、教学步骤，甚至学生做的练习都是教师事先安排好的，学生只能被动地参与这个过程，即处于被灌输的状态。而在CAI这样的交互式学习环境中，学生则可以按照自己的学习基础、学习兴趣来选择自己所要学习的内容，可以选择适合自己水平的练习，连教学模式也可以选择，比如可以用个性化教学模式，也可以用协商讨论的模式。也就是说，学生在这样的交互式学习环境中从被动接受转变为主动参与。按认知学习理论的观点，人的认识不是外界刺激直接给予的，而是外界刺激与人的内部心理过程相互作用产生的，必须发挥学生的主动性、积极性，才能获得有效的认知，这种主动参与性就为学生的主动性、积极性的发挥创造了很好的条件，能真正体现学生的认知主体作用。（何克抗）特别是对中国学生学外语不敢开口讲，害怕当众出错这种现状，CAI教学能避免损害其自尊心，挫伤其积极性，有利于提高学习的自信心，消除焦虑和紧张感。

由于CAI技术对于外语教育、外语教学过程来说具有许多宝贵的特性与功能，这些特性与功能是其他媒体（例如幻灯、投影、电影、录音、录像、电视等）所不具备或是不完全具备的，它必然会对外语教育、教学过程产生深刻的影响即会改变教学模式、教学内容、教学手段、教学方法，最终导致整个教育思想、教学理论甚至教育体制的根本变革。

四、多媒体英语教学的最大优点在于能使课堂教学生动形象，特别在听说和阅读方面，多媒体使学生对教学内容的理解和接受实现了声音、文字、图像等方面的多通道、多元化。

教师可以自行编辑制作比较适合我国国情及学生具体情况的多媒体视听材料，如编辑原版影片、英语新闻、背景知识、人物传记、外国历史、地理等有关的教学资料。多媒体比单一书本教材更形象生动，纯正的语音更易为学生所喜欢并模仿。多媒体英语教学通过潜移默化来培养学生的实际语言应用能力，能真正实现英语教学的素质教育。

五、多媒体英语教学能够节约宝贵的课堂时间，增加课堂信息量，从根本上提高教学效率。

在以前"chalk+ talk"的传统的课堂教学模式下，教师每一堂课板书和讲解占去了大量的时间，授课信息量受到了限制。而当教师把按大纲要求撰写的教案改编成电子教案，既加快了信息传播速度，又扩大了单位时间内的信息量，而且图、文、声并茂，更便于学生理解和接受。

6.2.7 基于计算机和课堂的英语多媒体教学模式

基于计算机和课堂的英语多媒体教学模式是为了帮助我国大学生达到大学英语教学要求所设计的一种新型英语教学模式，强调个性化教学与自主学习，并充分发挥计算机可反复单独地进行听说训练、以及教师可通过课堂进行辅导，传授阅读、写作、翻译知识和技能的特点，使学生可在教师的指导下，根据自己的特点、水平、时间，选择合适的学习内容，借助计算机迅速提高自己的英语综合实用能力，达到最佳学习效果。

一、教学模式的构成

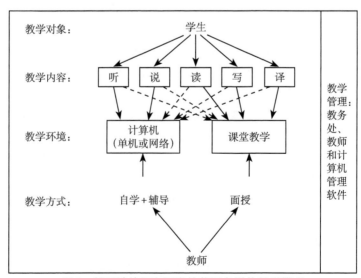

图1　基于计算机和课堂的英语多媒体教学模式

二、基于计算机的英语学习过程

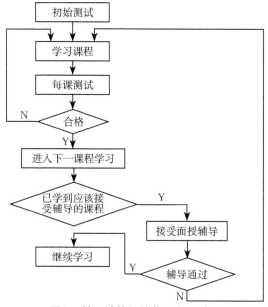

图2 基于计算机的英语学习过程

在基于计算机的英语学习过程中应重视教师的面授辅导作用，且教师的面授辅导应以小班为主，原则上每班学生不应超过8人，辅导内容应以检查学生的自学效果为主，并根据学生的学习效果决定学生是否可以继续学习。由于辅导是小班进行的，学生每学习16～20学时，教师应给予1学时的辅导。

专业课程的教学方法直接关系到学生各方面能力的培养与提高。课堂教学应以学生为主体、教师为主导，改变过去以教师为中心的教学模式，注重培养学生的学习能力和研究能力。在教学中要多开展以任务为中心的、形式多样的教学活动。在加强基础训练的同时，采用启发式、讨论式、发现式和研究式的教学方法，充分调动学生学习的积极性，激发学生的学习动机，最大限度地让学生参与学习的全过程。引导学生主动积极地利用现有图书资料和网上信息，获取知识，并使学生在运用知识的过程中培养各种能力。同时，要注意教学方法的多样性，要根据不同的教学对象、教学内容、教学目的和要求，选择相应的教学方法，并鼓励教师积极探索新的教学方法。

科学技术的迅猛发展和信息时代的到来，为教育手段的现代化提供了条件和保证，也为英语教学提供了丰富的资源。教学手段的现代化关系到人才培养的质量。要积极采用现代的、多元的和全方位的教学模式，在充分利用原有的电教设备的基础上，积极探索和开发计算机辅助教学。有条件的要逐步建设计算机网络系统、光盘资料中心以及多媒体自修中心，为更新教学内容、提高教学效率、培养学生有效的学习方法创造条件。同时也为学生提供一个更加灵活、方便、实用和广阔的学习和实践的空间。

【参考文献】

[1] 李亚东. 从两种不同的评价观看教学评估结果的公布 [J]. 高等教育研究. 2002 年第 1 期.

[2] 常淑丽. 多媒体与专科英语教学 [J]. 中国电子教育研究论文集.

[3] 覃玉荣, 谢安邦. 大学教学媒体的衍变与外语教学——中美个案比较与反思 [J]. 教学研究. 2008 年第一期（总 177 期）.

[4] 郭立婷. 精品课程及其建设研究 [D]. 山西大学 2007 届硕士学位论文.

[5] 崔文. MCAI 在对外汉语教学中的应用 [D]. 天津大学社会科学与外国语学院研究生论文. 2006 年第 6 期.

[6] 李淑兰. 教师自评的机制与运用技术 [J]. 教育探索. 2007 年第 5 期.

[7] 刘一. 教师自评是教学评价制度现代化的标志——兼论教师专业发展的新路径 [J]. 四川教育学院学报. 2005 年第 21 卷第 5 期.

[8] 袁金平. 英语教师发展性评价指标体系课程设置研究 [J]. 牡丹江教育学院学报. 2009 年第 6 期.

[9] 赵中建. 教师自我评价指标体系的建立及其应用 [J]. 全球教育展望. 2004 年第 11 期.

[10] 孙河川, 郑丹, 葛辉. 美、中教师评价指标体系比较研究 [J]. 教育发展研究. 2008 年第 20 期.

[11] 陈平. 高校教师科研能力评价指标体系研究 [J]. 科技管理研究. 2009 年第 12 期.

[12] 姜凤华，侯中太．教师评价的现存问题分析及应对策略——教师课堂教学自评的研究 [J]．现代教育论丛．2003年第2期．

[13] 季春轶，金凤，王天阔．构建高校教师教学技能评价指标体系应注意的问题 [J]．辽宁教育研究．2008年第3期．

[14] 王芳亮．影响教师自评有效性的因素分析及对策 [J]．黑龙江高教研究．2005年第3期．

[15] 姜伏莲，张丽．普通高校教师评价指标体系 [J]．泉州师范学院学报．2004年第1期．

[16] 王斌华．奖励性与发展性教师评价制度的比较 [J]．教师教育科研．2007.12.

7 外语专业人才培养的教学过程系统

目前，外语人才培养的教学过程中出现了很多新问题，从系统论的角度出发，优化外语人才培养的教学过程系统中的四个要素，即外语教学目的、教学内容、教学方法以及教学过程主体，从而使外语教学过程系统内部优化，提高教学质量。

7.1 教学过程系统研究

7.1.1 系统内涵

1937年美籍奥地利理论生物学家冯·贝塔朗菲（Ludwing Von Bertalanffy）在芝加哥大学第一次提出并研究，他说："系统可以定义为相互作用着的若干要素的复合体。"在科学的系统概念中，首先，"若干要素"是系统的重要成分。没有要素，就没有系统，系统的建立需要若干要素的支持；另外，各个要素的地位是相对独立，但同时又是处于复杂群体的个体。其次，"相互作用"——系统的内部关系并推动系统不断向前发展。第三，复合体，而不是集合体——系统的关键特征。集合体表现为要素的累加，集合体的功能就是各个要素功能之和，由要素的数量决定，而复合体的功能却大于各要素的功能之和，在复合体中关键不是看各个要素的功能是大是小，而是看各要素能否在整个系统发挥功能时达到最佳整合效果，这是由要素的结构决定的。

外语人才培养教学过程，它本身就是一个系统，其目标就是导致学习，产生所期望的教学效果，在这个系统中，强调的是教学过程中的每个因素都要担当着重要的角色，并确定每个因素对整个教学过程这个大系统的价值贡献，注重的是要素间的有效合作，以发挥教学的最大功能。

7.1.2 教学过程最优化理论

苏联教育家巴班斯基在上个世纪70年代就提出了著名的教学过程最优化理论。"最优的"一词具有特定的内涵，它不等于"理想的"，也不同于"最好的"。"最优的"是指一所学校、一个班级在具体条件制约下所能取得的最大成果，也是指学生和教师在一定场合下所具有的全部可能性。巴班斯基的理论把构成教学过程的所有成分、师生活动的一切内外部条件，看成是相互联系的，在相互联系中考察所有教学任务和完成这些任务所可能采用的形式和方法。因此，教学过程最优化不是一种特殊的教学方法或教学手段，而是科学地指导教学、合理地组织教学过程的方法论原则；是在全面考虑教学规律、教学原则、教学任务、现代教学的形式和方法、该教学系统的特征以及内外部条件的基础上，教师对教学过程作出的一种目的性非常明确的安排，是教师有意识地、有科学根据地选择一种最适合于某一具体条件的课堂教学的模式和整个教学过程的模式，组织对教学过程的控制，以保证教学过程在规定的时间内发挥从一定标准看来是最优的作用，获得可能的最大效果。具体来说就是通过对教学过程中的各种要素合理的组合，使其结构达到最佳合理状态，使整个教学过程系统功能发挥到最大。根据巴班斯基的教学过程最优化理论，结合旅游教学的特殊性，我们对旅游教学过程系统进行整合和优化。

7.1.3 外语人才培养教学过程系统目标优化

一、教学目的的优化

外语人才培养的教学目的是课程计划和课程标准的进一步具体化，是进行教学设计、开展课堂教学内容、选择教学方法的重要依据，外语教学最终目的就是要培养具有扎实的英语语言基础和广博的文化知识，并能熟练地运用英语在外事、教育、经贸、文化、科技、军事等部门从事翻译、教学、管理、研究等工作的应用型创新英语人才。但目前的高校培养的外语人才仍不能满足社会需要，问题的症结就出在外语人才培养教学过程中的教学目的环节。以往在教学中出现过两个倾向，要么注重理论，要么强调实践，孤立的看待理论知识和实践技能之间的关系，在教学目的这个系统中，没有弄清楚系统中这两个要素之间的关系；另外，传统的外语人才培养教学在制定教学目的时忽略了发展层次方面的目的，使学生的认知活动技能的发展停留在原形定向和原形操作这两个阶段而不能继续向原形内化阶段发展，使学生不能把知识内化为自己头脑中的认知技能而停留在浅层认识。

二、教学内容的整合

在对待教学内容上，一是要"整"，也就是说要重新审视以往的外语教学内容体系，二是要"合"，就是在"整"的基础上再进行教学内容结构的优化。在"整"这个问题上，我们要清醒认识到，目前我国外语专业人才培养还没有一个严格的标准体系，从事外语专业人才培养的教育工作者在对教学内容的把握上就会出现知识体系不完整、层次不清、知识广泛杂乱、没有基本和重要的东西、教学内容的理论性不强等问题，所以，在面对外语教学内容的"合"，外语教师在外语教学过程中首先应尽量将自己已有的知识在熟练掌握的情况下，把知识的框架解构出来，并从一开始先让学生掌握本节课的基本概念和基本原理构建学生的知识框架，再填充具体的内容，使学生系统的掌握这些知识，并提高学生在实际操作中的能力。另外，外语教师还必须针对学生的专业特点来丰富教学内容，在教学内容整合上要注意适当的补充具有实践价值的科学性知识。

三、教学方法的优化

我们在外语人才培养的教学过程中应该做到站在宏观角度结合外语的教学规律和教学原则，配合其教学目的和任务来选择使用适当的教学方法，同时具体根据本章节的教学内容、学生对学习内容的感知程度和可能性甚至是教师本身的可能性以及现有的教学条件和课时来单个或综合的使用多种教学方法，在这里需要说明的是，教学规律和教学原则是总的纲领，教学方法的选择应紧紧的与它们结合起来。鉴于外语教学的理论和实践相结合的特点，我们一般应较多地遵循激发兴趣—口述、实践法—实践检查和自我检查法这条方法使用线索，目的是为了通过这样的方法而达到提高学生的兴趣和实际操作能力。

四、教学过程"两主"优化

外语人才培养的教学过程中有两个重要的主体，其中处于"教"的主导地位的教师，另一个就是"学"活动的主体——学生，教师活动与学生活动之间是相辅相成、相互制约的关系。

（一）教师行为优化

在教学过程中，教师应该先具有较高的外语学科素质和知识积淀，并根据课程计划和课程标准来制定教学进度，同时对学生的实际可能性做出判断之后，还要对学生将来的发展水平做出估计。前苏联心理学家维果斯基就对儿童的这两种发展水平进行了系列的研究并最终提出了著名的"最近发展区"理论，根据维果斯基的观点，我们明确了在儿童发展的过程中，教师、或是父母等应该掌握学生的发展现状以及将来可能达到的发展水平这两个问题，之所以这样说，是因为在这两种发展水平之间存在着一个不易被人发现的关键区域——最近发展区，即就是介于儿童现有的发展情况和未来会达到的发展水平之间的一个过渡状态，因此，在外语的教学过程中，教师也要担当起发现—刺激—跨越—发展这一系列重要活动的推动者角色，教学活动中以观察、谈话、调查等方式记录下学生的发展特点，同时果断地对学生的潜力和可能性做出估计，通过不断的创设新的情景开展教学活动，使学生跨越"最近发展区"得到更大的发展，而且通过教师的这种教学，培养了学生在面对实际工作困难时能够准确的评价自己，并能最终顺利地解决问题的态度和能力。

（二）学生地位和行为优化

除了要对教师行为优化，我们还应该对学生这个因素进行优化。首先，我们要重新明确学生的地位。由于我国教育长期以来受着"师道尊严"等思想的影响，所以，学生在学校里不具有完全的自主地位，我们应该在外语教学和教学管理中正确看待学生的法律地位并尊重学生的合法权利，同时，在外语教学过程中，树立学生是学习活动的主体的观念，重视学生的情感、兴趣等一切合理、良好的需求，积极开展生动的教学活动，激发其兴趣、挖掘其潜力。其次，我们应该对学生应履行的义务做出明确的规定。在外语教学过程中，学生应该履行义务，配合教师顺利地完成教学进程，无论是在知识技能上，还是认知方法上又或是情感塑造、态度及价值观等的培养上，都使自己在这个过程中获得新的发展。

总之，外语人才培养教学过程的优化问题我们需要结合该系统内的要素优化来解决，主要着手于教学过程系统中的教学目的、教学内容、教学方法以及教学过程主体四大要素的优化，从而整合外语教学过程，使外语教学顺利开展，并通过外语教学过程达到培养学生专业知识、专业技能以及良好的道德情感意识的目的。

7.2 课堂教学质量控制研究

所谓教学质量的控制，就是要根据评价体系的内容，通过教学运行过程监测，对影响教学质量的因素进行调控，从而使教学质量得到全面提高。这是建立教学质量监控体系的最终目的，是使教学质量能够得到保证并不断提高的关键。实施教学质量控制一般通过两个层次实现，一是院（系）各级领导对本学院实施的质量控制，从而形成院（系）级具体控制层；二是主管校长通过主管单位实施的质量控制，研究解决普遍存在的问题，出台具有指导意义和调控作用的政策与措施，从而形成学校控制层，从宏观上把握整体教学过程。在教学质量监控中，抓住了课堂教学也就抓住了保证教学质量的最核心环节。如果不能对教学中存在的问题加以及时解决，那么，高等教学质量的保证就无从谈起。教学质量的控制包括如下两个方面的内涵：

（一）对在控制研究中发现的影响教学质量的问题立刻进行有针对性的研究和解决，使教学运行始终处于良性循环状态；同时通过问题的解决，调动教师教学的积极性，对教学质量的提高起保证作用。

（二）通过对当前存在问题的分析，提出具有宏观引导作用的改革方案和措施，并加以实施。这是进行有效控制的重要内容，它不仅解决了当前教学中存在的一些不足，更为重要的是，通过改革方案的提出和实施，使人才培养的质量，从目标、规格、计划乃至人才的素质等与社会要求更加贴近，尽快实现高校培养高质量人才总目标。

教学工作是一个多因素、多层次、多系列的动态过程，是实施全面发展的基本途径，是培养人、教育人的重要环节。因此，教学原则必须注重科学性，面向全体学生，摆正教与学的主客体关系，在教学上坚持提高学生的学习积极性，调动学生的注意力，活跃课堂气氛，真正按教学规律。

一堂课的教学质量如何，一般而言，衡量标准是教学过程是否一环扣一环，是否激发学生的求知欲望，是否做到重点突出、难点分散，是否合理安排时间等。总之，实施课堂教学过程全优化必须把握以下几个环节：

一是确定具体的教学目标，创设激励学生情感的教学环境，运用高效综合的教学方法，采用合理的课堂教学结构，获得及时的教学信息反馈。

二是教师在学生从接受新知识到理解掌握新知识的教学过程中必须遵循"精雕细刻，分类推进，打好基础，培养能力"这一措施和原则，设计好教学结构，尽最大的能力使学生最大限度的接受所教授知识。

三是确定学科目标，改变教学过程。教学是教师有效、合理地组织学生的学习活动，教师的主导作用是要把学生自主性的学习活动组织起来，调动起来，使学生成为学习的主人。

四是在规范教学过程中转换教学机制，教师要热爱、信任、关怀学生，学生要热爱、信任、尊重老师，两者结合起来，教师机制才能转换，教学过程才能优化。

五是要认真对待，以高质量、轻负担为标准，构建教学的新体系，让学生学的高兴和轻松，学的愉快。

六是以教师为主导，学生为主体，教学大纲。

教学质量是学校有目的、有计划、有组织的教学活动及其结果满足高等教育利益关系人需要程度的度量。高校的教学质量活动是一项动态的、系统性、结构化的工作，进步依赖于全体成员的共同努力与合作。同时，高校的教学质量活动，也是学校职能部门持续不断地改进教学活动、提高实践效能的过程。

对实践教学质量的管理，一是完善教学质量监控系统；二是健全教学信息反馈系统。主要内容就是（1）建立教学质量监控的相关机构，负责具体的工作，实施责任对口；（2）建立健全各类评估体制与检查方法；（3）成立教学质量管理队伍，对教学过程实施全方位的监督、指导、检查和评估，全面提高教学质量；（4）开展课堂教学质量评估，开展领导评教、专家评教和学生评教，通过切实的教学活动体验主体进行课程评价，确保课堂教学质量，确保教学质量管理的规范化。教学管理的规范化需要教学管理主体通过动员学校各方面力量制订出切实可行、行之有效的系列规范的规章制度和实施方法，用于指导和管理教学工作，并按章办事。

传统的课程考核，是指对学生学习某门课程后学习成效的综合评价，它不仅衡量和检查学生对所学知识和技能的理解掌握程度和运用能力，检查学生学习成果，而且也是对教师教学态度，教学水平和效果的检验，课程考核的根本目的则在于促进教学质量提高，培养合格人才。但是这一考核，在现实生活中存在着一些问题。如传统的课程考核方式，不利于发挥教学双方的积极性，影响教学质量的提高；课程考核方式单一，难于全面评价学生的真实水平；学生考试作弊问题屡禁不绝等。

7.3 教学测量与评价研究

评价是一种价值判断的过程，对学生的学业进行评价和测试是外语教学必不可少的一个环节。教学评价通过多种方式、方法和活动来获取关于学生行为的一些信息，并为此做出评判，由于其对学生，教师以及管理人员都有重要的影响，因此其重要性是不容低估的。在当前有些学校仍采用传统的终结性评价模式，以分数作为衡量好坏的唯一标准，把注意力放在考试的结果上而忽视了学生学校过程或过程中的心里新宿等。这种"一试定终身"的评价方式并不能全面的、科学的、公正的提供关于学习能力的信息。近年来，评量的概念更加扩大，评量不只在了解学生的学习结果，也在了解学生学习进展的情形；评量不只看学生认知的结果，也要看学生学习内化的情形；评量的结果不只用来代表一个学习的结束，也用来当作一个新教学的开始。基于教学评量观念的改变，评量的方法也就因而有所变化。对于学生学习成果的判断，通过我们的查询和经验，列出以下几种比较有效的方法。

7.3.1 形成性评价

总体而言，外语教学评价研究有一个显著的特点：研究重点从终结性（summative）评价转移到形成性（formative）评价或两者的有机结合。形成性评价也称为过程评价或真实性评价，是指通过诊断教育方案或者计划、教育过程与活动中存在的问题，结合学生在学习过程中所反映出来的情感、态度、方法等，对教师教学过程合进度以及学生学习过程和结果进行评价。

形成性评价概念是美国著名评论专家 Scriven 于 1967 年论及课程改革时首次提出。他认为依据目的不同，教育评价通常分为"形成性评价"合"终结性评价"两种类型。形成性评价是一种动态的、持续的针对教学过程的评价方式。其不单纯从评价者的需要出发，而更注重从被评价者的需要出发，重视学习的过程，重视学生在学习中的体验，强调人与人之间的相互作用，强调评价中多重因素的交互作用。Black & William（1998a）通过大量的实证研究的回顾表明形成性评价有益于提高教学实践中正在进行的教育活动质量的评价，促进学生学习，尤其是对于成绩不好的学生有更为明显的帮助。一方面，它可以促进教师对教学过程做出评价，使教师全面了解教学问题，调整教学进度，因材施教，促进教学合理安排；另一方面，形成性评价注重学校的过程。这有利于提高学生学习的自信心，激发他们的内在学习动力并发展他们的创造力。

当然，在形成性评价过程中，要遵循以下几个原则。

第一，情感性原则。美国语言学家克拉申（Stephen D. Krashen）（1982）情感过滤理论指出：语言是"过程"中循序渐进地获得"结果"，让学习者获得大量的理解性语言输入，通过情感因素对输入的过滤，使输入变成习得语言知识，激发学生的内在的学习动力。而且从心理学的角度讲，当人处于消极的情绪态度时，认知活动便趋于停止，其效率也大大降低。因此，教师在教育过程中，应该意识到评价语、分数、等级等对学习自信心和学习热情的影响，鼓励学生将所学的英语运用到平时的生活中。

第二是多层次原则。同一个班的学生也会有学习能力参差不齐的现象。因此，必须使大学英语课程评价体系具有形式多样性、多层次等特点。

正是由于评价性的价值和意义已经得到了广大的教育工作者的认可，因此，其有较大的参考意义。笔者认为，教师应该在充分考虑形成性评价的不痛特点来积极促进学生的学习。

收集、利用有关学习过程和学习结果的信息。教师只有不断的收集相关的资料，才可以在教学过程中不断做出好的评估决策，保持与本专业的持续性充电。

提问和倾听。Pica 和 Long（1986）在他们的研究中发现，教师在提问时，展示性问题（display questions）和理解核实（comprehension checks）较多，而参考性问题（referential questions）、确定核实（confirmation checks）和澄清请求（clarification requests）较少。但是往往后者方法具有将新知识与学习者已有的知识框架相结合。因此在学习过程中，后面的几种方式值得推介，而且教师所给的作答时间也同样重要。充足的时间能使学生进行如同小组讨论或者使学生充分发表自己的看法，这样使学生成为更加主动的学习参与者，也可以使教师了解到更多的信息从而调整其教学，这才是形成性评价的本质。

进行有效的反馈。反馈可以帮助学生明确需要达到的学习目标与他们当前知识、理解与技能实际水平之间的差距，并引导他们采取行动缩小差距。大量的研究表明，教师在给予积极反馈（positive feedback）时，不仅能使学习者知道他们正确地完成了任务，同时还能通过赞扬增加其学习动机，因此积极反馈比消极反馈（negative feedback）更有利于改进学习者的行为（Nunan，1991）。但是笼统、机械的积极反馈，如"good"之类的并不能产生很好的效果。

进行显性评价和隐性评价。显性评价是指以教师为代表的外部评价；隐性评价则是指学生的自我评价和学习同伴对该学生的评价。两者结合，能更客观的体现所需的事实。

7.3.2 通过实作评量对学生进行评价

美国教育评定技术处（The Office of Technology Assessment，1992）

将实作评量界定"通过学生自己给出的问题答案和展示的作品来判断学生所获得的知识和技能"。国外学者Stiggins指出：以观察和专业判断来评量学生学习成就的评量方式，都可以称为实作评量学生有许多学习都无法用客观的纸笔测验来评量。Brualdi指出：英语测验结果可显示学生知道每个故事始末，但无法保证学生可以写出故事之始末。其他诸如沟通技巧、心理动作技能、运动技能、概念应用和情绪特质都强调实际的表现行为，需要教师根据学生的表现过程之有效性或最后完成作品的成果品质，分别或合并进行判断（或评分），以决定学生在这方面学习的成就高低。因此，凡是以学生在评量过程中的表现或成果作为评量的依据，再根据教师的判断，用事先制订的标准来评定等级的评量方式，都可称之为实作评量。

实作评量是依据学生学习的过程或阶段逐步施行，让教师了解学生的学习情形以调整教学的进程，给予学生适时的回馈，使教师更能发现并注意到每位学生的不同优点，并能帮助拥有各种不同学习能力或学习风格之学生建立起自信并对学习产生更多的兴趣。实作评量的设计方式是采动态设计，即依据课程的内容、教学的需求以及学生的个别差异做最适当的调整，具有相当的弹性。由于实作评量的内容设计具有弹性和多元性，可从不同的角度探测学生学习的情形或了解的程度，有助于更真实的呈现学生的学习成果。

在实作评量的计分中，由教师或专业人士来评分，或由学生自评或相互评比。无论评分者的人选是谁，都应先接受过评分训练。强调学生的自评部分，让学生有机会练习自省与自我批判的能力，自评的结果更可作为教师设定评量标准的参考。实作评量强调学生学习成长的情形，力争避免教师与学生只重视学习成果而忽视了学习的过程。

实作评量注重学生构建知识的考评；以学生为本，因材施教；有利于合作学习，增强师生互动。Wiggins指出实作评量具有许多传统标准化测验所不能及的优点，例如：能真实地评量出学生的学习成果、能提供实际的资料作为改进教学或是课程的参考、可适应不同背景与不同学习风格的学生、评量的方式多元化且具有弹性等等。实作评量可以直接测量到学生应该知道的事物、实作评量强调较高层次的思考技能、判断与合作学习、实作评量鼓励学生更积极的参与学习、以及实作评量能让教师更有效的测验到所教的内容等等。Hart 则指出改变评量的方法将无可避免的改变教师的教学和学生的学习，而实作评量所造成之教学与学习的改变不仅有助于整个教育系统的改进，亦可使学生和教师在许多方面都受益。

我国正全面实施素质教育，培养具有创新精神和实践能力的高素质的人才，考试与评价的改革只是这场变革对于教学评价领域的渗透。表现性评定的兴起不仅丰富了现有的评价与考试的方式与手段，还给我们带来了很多思考与启示：

一、树立正确的评价观念，逐步实现从"考试观"到"评价观"的过渡

从标准化多项选择测验到实作评量的转变，是一种观念上的转变，是从"考试观"到"评价观"转变。考试本身并不是评价，而是评价的手段，只为评价提供量化资料。只有当评价的主体运用一定的价值观综合解释考试所提供的资料、判断评价对象的实际水平达到何种程度时，这才构成评价。因此，评价是以价值观、定量、定性的资料及多种评量方法为前提的。在当前，考试分数往往作为最基本的指标对学生质量、教学质量及学校办学绩效进行评价。但此种方法很大程度上只能判断学生在某一方面的能力。这与素质教育的本质是不相符的，也与美国心理学家加德纳（Gardner）提出的多元智力理论大相径庭。因此，我们必须意识到，在推进素质教育、培养具有创新精神和实践能力的高素质人才的进程中，只有将各种可行的评价方法创造性地运用于学校教学及人才的选拔过程中去，全方位地对于学生进行评价，才能为社会的发展培养出适合各个不同岗位的优秀人才。

二、发挥评价对于教学的促进作用，为课堂教学评价提供新的思路

教育的目的是要去发掘并引导学生不同智能的发展，重视学生的个别差异，并且因材施教，达到培养人的目的。实作评量很大程度上能达到这一目的。

总体而言，教学评价包括对学生的学习态度、学习过程以及知识、能力的综合评价，评价有学习前的诊断性评价，也有学习中的形成性评价和学习后的终结性评价。多元化的大学英语评价体系的构建有利于改变传统的以考核学生记忆、模仿和重复练习为主的考核方式，既能反映

学生对基本知识和基本技能的掌握程度，又能检验学生分析问题和解决问题的能力，既关注了整体，又关注了学生的个体差异。

7.4 毕业论文与设计质量控制研究

7.4.1 毕业论文与设计的原则

毕业设计（论文）工作是学校的常规性教学工作，在所有教学工作中占有非常重要的地位。毕业设计工作涉及教师、学生、学科科研水平、培养目标和教学管理等诸多因素，是一个多因素共同作用的系统。因此，毕业设计质量的监测与保证并不仅仅是学校某个部门或几个部门的事情，大学应形成人人重视毕业设计和大家关心毕业设计质量的良好氛围。学校领导、教学管理部门和二级教学单位共同协作，各司其职，才能切实做好毕业设计质量监测与保证工作，不断提高毕业设计质量。

毕业设计（论文）是由选题、学生撰写与教师指导、过程管理、答辩等诸多环节所构成的综合性实践教学。选题是其中最重要的一个环节，因为它决定着毕业设计（论文）的研究方向和研究方法，并在一定程度上注定了毕业设计（论文）的价值高低。就如同爱因斯坦曾经说过的"提出一个问题往往比解决一个问题更重要，因为解决一个问题也许仅仅是数量上的或者实验上的技能而已。而提出一个新问题、新的可能性，从新的角度看待旧的问题，却需要有创造力的想象力。"因此在选题上，需要我们学生下一番功夫。总体而言，毕业设计（论文）选题要切实做到与专业学习、专业实习相结合，与科学研究、技术开发、经济建设与社会发展想结合，并体现其科学性、实践性、综合性、创新性和针对性。总体上说就是以下几个基本原则：

（一）专业性原则。与专业学习、专业实习相结合。

（二）创新原则。做到选题有新意，有自己的新看法新观点和见解。

（三）可行性原则。只要这样才能保证毕业论文的撰写按期完成并达到最佳效果。

（四）价值性原则。如果能有实践价值和理论价值相结合则为最佳。

（五）"一人一题"原则。这样一来，就更有利于培养学生运用已有的专业基础知识，独立分析和解决一个理论问题或实际问题的能力。

7.4.2 毕业设计过程监控制度

一、建立毕业设计选题目录审批制度。各专业毕业设计工作开始前应编写毕业设计选题指导，并确定选题目录，报二级学院审批后公布。选题目录应包括本专业毕业设计可选题目（范围）、相应的指导教师、职称与可指导人数；选题目录的题目数量应大于学生人数，以提供学生自由选择的余地。

二、建立开题报告制度。学生在撰写毕业设计前，必须完成开题报告。开题报告主要包括选题依据、课题研究的现状、文献资料准备情况、外文文献的翻译、毕业设计写作的总体构思与预期创新点等内容。开题报告能够体现学生对课题逐渐理解的过程，指导教师应重视初期的指导工作。

三、建立中期检查与后期审查制度。中期检查工作是指：（1）教师对学生的检查。（2）教务处、二级学院对教师和学生共同进行工作的随机抽查。（3）教学督导对毕业设计质量抽查。指导教师分阶段对学生的工作情况进行普遍检查，发现问题制定整改措施，及时补救；教务处、二级学院组织各专业负责人及同行专家进行随机中期抽查，进行集中讲评，取长补短，互相促进；学校组织教学督导开展中期抽查监督工作，对影响毕业设计质量的教师和学生所做工作进行质量抽查，实施监督。每项检查都如实记录，形成教学简报，留下第一手资料。后期审查工作是在毕业设计结束后，由教务处组织专家对全校毕业设计文本随机检查，对所查毕业设计给出综合评价，找寻重大失误问题或有责任事故的人员，按责任事故处理制度定出处罚等级并执行。

四、建立答辩资格的审查制度。在毕业设计答辩前，各系各教研室进行集中评阅并确定学生答辩资格。由指导教师和评阅教师共同审核，做出等级评价，提出答辩和缓答辩的处理意见，二级学院答辩委员会审核确定答辩和缓答辩的学生名单。缓答辩是指对在规定的时间内没有完成或没有达到应有质量标准的毕业设计，在公开答辩之前对其做出推迟答辩的处理意见。缓答辩的学生需办理缓答辩手续，在正常答辩结束三个月后安排重新答辩。学生毕业设计的学分在通过答辩后获得。

五、建立学院、系、专业小组三级答辩制度。由教务处随机抽取各专业至少一名毕业生参加以二级学院为单位的公开答辩，教务处选派专家教授参加，严格答辩程序，掌握具体情况；二级学院公开答辩由各专业抽调由优秀教师组成专业答辩小组，随机抽取学生参加专业公开答辩，提前一天通知学生，从专业的角度建立答辩标准式样；经过二级公开答辩以后，各专业按教研室、课题组进行分组答辩，各答辩小组不应少于五人，答辩要坚持高标准、严要求，防止蒙混过关。要做好答辩记录。

【参考文献】

[1] 刘柳. 构建教学质量监控体系实施教学质量全面管理[J]. 重庆工学院学报. 2007年第21卷第2期.

[2] [苏]巴班斯基. 教育学[M]. 北京：人民教育出版社. 1986.

[3] 萧云瑞，诸惠芳，邹海燕. 外国教育史话[M]. 北京：人民教育出版社. 2003.

[4] 李海峰. 英语专业学科建设几点问题的初探[J]. 哈尔滨商业大学学报（社会科学版）. 2008年第4期.

[5] 袁长青. 课堂教学质量评估中的心理误差分析与调控策略[J]. 广东外语外贸大学学报. 2003年第14卷第1期.

[6] 高等学校外语专业教学指导委员会英语组. 高等学校英语专业英语教学大纲[Z]. 上海：上海外语教育出版社；北京：外语教学与研究出版社，2000.

[7] 教育部. 关于外语专业面向21世纪本科教育改革的若干意见[Z]. 1998.

[8] 教育部高等学校外语专业教学指导委员会评估组. 高等学校外语专业本科教学评估方案（试行)[Z]. 2004.

[9] 金利民. 注重人文内涵的英语专业课程体系改革[J] 外语教学与研究. 2010（3）179.

8 外语专业人才培养课程体系的构建

8.1 外语专业人才培养的课程目标

高等学校英语专业培养具有扎实的英语语言基础和广博的文化知识并能熟练地运用英语在外事、教育、经贸、文化、科技、军事等部门从事翻译、教学、管理、研究等工作的复合型英语人才。

21世纪是一个国际化的知识经济时代。其所面临的挑战决定了21世纪我国高等学校英语专业人才的培养目标和规格：这些人才应具有扎实的基本功、宽广的知识面、一定的相关专业知识、较强的能力和较高的素质。也就是要在打好扎实的英语语言基本功和牢固掌握英语专业知识的前提下，拓宽人文学科知识和科技知识，掌握与毕业后所从事的工作有关的专业基础知识，注重培养获取知识的能力、独立思考的能力的创新的能力，提高思想道德素质、文化素质和心理素质。

目前我国一些学者对复合型外语人才的认识和界定有不完善之处，所谓复合型外语人才不应是简单的外语与某一专业知识或专业方向或专业或外语的相加，而应是"外语+X"，21世纪需要的复合型外语人才"必须是多样、多向、多变、多彩的"。（罗世平，2000：8-9）等等。虽然大家对复合型外语人才的认识各有差异，而且从不同角度去理解都似乎成立，但不容怀疑的是，大多数学者专家的观点基本一致："复合型人才指既熟练掌握一门外语的各种技能，懂得该门外国语基本知识，也具有其他一门学科的基本知识和技能的一专多能的人才。"（杜瑞清，2004：131）应该讲，这种认识是主流，也是比较客观实际的，因此在很大程度上"代表了21世纪我国高校外语专业改革的发展方向和市场对外语人才的要求"。（罗世平，2000：8）。无疑，外语专业人才培养目标的实现是高校外语专业教学改革的首要任务，也是终极目的。

由此可见，为了培养我国21世纪所需的复合型外语人才，各外语院校/院系可按照新《大纲》的精神，因地制宜，因校制宜，自主确定人才培养模式，并选择复合的专业，努力培养出服务于本地区经济建设和社会发展的需求、受到社会欢迎、有特色、高质量的复合型外语专业人才，创出学校和专业培养人才的特色。

8.2 外语专业人才培养的课程体系结构

8.2.1 课程体系设置：以英语为例

英语本科专业学制为四年。根据英语专业教学规律，一般将四年的教学过程分为两个阶段，即：基础阶段（一年级和二年级）和高年级阶段（三年级和四年级）。基础阶段的主要教学任务是传授英语基础知识，对学生进行全面的、严格的基本技能训练，培养学生实际运用语言的能力、良好的学风和正确的学习方法，为进入高年级打下扎实的专业基础。高年级阶段的主要教学任务是继续打好语言基本功，学习英语专业知识和相关心业知识，进一步扩大知识面，增强对文化差异的敏感性，提高综合运用英语进行交际的能力。在两个教学阶段中课程的安排可以有所侧重，但应将四年的教学过程视为一个整体，自始至终注意打好英语语言基本功。

英语专业课程分为英语专业技能、英语专业知识和相关专业知识三种类型，一般均应以英语为教学语言。三种类型的课程如下：

一、英语专业技能课程：指综合训练课程和各种英语技能的单项训练课程，如：基础英语、听力、口语、阅读、写作、口译、笔译等课程。

二、英语专业知识课程：指英语语言、文学、文化方面的课程，如：英语语言学、英语词汇学、英语语法学、英语文体学、英美文学、英美社会与文化、西方文化等课程。

三、相关专业知识课程：指与英语专业有关联的其他专业知识课程，即有关外交、经贸、法律、管理、新闻、教育、科技、文化、军事等方面的专业知识课程。

英语专业4年的专业课教学总学时为2,000～2,200学时，不包括公共必修课和公共选修课。各校所开设的英语专业课程原则上不应少于2,000学时，一般不超出2,200学时。

各校在安排教学计划时可根据本校的培养目标、办学特点及具体条件开设相应的选修课，安排教学时数。

表7　英语专业课程设置

课程类型		年级、学期	一年级		二年级		三年级		四年级		备注
			1	2	3	4	5	6	7	8	
专业技能	必修课	基础英语	✓	✓	✓	✓					各校可以根据具体情况对专业技能课、专业知识课和相关专业知识课进行调整，确定教学时数、开设时间和教学内容。
		高级英语					✓	✓			
		语音	✓								
		听力	✓	✓	✓	✓					
		口语	✓	✓	✓	✓					
		阅读	✓	✓	✓	✓					
		写作			✓	✓	✓	✓			
		语法			✓	✓					
		口译							✓	✓	
		笔译						✓	✓	✓	
	选修课	视听说									
		应用文写作									
		外国报刊选读									
		网上阅读									
专业知识	必修课	语言学导论					✓				
		英国文学					✓	✓			
		美国文学							✓	✓	
		学术论文写作							✓		
		英语国家概况				✓					

续表

		年级、学期	一年级	二年级	三年级	四年级	备注
专业知识	选修课	英国社会与文化					
		美国社会与文化					
		西方文化入门					
		英美文学史					
		英语小说选读					
		英语散文选读					
		英语戏剧选读					
		英语诗歌选读					
		英语语音学					
		英语词汇学					
		英语语法学					
		英语教学法					
		英语文体学					
		修辞学					
		……					
相关专业知识	选修课	外交学导论 国际关系概况 西方政治制度 国际法入门 语言学习理论 英语测试 英语教育史 中国文化概论 传播学概论 英语新闻写作 国际贸易实务 国际商业概论 经济学概论 国际金融概论 涉外企业管理概论 统计学入门 世界科技发展史 英美军事史 计算机应用 ……					

表8　英语专业学时分配表

年级学时	一年级	二年级	三年级	四年级	总学时
每周学时（共40周）	14-15	14	12-14	10-12	50×40 65×40
学年总学时	560-600	560	480-560	400-480	2 000-2 200

表9　英语专业课程学时分配表

学年、学期	一年级		二年级		三年级		四年级		占总学时比例	
每周课程学时	1	2	3	4	5	6	7	8	总计	比例
专业技能课程	14	12	14	12	6	8	4	4	74	67%
专业知识课程			2	2	4	2	4	2	16	15%
相关专业知识课程					4	4	6	6	20	18%
每周学时小计	14	12	16	14	14	14	14	12	110	100%

　　注：1.本大纲要求英语专业4学年总学时为2 000-2 200学时，包括每学期各类课程相应的复习、考试时间；不包括公共必修课和公共选修课程时间。本表按最高总学时2 200学时编排，所建议的学时分配比例仅供参考，各校可根据具体情况作相应调整。

　　2.建议专业技能课程安排65%左右的学时；专业知识课程安排15%左右的学时；相关专业知识课程安排20%左右的学时。

8.2.2　课程体系建设

　　课程体系建设是外语专业教学中的重点和难点。要从21世纪对外语人才的需求、21世纪外语人才的培养目标和复合型人才的培养模式出发，重新规划和设计新的教学内容和课程体系。

　　当前外语专业课程建设主要面临以下几项任务：（1）开设与复合学科有关的专业课、专业倾向课或专业知识课，加强课课程的实用性和针对性；（2）探讨在专业课、专业倾向课或专业知识课中如何将专业知识的传播和语言技能训练有机地结合起来，提高课程的效益；（3）在开设新课和改造现有课程的过程中，重点摸索如何培养学生的语言实际运用能力，锻炼学生的思维能力和创新能力；（4）在确保外语专业技能训练课的前提下，加强所学院语言国家国情研究的课程，开设一定数量的中文课，以弥补学生在汉语写作方面的不足，适当选开部分自然科学领域的基础课，加强科学技术知识教育；(5) 探讨在外语专业进行复语教学，鼓励学生在掌握所学语种的基本技能和运用能力的同时，再学一门外国语。对于非英语专业的学生特别是非通用语种的学生来说，要特别强调学习英语的重要性。复语教学的形式和层次要根据学生所学语种、师资力量等条件来确定。

随着科学技术的迅猛发展，高等教育大众化的实现，高等学校分层结构的明晰化，高校毕业生就业结构性失衡现象的出现，迫切需要高等学校结合学校、学生、社会情况实际，调整学校课程设置，优化课程结构，提高人才培养质量。因此，从社会、高等教育发展现状与学生特点角度出发，对高校本科课程体系优化进行研究，将有助于高校改善现有的课程体系，提高人才培养质量。

一、适应社会政治经济文化发展的需要

20世纪以来国际间的政治、经济、文化联系日益加强，各种文化相互交融，相互促进，社会的变化速度加快，新事物、新思想、新观念层出不穷。科学技术发展突飞猛进，既高度分化又高度综合，特别是随着信息技术的迅速发展，知识经济的来临，科学技术已成为生产力中最活跃的因素，对人类社会的发展起着越来越关键的作用。迅猛发展的科学技术使人类知识总量急剧膨胀，相对独立的学科达到2 400多个。有人提出，在信息时代的社会里，注重让学生掌握知识是一个重要方面，但同时也不能忘记其他同样重要的方面：第一，应该教给学生进行终身学习所必需的技能，获得技能和能力比掌握知识本身更为重要。要培养学生的学习能力，人才培养课程体系与其把点放在学习内容和材料上，还不如放在思维的发展上；第二，由于知识增长速度加快，已经掌握的有用信息，很大部分很快就过时，所以必须非常谨慎地选择课程内容，在忆材料上不要花费过多的时间；第三，要引导学生能够改变信息和使用信息；第四，学生在掌握基础知识的基础上，学会对形势作出个人分析，学会作出正确的决定；第五，学生应该知道采取怎样的措施以解决可能出现的突发问题，学会描述将要出现的问题，学会分析问题，研究这些问题的各种可能的解决办法，以及学会从中选择最佳方案；第六，应该鼓励学生发展他们的创造性，最大可能地发展人的创造潜力。

随着我国改革开放的深化和市场经济体制的建立与完善，传统教育思想的变化、新信息、新观念、新思维以及价值观念的建构，传统产业的变革、新兴产业的诞生、经济结构的调整以及知识经济发展、职业的变更与新职业的产生，使社会本身发展的内涵变得十分复杂和丰富，呈现出多样性和系统性，使社会多元化发展越来越清晰，多元化的社会发展对人才需求多样化及高等教育人才素质多元化要求也越来越强烈。

二、高等教育自身发展的需要

1998年召开的世界高等教育大会提出，高等教育的根本使命是促进社会的可持续发展和进步。作为肩负促进社会可持续发展和进步使命的高等教育，必然要适应当今社会多样性发展的需要，培养具有各种知识、各种能力、各种特长、个性鲜明的专业人才，以满足社会对各种专业人才的多样性需求。我国高等教育自1999年实施大幅度扩招政策以来，顺利实现了由精英教育阶段向大众化教育阶段的转型。有专家提出本科教育培养的"不是高级专门人才，而是未来高级专门人才的毛坯，现在的专业教育适合于研究生阶段"。高等教育的发展和社会科学技术、经济的发展对人才需求的多样化，迫切需要高等学校根据自身的特点进行合理定位，为社会培养多类别、多层次的高素质人才。大学的培养目标也就需要由原来的培养"适应性人才"转向培养"创新性人才"。高等教育的发展必须以具体的高等院校课程体系的变革为依托，本科人才培养质量的提高必然以高质量的课程为载体。课程是学校为促进学生发展创造的真实而具体的空间，大学人才培养目标定位的调整，必然要求课程改革。相应地，要培养出既能适应又能引导社会发展的"创新性人才"，这便成为了大学课程体系的改革取向。要使大学课程体系的改革有利于创新性人才的培养，我们不仅要实现既有大学课程体系功能的转变，同时，还要使改革后的课程体系整体功能最大化。高等学校课程体系改革既要联系学校、地区、学科专业的实际有区别地进行，又要根据形势的变化做出及时有效的调整。教育部推出的"中国教育与人力资源问题报告"——《从人口大国迈向人力资源强国》，明确指出了目前我国教育发展与人力资源开发存在的主要问题之一是结构失衡："高等教育人才培养结构与就业市场需求存在结构性偏差"，造成人才的"适应性与竞争力较弱"。这实际上提出了两个层面的问题，一是高等学校应该按照市场要求研究新的人才结构，二是不同类型的高校应该具有不同类型的人才培养的结构特征。

三、学生个体发展的需求

教育的本质是培养人，人的发展除了共性特征和规律外，更为重要的是个性化的发展状况与差异，教育只有根据不同个体的特征选择适合其发展需要和特点的目标、方式和教育资源及活动，形成个体化教育，给予学生最大的发展自由度和空间，选择适合于学生个性特点的教育目标、方向、形式，才能充分发挥学生个体的潜能、学生的积极性与主体性。进入21世纪，高等教育要培养能适应未来社会发展需要，培养学会做人、学会学习、学会劳动和学会适应的人才，促进学生的人格、认知和身体的发展。学会生存、完成个体的健康形成和发展是当代高等教育追求的主旋律。正如斯坦福大学荣誉校长唐纳德·肯尼迪所说的那样："对学生负责是大学的主要使命，也是教师的主要学术职责……大学的主要产品是人，然后才是技术'田'。"因此，高等学校必须把满足个体的需要放在首位，只有满足了个体的需求，才能做到人尽其才，才能最终更好地满足社会对人才的多样化需求。学习者的知识结构、能力结构、人文素质结构等方面在很大程度上是通过一定的知识学习和能力训练而获得的，知识结构越完善，学生在教育教学过程中形成的综合素质也就越全面。高等学校在本科必须提供足够的课程，以有助于多方面开发具有不同禀赋和特长的受教育者的潜能，更有利于个体在将来社会中的生存和发展，为学生将来所从事的职业做准备。充分发挥与培养学生的主体性，成为当前教育界探索的重要问题，"人的主体性既是全面发展教育的重要内容，也是个人全面发展的根本'"作为培养高素质人才的高等教育，对人的主体性发展具有不可推卸的责任，因此在人才培养中必须把弘扬学生的主体精神，培养学生的主体人格，发展学生的主体能力作为高等教育的一个重要方面。

8.2.3 课程体系改革

美国是一个教育改革最频繁的国度，1983年4月，美国高质量委员会提出了一个震惊全美的报告《国家处在危机之中，教育改革势在必行》，提出"高质量教育"的概念和目标。所谓"高质量"，指的是"帮助所有的学生最大限度地发挥他们的能力"，强调普及和提高并重。建议开展"个性化教育"，实施公平教育。1990年4月布什总统签发了《美国2000年教育战略》，1993年4月克林顿政府宣布《2000年目标：美国教育法》，制订了全国统一的课程标准，同时通过加强学校的责任和鼓励竞争，以推动教育质量和效益的提高。其主要表现在以下几个方面：尊重学生；鼓励学生；终生学习；从头开始；让父母和社会参加学生的学习活动；教师的新角色。它虽然不能解决美国教育所有的问题，但它是一个观点、一个概念。将学生视为唯一的、学习的生产者——这种观念的实施是第三次教育改革浪潮的实质。

日本则是弘扬个性和生存能力。1985 年 6 月 26 日，日本提出了八条教育改革的基本设想：重视个性的原则、重视基础、培养创造性的思维能力、培养表达能力、扩大选择教育的机会、改善教育环境中的人与人的关系、适应国际化的社会和适应信息化的社会。此设想以"重视个性"为原则。所谓重视个性就是树立尊重个人、尊重个性的意识，克服教育的划一性、僵死性、封闭性和非国际性。其基本观点：在时间、空间的广阔环境里，每个人都以自己独特的个性存在着，有生机的集体是由这些有个性的个人构成的。他们认为，了解自己的个性和他人的个性才能懂得尊重他人的个性和发挥自己的个性。1996 年 7 月 16 日，日本第 15 届中央教育审议公布第一次咨询报告《21 世纪日本教育的发展方向》，强调把培养学生的"生存能力"作为 21 世纪的发展方向。

我们现在所处的时代是一个全球信息化的时代，我们居住的世界已经变成一个地球村落。随着世界全面教育改革的展开，那么面对未来，外语教学应该如何为公民能在多元文化的地球村中生存和发展做准备？如何为人们更好地利用信息技术进行知识创新做准备？如何解决知识教育与能力培养之间的严重矛盾？等等一系列问题使世界上许多国家开始重新认识外语教育的价值，纷纷改革其教育思想、教育内容、教育方法和评价体系。灵活性、基本技能、开阔的思维、终身培训、个人自主及创造性将成为这一新型教育的主旋律。纵观各国内外语教学，改革的趋势主要表现在以下几个方面：

一、外语教学理论的发展走向多元化

首先是语言观与语言学流派的发展与更新，出现了几个新的语言学流派：心理语言学、社会语言学、应用语言学和计算机语言学。"语言是交际工具"的内涵已经大大丰富。它不仅体现在索绪尔指出的说话人与听话人的交际活动上，而且体现在语言是信息与文化载体这一方面；语言与思维是大脑两种不同的功能，语言与思维互相影响，互相促进；语言不仅是一种社会现象，而且是一种社会行为。其次，外语教学法也有了新进展。主要的传统的教学法有：语法翻译法、直接法、听说法；20世纪70年代产生认知法、交际法、沉默法、提示法、集体学习语言法和全身反应教学法；80年代产生沉浸法、整体教学法和基于内容之教学法。第三是语言习得与学习研究的成果（包括第一语言习得研究和第二语言习得研究）。

二、以满足人的发展需求为目标的、强调语用的交际教学理念和实践得到普遍认可

开始从重语言知识的传授向语言知识与语言技能并重转变，强调学生交际能力的形成与培养。同时，通过语言知识的学习来提高对语言功能和结构的理解，以便更好地理解语言的意义和功能。它重视对人的情感、态度、价值观的培养，强调外语在加强各国人民理解、沟通、文化交流的作用。欧盟在20世纪90年代由13个国家的专业研究机构和大学合作出台了纲领性的外语教学文件《欧洲语言教学框架》（*European Framework of Language Learning and Teaching*），该文件从理念、目标、评价等方面对外语教学进行了全面的论述。文件体现了国际语言学、外语教育理论和实践的最新发展，强调以发展语言应用能力为根本目的的交际性教学思想。

三、充分重视外语教育对人的情感、态度和价值观等基本素养的培养作用

课程总体目标以满足人的发展需要为目标，从单一的学科教育转向以全人教育为目标，从精英教育向大众教育转变，重视培养学生积极的学习态度，重视其学习策略和能力的形成，为终身学习打下基础。随着课程总体目标的转变，教学模式也从以教师为中心向以学生为中心转化，鼓励学生学会独立思考，锻炼分析和判断的能力，发展与人沟通和合作的能力，增进跨文化理解和跨文化交际的能力，树立正确的人生观、世界观和价值观，培养他们的社会责任感，通过英语课程促进学生人文素养的提高。

四、教育资源和教育技术的个性化、多样化

信息时代的到来和科学技术的发展，使教学资源和教育技术得到了迅猛的发展，教学资源的扩展促进教学模式的改进。教育技术从简单的黑板粉笔转向了多媒体教学，使个性化的学习方式得以实现。

五、语言运用能力的评价与检测研究逐步深入，多元化的评价方式得到广泛的实验与推广

课程改革的成功很大程度上取决于评价体系的改革。新的评价体系正在从以往单一的语言知识点的测试向关注学生综合语言运用能力的多样化评价方式转化，从一次性的终结性评价向终结性与形成性相结合转变，更加关注学生在学习过程中所取得的成绩、进步、学习态度和参与程度，发现问题及时解决有利于激励学生的学习自主性，有利于学生建立自信心，同时有利于学生语言能力的不断提高，对学生身心健康和整体发展起到积极的促进作用。

8.2.4 课程体系优化

课程体系的优化就是从控制（培养）目标出发，调度课程体系的各个方面（含课程目标调整、课程结构调整、课程组织安排），并以最后能否最优化的达到人才培养目标和规格要求作为衡量标准。它包括课程体系的最优化指标是什么，如何通过优化设计建立科学的课程体系，采取何种的优化方式达到培养目标和规格要求。本科课程体系优化的实质就是以科学发展观为指导思想，以提高人才培养质量为目标，对现有课程体系进行的合目的性改造，包括课程内部构成的改造和各构成要素间关系的改造。

课程集中反映了社会发展对教育的要求，体现了教育的价值取向，制约着教育活动方式，直接影响着大学生身心成长和整体教育质量的提高。本科课程体系是高校本科人才培养目标与培养规格的具体化，反映着学校办学定位与人才培养特色，课程体系的优化程度决定着课程功能的发挥。正因为研究课程体系对人才培养具有重要的作用，因此，国内外学者一直没有停止对课程与课程体系的研究，取得了卓有成效的研究成果，其中有很多措施与方法对高校课程设置实践提供了有利的指导。随着社会的飞速发展与高等教育规模的不断扩大，对高校课程体系的研究显得愈发重要与紧迫，虽然教育界已经有学者在关注这个问题，但是，从国内外的研究现状来看对高校课程与课程体系的研究尚未形成一种科学的、系统的理论和方法，只是从实践的角度单一地对某个专业或某类专业课程体系存在的问题、现代课程体系应有的特点与课程体系优化方法等某一方面的问题进行研究。主要理论与观点有：

关于高校课程体系存在的弊端：美国卡内基教学促进基金会主席博耶认为"现在给学生的课程设置像一只摸彩袋，里面装着各不相干的一门门课程。学生虽然完成了各门课程，拿到了规定的学分，却没有形成一种更贯通的知识观，更综合、更真实的生活观"。潘懋元认为本科课程文理渗透不够，必修课比例偏高，综合性课程偏少。马一民认为高校课程体系与我国社会经济发展需要、现代科学技术发展的联系不够紧密，与现代教育思想的要求相抵悟。黄中益认为高校课程体系存在六大弊端：单纯的学科课程多，其他课程少；专业课多，基础课少；必修课多选修课少；课程间学时比例失调；部分课程内容老化；课程教学环节存在唯理论与经验论。关于课程体系优化及特点：王伟廉认为优化的课程体系应具备开放性、灵活性、整体性、可测性的特征。罗尧成认为课程结构改革的背景是科学技术的进步、教育观念的转变及课程理论的发展。改革的动向是：拓宽基础，加强普通教育；实施课程整合；优化课程结构，实行真正选修；注重人文，实施"全人教育"；"楔形组织"，普通课程与专业课程一体化；面向未来，课程设置国际化与信息化。虞丽娟认为高校课程是立体的、交叉的，是科学知识完整性和系统性基础上的综合化，要重点强化6个方面的内容：一是加强适应社会化的课程；二是增设适应国际化课程；三是多设适应个性化的课程；四是开设多样化的跨学科课程；五是推进以研究为本的学术研究教育；六是强化实践教育体系。吴发明指出："高等学校课程体系的构成原则是重在基（"三基"）、主在博（知识广度）、深在专（知识深度）、落在合（培养复合性专业人才）"，"培养人才的智能结构是课程体系建设的基本框架"，而"课程体系的建立必须以本科为主，突出两个教育：首先是基础理论、基本知识、基本技能的"三基"教育，其次要最大限度地实行综合教育。罗尧成、胡弼成认为高校课程结构优化要做到通识教育课程与专业教育课程的结构优化，同时要处理好显性课程与隐性课程结构优化，实现分科课程综合化、王修课程基础化、选修课程模块化与理论实践课程一体化。

在课程体系优化过程中应充分考虑不同类型的课程在本科人才培养中所发挥的不同功效，协调处理好各类课程的关系，实现课程体系中不同要素课程的最佳组合。具体来说课程体系的调整优化就是要调整好五个关系：一是公共课、基础课、专业课的关系；二是综合课程与一般课程的关系；三是必修课与选修课的关系；四是理论课与实践课的关系；
五是显性课程与潜在课程的关系。

8.3 外语专业人才培养课程内容

8.3.1 课程内容的特性研究

教学内容的基础性、先进性及其相互关系是众多研究的焦点。所谓
基础性就是能够体现以有效知识为主体，构建支持学生终生学习的知识基
础。先进性是指教学内容要反映本科学科的最新科技成果，广泛吸收先进
的教学经验，积极整合优秀的教改成果，体现新时期社会、经济、政治、
科技的发展对人才培养提出的新要求。二者的关系即指在课程内容的安排
上，一定要使基础性内容和先进性内容融合，经典内容与现代内容互补。

8.3.2 教学内容建设的原则研究

探讨教学内容建设的原则，对实践更具指导性。河北大学的张玉柯、梅
玉明在《以质量为核心大力开展精品课程建设》一文中提出了"厚、宽、
精、新"的原则。"厚"指基本知识要宽广，基本理论要深厚，"宽"指专业
口径和知识面要宽，"精"指精简课时、精选课程、精练内容，"新"指发挥
大学学科比较齐全的优势，鼓励学科交叉，开设新课程，把最新的科研成果
融入本科教学，把学科前沿的知识和创新意识传授给学生。

8.3.3 英语专业课程描述

一、英语专业技能课程

（一）基础英语：基础英语是一门综合英语技能课，其主要目的在于
培养和提高学生综合运用英语的能力。本课程主要通过语言基础训练与
篇章讲解分析，使学生逐步提高语篇阅读理解能力，了解英语各种文体
的表达方式和特点，扩大词汇量和熟悉英语常用句型，具备基本的口头
与笔头表达能力。教师应鼓励学生积极参与课堂的各种语言交际活动以
获得基本的交际技能，并达到新《大纲》所规定的听、说、读、写、译
等技能的要求。

（二）高级英语：高级英语是一门训练学生综合英语技能尤其是阅读理

解、语法修辞与写作能力的课程。课程通过阅读和分析内容广泛的材料，包括涉及政治、经济、社会、语言、文学、教育、哲学等方面的名家作品，扩大学生知识面，加深学生对社会和人生的理解，培养学生对名篇的分析和欣赏能力、逻辑思维与独立思考的能力，巩固和提高学生英语语言技能。每课都应配有大量的相关练习，包括阅读理解、词汇研究、文体分析、中英互译和写作练习等，使学生的英语水平在质量上有较大的提高。

（三）英语拼音：英语语音课的目的是向学生系统介绍英语语音和语调的知识，使学生通过学习和练习掌握英语的发音、语流的规律、语调的功能，基本上能正确使用英语语音、语调朗读、表达思想并进行交际。本课程要求以学生练习为主、从听辨音、调能力的培养入手，将听力、发音与口头表达三方面的训练紧密结合起来，既强调基本功的训练，又注意活用练习。教学内容要求突出以下几方面：（1）英语音素的正确发音方法、辨音能力、模仿能力综合训练；（2）英语的单词重音及语句重音的基本规律、表现形式、表意功能的讲授与训练；（3）英语语流的节奏规律、基本特征、基本要素、强/弱读式的训练；（4）英语所特有的语音、语调的结构、功能及其在交际中的运用。

（四）英语听说：英语听说是英语听力和英语口语相结合的课程，也可根据需要分别开设听力课和口语课。在听力理解方面通过多种形式的训练，帮助学生初步克服听力障碍，听懂英语国家人士在一般社交场合的交谈和相当于中等难度的听力材料，能理解大意、抓住主要论点或情节，能根据所听材料进行分析、领会说话人的态度、感情和真实意图，并用英语简要地做笔记。在基础阶段结束时，学生应能听懂"美国之音"（正常速度）和英国广播公司国际新闻的主要内容。在英语口头表达能力方面，要求学生达到：（1）能利用已掌握的英语比较清楚地表达自己的思想，在遇到想不起的单词或没有把握的结构时能运用交际策略绕过难点达到交际的目的；（2）能准确掌握诸如询问、请求、建议、忠告等交际功能。在不同的场合，对不同的人用恰当、得体的语言形式去体现不同的交际功能；（3）树立主动开口讲英语的信心，培养讲英语的热情和兴趣；（4）逐步达到在英语口头表达方面准确与流利的结合。

（五）英语阅读：英语阅读课的目的在于培养学生的英语阅读理解能力和提高学生的阅读速度；培养学生细致观察语言的能力以及假设

判断、分析归纳、推理检验等逻辑思维能力；提高学生的阅读技能，包括细读、略读、查阅等能力；并通过阅读训练帮助学生扩大词汇量、吸收语言和文化背景知识。阅读课教学应注重阅读理解能力与提高阅读速度并重。教材应选用题材广泛的阅读材料，以便向学生提供广泛的语言和文化素材，扩大学生的知识面，增强学生的英语语感的培养学生的阅读兴趣。

（六）英语写作：英语写作课的目的在于培养学生初步的英语写作能力，包括提纲、文章摘要、短文以及简单的应用文。写作课的开设时间可根据各校的情况，在二年级与三年级开设三或四个学期，教学内容的安排可从如何用词和句子结构入手，要求学生根据提示作文，或模仿范文写作，或根据一定的情景进行串写，进而过渡到掌握段落写作技巧、篇章布局和短文写作。如有条件，还应进一步训练学生掌握各种文体及其篇章结构，如描写文、记叙文、说明文和议论文等。

（七）英语语法：英语语法课的目的在于帮助学生重点掌握英语语法的核心项目，提高学生在上下文中恰当运用英语语法的能力和动用英语的准确性，使学生对英语语法有一个比较系统的了解并能借助英语语法知识解决英语学习过程中的有关问题。本课程应指定学生有计划地阅读英语语法教材，探讨英语语言的结构，通过各种练习，牢固地掌握英语语法，提高运用英语的能力。

（八）口译：口译课是为高年级学生开设的英语基本技能课程。通过讲授口译基本理论、口译背景知识和训练口译的基本技巧，使学生掌握口译的基本理论和专题连续传译的技能，初步学会口译记忆方法、口头概述，口译笔记及公众演课技，以求学生能较准确、流畅地进行汉英对译。

（九）笔译：笔译课的目的在于使学生具备笔头翻译的基本能力。通过介绍各类文体语言的特点、汉英两种语言的对比和分析以及各种不同文体的翻译方法，使学生掌握英汉双语翻译的基本理论，掌握英汉词语、长句及各种文体的翻译技巧和英汉互译的能力。要求译文比较准确、流畅，翻译速度达到每小时250-300字。

（十）视听说：视听说课的目的在于提高学生对语言真实度较高的各类视听材料的理解能力和口头表达能力。通过"视"、"听"、"说"的结合，以直观画面和情节内容为基础开展有针对性的口语训练，运用复述、总结、对话、口头概述、即席演讲等活动形式，提高学生的听力理解和口头表达能力，加深他们对英语国家的政治、经济、社会、文化等方面的认识和了解。

（十一）应用文写作：应用文写作课的目的在于使学生了解应用文的特点和掌握应用文的写作能力。通过应用文阅读和应用文写作的训练，使学生熟悉应用文的语言特点、篇章结构及基本格式，能独立撰写或起草各类文件和信函，并基本符合要求。

（十二）外国报刊选读：外国报刊选读课的目的在于培养学生阅读英美报刊杂志的能力。通过熟悉英美报刊、杂志的文章的一般特点，分析文章的思想观点、篇章布局、语言技巧及文体修辞等，进一步提高学生的阅读理解能力和思想表达能力。本课程要求教学内容选材广泛且具有一定的难度，如英美主要报刊、杂志中的时事评论、社论、政论、专题报道等方面的文章，题材涉及社会、政治、经济、战争、环保、人口、国际关系、科学技术等方面。

（十三）网上阅读：网上阅读课的目的在于使学生掌握网上阅读与从网上获取信息的能力。通过指导学生上网访问、熟悉各种浏览器、了解网上常用的网址、搜寻各种信息和资料并根据自己的需要获取信息和资料，包括学习和提高英语水平所需的听、说、读、写等方面的材料以及毕业论文设计和从事专题研究、写作所需的文章和资料，使学生具备利用网络搜寻和获取信息和资料的能力。

二、英语专业知识课程：

（一）文学课程：文学课程的目的在于培养学生阅读、欣赏、理解英语文学原著的能力，掌握文学批评的基本知识和方法。通过阅读和分析英美文学作品，促进学生语言基本功和人文素质的提高，增强学生对西方文学及文化的了解。授课的内容可包括：（1）文学导论；（2）英国文学概况；（3）美国文学概况；（4）文学批评。

（二）语言学课程：语言学课程的目的在于使学生了解人类语言研究的丰富成果，提高其对语言的社会、人文、经济、科技以及个人修养等方面重要性的认识，培养语言意识，发展理性思维。语言学课程的开设有助于拓宽学生的思路和视野，全面提高学生的素质。授课内容可包括：

（1）语言与个性；（2）语言与心智；（3）口语与书面语；（4）语言构造（5）语言的起源；（6）语言变迁；（7）语言习得；（8）语言与大脑；（9）世界诸语言与语言交际；（10）语言研究与语言学。

（三）社会文化课程：社会文化课程的目的在于使学生了解英语国家的历史、地理、社会、经济、政治、教育等方面的情况及其文化传统，提高学生对文化差异的敏感性、宽容性和处理文化差异的灵活性，培养学生跨文化交际能力。授课内容可包括：（1）英语国家概况；（2）英国社会与文化；（3）美国社会与文化；（4）西方文化入门；（5）希腊、罗马神话；（6）《圣经》。

三、相关专业知识课程

开设各种相关专业知识课程是培养复合型外语人才的重要环节，此类课程的目的是使学生（1）对二战后国际政治、中国外交政策和对外交往的发展过程与趋势有一定的了解，树立全局观念；（2）对中国文化和社会经济发展有一定的了解，提高对外介绍能力；（3）获得一定的国际金融、经贸知识，提高口笔译能力，适应改革开放的需求；（4）了解现代科技的发展情况，培养科学精神，并熟悉常用的科技词汇。相关知识课程可以包括：（1）战后世界政治与经济；（2）国际金融概念；（3）国际商业概论；（4）西方文明史；（5）中国文化概论；（6）外交学导论；（7）英语教育史；（8）世界科技发展史；（9）国际法入门；（10）英语新闻写作。

8.3.4 教材建设

课程体系的改革必然会带动教材的建设。根据21世纪对外语专业人才的要求，现有的外语专业教材亟待更新和补充，有些缺少的教材需要组织人力编写。

21世纪的外语专业教材应该具备以下几个基本特征：（1）教学内容和语言能够反映快速变化的时代；（2）要处理好专业知识、语言训练和相关学科知识之间的关系；（3）教材不仅仅着眼于知识的传授，而要有助于学生的鉴赏批评能力、思维能力和创新能力的培养；（4）教学内容有较强的实用性和针对性；（5）注意充分利用计算机、多媒体、网络等现代化的技术手段。（《高等学校英语专业英语教学大纲》中英语专业学生阅读参考书目见附录三）

8.3.5 教学要求

《大纲》在教学要求上按级划分，每学期为一级：

表10 入学要求和第二、四、六、八级的单项教学要求规定

项目	入学要求	二级要求	四级要求	六级要求	八级要求
语音	能熟练地运用拼读规则和音标读生词；能比较流利地朗读有生词的材料，口齿清楚，语音、语调大体正确。	能自觉地模仿和纠音，正确掌握多音节单词，重复合词和句子的常见重音模式；初步掌握语流中的节奏感，连读和说话的节奏变化以及意群重音对意义表达的影响；初步掌握语音变化规律，连续、辅音爆破的技巧以及陈述句、疑问句和祈使句的语调。	发音正确，掌握朗读的节奏感；较好地掌握说话的语音语流中的连续、辅音爆破和语音同化等技巧以及陈述句、疑问句和祈使句的语调；初步掌握语段中语音轻重和语段之间信息传递之间的关系。	发音正确；语调比较自然；语流比较顺畅。	发音正确，语调自然；调整语流顺畅。
语法	能识别词类，区分名词的可数性和不可数性，基本掌握各种代词的形式与用法，基数词和序数词的形式，常用介词和连词，形容词和副词的一般用法，冠词和最高级的句法功能及及基本句型，了解动词的一般用法，时态、语态及不定式要种类，和分词的基本用法，基本句型和基本构词法。	掌握主谓一致关系、表语从句、宾语从句、定语从句和状语从句等句型，直接引语和间接引语不定式语的用法，动词不定式各种时态和分词的用法，主动语态、被动语态和构词法。	熟练掌握主语从句、同位语从句、倒装句和各种条件句；初步掌握句子之间和段落之间的衔接手段。	较好地掌握句子之间和段落之间的衔接手段如照应、省略、替代等。	较好地掌握句子之间和段落之间的衔接手段如照应、省略、替代等。熟练地使用各种衔接手段，连贯地表达思想。

续表

项目	入学要求	二级要求	四级要求	六级要求	八级要求
词汇	认知词汇不少于2,000个；掌握1,200个左右的常用语及固定搭配，并能在口笔语中运用；认识740个左右的单词和一定数量的习惯用语及固定搭配，能根据上下文的提示理解其含义。	通过基础英语课，阅读课和其他分途径认知词汇4,000-5,000个（其中含已学2,000个），正确而熟练地运用其中的2,5000个左右及其最基本的搭配。	通过基础英语课，阅读课和其他途径认知词汇达5,500-6,500个（含第二级要求的4,000-5,000个），正确而熟练地运用其中的3,000-4,000个左右及其基本的搭配。	通过课堂教学和其他途径认知词汇达7,000-9,000个；且能正确熟练地使用其中的4,000-5,000个左右及其最常用的搭配。	通过课堂教学认知其他途径认知词汇达10,000个，且能正确而熟练地使用其中的5,000-6,000个及其最常用的搭配。
听力	听懂教师的课堂用语以及对课文内容所作的解释，听懂他人以较慢的语速所谈论日常生活、题材基本没有生词、难度略低于高三所学课文的语段，理解正确率达到70%。	听懂英勇语国家人士所作的难度不超过所学语言知识的讲座、理解其主要内容，掌握主要辨别说话人态度、广播和新闻英语；听懂VOA慢速英语新闻节目，抓住主要内容。能在15分钟内听写根据已学知识编写的录音材料（词数150个左右，念四遍，语速为每分钟100个单词），错误率不超过10%	听懂英语国家人士关于日常生活和社会生活的谈话；听懂中等难度（如TOEFL中的短文）的听力材料，理解大意，感知和真实的态度、意图。听懂VOA正常速度和BBC新闻英语广播节目的主要内容。能在15分钟内听写根据已学知识编写的录音材料，错误率不超过8%。	听懂难度较大的材料，会话和真实情景，领会说话人的态度、意图；听懂英语国家广播英语专题报道节目及与此类专题有关的演讲和报道。能在15分钟内词数为250个左右的录音材料，语速为每分钟个单词的录音材料，错误率不超过6%。	听懂真实交际场合中各种英语会话；听懂英语国家广播电台（如政语国家广播电台以及VOA及电台CNN）有关政治、经济、文化、教育、科技等方面的专题报道材料及与之类相关的演讲和报道的电视时事报道中的对话。语速为每分钟150-180个单词，听两遍可以听懂，理解准确率以60%为合格。

续表

项目	入学要求	二级要求	四级要求	六级要求	八级要求
口语	能熟练地就课文内容进行问答，并进行简单的讨论；经过准备，能简单而连贯地复述读过的或做读过的语段；能就日常生活的或熟悉的话题进行初步的交际；能清楚而连贯地讲述课文内容和课文的题材，长度不少于八句。	能就所听到的语段进行问答和复述；能就日常生活话题进行交谈，做到正确表达思想，语音、语调自然，无重大语法错误，语言基本得体。	能在一般社交场合与英语国家人士交谈，做到正确表达思想，语音、语调自然，无重大语法错误，语言基本得体。	能就所熟悉的话题进行交流；能比较流畅和准确地向外宾介绍国内的名胜古迹、我国当前的形势和政策方针；能比较系统、深入、连贯地发表自己的见解。	能就国内外重大问题与外宾得体地进行交流；能系统、深入、连贯地发表自己的见解。
阅读	能以每分钟60个单词的速度阅读生词率不超过3%的人物传记、故事、科普短文等，能读懂简单的应用文，正确率达到70%；能掌握所读材料的主要内容和中心思想。	能阅读难度相当于Thirty-NineSteeps（简写本）浅显材料以及Reader's Digest，阅读速度为每分钟70-120个单词，理解中心大意，抓住主要情节或论点。	能读懂难度相当于美国News week的国际新闻报道，能读懂难度相当于Sonsand Lovers的文学原著。要求在抓住主要论点的基础上能运用正确的观点评价所读内容，阅读速度为每分钟120-180个单词，理解准确率不低于70%。能在5分钟内速读1,000词左右中等难度的文章，掌握文章的大意。	能读难度相当于New York Times的社论和政论文章；能读懂难度相当于The Great Gatsby的文学原著，难度相当于The Riseand Fall of the Third Reich 的历史传记。要求在理解文章的思想观点、结构和文体风格的基础上能分析评价所读文章，阅读速度为每分钟140-180个单词，理解准确率不低于75%。能在5分钟内速读1,300词左右的文章，掌握文章的主旨和大意。	能读懂一般英美报刊杂志上的社论和书评，英语国家出版的有一定难度的历史传记和文学作品；能分析上述题材文章的思想观点、篇章结构、语言特点和修辞手法。能在5分钟内速读1,600词左右的文章，理解文章的主旨和大意，理解事实和细节。

续表

项目	入学要求	二级要求	四级要求	六级要求	八级要求
写作	能根据提示，在20分钟内写出100个单词左右的短文，无严重语法错误，意义表达清楚；能改写课文内容，能书写简单的书信、便条和通知等应用文，书写格式和行文无严重错误，书写规范。	能在30分钟内写出长度为120-150个单词的短文，内容切题，语言正确；能改写课文内容，或缩写课文内容，语言能顺，或正确书写便条和通知等应用文。	能根据作文题目、提纲或图表、数据等，在30分钟内写出长度为150-200个单词的短文，内容切题，结构严谨，条理清楚，语言通顺，语法正确，表达能顺，并能根据提示在10分钟内写出长度为60个单词左右的应用文。	能写故事梗概、书报告以及正式的书信等，要求语言正确，表达得体并具有一定的思想深度，写作速度为30分钟250-300个单词。	能写各类体裁的文章，做到内容充实，语言通顺，用词恰当，表达得体，写作速度为30分钟300-400个单词，能撰写长度为3,000-5,000个单词的毕业论文，要求思路清晰，内容充实，语言通顺。
翻译	能将内容不超过高三课文难度的短语和句子译成汉语，要求理解正确，语言通顺。	能独立完成课程中的各种翻译练习，要求译文准确，语言通顺。	能独立完成课程中的各种翻译练习，译文要求实于原文，流畅。	初步了解翻译理论和英、汉两种语言的异同，掌握常用的翻译技巧，能将中等难度的英语篇章或段落译成汉语，译文实于原文，语言通顺，速度为每小时250-300个英语单词；能将中等难度的汉语篇章或段落译成英语，速度与英译汉要求相同。能担任生活和日常事务的口译。	能运用翻译的理论和技巧，将英美报刊上的文章以及文学作品译成汉语，或将我国报刊、杂志上的文章和一般文学作品译成英语，速度为每小时250-300个英文单词。译文要求忠实原意，语言流畅。能担任一般外事活动的口译。

续表

项目	入学要求	二级要求	四级要求	六级要求	八级要求
工具书使用	能比较熟练地使用中小型英汉词典，掌握词语的正确发音、意义和基本用法。	能熟练地使用《英汉大词典》等英汉词典（如 Oxford Advanced English Dictionar 以及 Longman Dictionary of Contemprary English），独立解决语言问题。	能熟练地使用各种英汉词典和部分英英词典（如 Collins Cobuild College English Dictionary 和 Random House College Dictionary），独立解决语言问题和部分知识方面的疑难问题。	能熟练地使用各种英英词典以及大型百科全书（如 Encyclopedia Britannica 以及 Encyclopedia Americana），独立解决语言问题和部分知识方面的疑难问题。	能独立使用各类工具书和参考书，并有效地通过计算机网络查阅资料，获取知识，独立从事某些简单课题的研究。
文化素养	对中国文化有一定的了解；有较扎实的汉语基本功；对英美等英语国家的地理历史和发展现状有一定的了解；掌握基本的数理化知识。	熟悉中国文化传统，具有一定的艺术修养；熟悉英语国家的地理、历史、发展现状、文化传统、风俗习惯，具有较多的人文知识和科技知识，具有较强的汉语口头和书面表达能力；具有较强的创新意识和一定的创新能力。			

8.3.6 教学原则

专业课程教学是实施全面素质教育的主要途径。专业课程教学不但要提高学生的业务素质，而且要培养他们的思想道德素质、文化素质和心理素质。在专业课程教学中要正确处理好业务素质教育和其他素质教育的关系，使它们有机地、和谐地融为一体。

要注意学生知识结构的合理性。既要注意各门课程内在的系统性，又要注意各门课程之间的联系，以符合学生整体知识结构的要求。在课程安排上，要注意专业技能课、专业知识课和相关专业知识课的合理配置。

打好扎实的语言基本功，注重各项语言技能的全面发展，突出语言交际能力的培养。语言基本功的训练是英语教学的首要任务，必须贯穿于4年教学的全过程。在注意听、说、读、写、译各项技能全面发展的同时，更应该突出说、写、译能力的培养。

注重培养跨文化交际能力。在专业课程的教学中要注重培养学生对文化差异的敏感性、宽容性以及处理文化差异的灵活性。

加强学生思维能力和创新能力的培养。专业课程教学中要有意识地训练学生分析与综合、抽象与概括、多角度分析问题等多种思维能力以及发现问题、解决难题等创新能力。在教学中要正确处理语言技能训练和思维能力、创新能力培养的关系，两者不可偏废。

8.3.7 教学方法与教学手段

专业课程的教学方法直接关系到学生各方面能力的培养与提高。课堂教学应以学生为主体、教师为主导，改变过去以教师为中心的教学模式，注重培养学生的学习能力和研究能力。在教学中要多开展以任务为中心的、形式多样的教学活动。在加强基础训练的同时，采用启发式、讨论式、发现式和研究式的教学方法，充分调动学生学习的积极性，激发学生的学习动机，最大限度地让学生参与学习的全过程。引导学生主动积极地利用现有图书资料和网上信息，获取知识，并使学生在运用知识的过程中培养各种能力。同时，要注意教学方法的多样性，要根据不同的教学对象、教学内容、教学目的和要求，选择相应的教学方法，并鼓励教师积极探索新的教学方法。

　　课堂教学要与学生的课外学习和实践活动相结合。课外学习和实践是课堂教学的延伸与扩展，是培养和发展学生能力的重要途径，应在教师的指导下有目的、有计划、有组织地进行。课外学习和实践活动应以课堂教学的内容为基础，激发学生的学习兴趣，以及培养学生的学习能力、语言综合运用能力、组织能力、交际能力、思维能力和创新能力。活动应面向全体学生，注意发展个性，提倡人人参与，培养合作精神。其形式可包括：课外阅读、演讲、辩论、读书报告会、戏剧表演、编辑报纸杂志、专题访谈、拍摄电视片等。除参加校内课外学习和实践活动外，还应鼓励学生积极参加与专业相关的各种社会实践活动。

　　科学技术的迅猛发展和信息时代的到来，为教育手段的现代化提供了条件和保证，也为英语教学提供了丰富的资源。教学手段的现代化关系到人才培养的质量。要积极采用现代的、多元的和全方位的教学模式，在充分利用原有的电教设备的基础上，积极探索和开发计算机辅助教学。有条件的要逐步建设计算机网络系统、光盘资料中心以及多媒体自修中心，为更新教学内容、提高教学效率、培养学生有效的学习方法创造条件。同时也为学生提供一个更加灵活、方便、实用和广阔的学习和实践的空间。

8.4 外语专业教学的质量标准

　　关于高等教育质量的不同观点，国内也有不少学者做过概括。安心认为，目前关于高等教育质量的界定主要有八类，即不可知观、产品质量观、测量观或达成度观、替代观、实用观或外适性质量观、绩效观、内适性或学术本位观、准备观。韩映雄将高等教育质量观概括为六种：（1）阶段论质量观。在精英阶段，高等教育质量是"唯一"、"高标准"、"优秀"、"卓越"；在大众化阶段，质量观是丰富多样的；在普及化阶段，市场导向的质量观占主导。（2）需要论质量观。质量是满足消费者明确的和潜在的需要，高等教育质量标准主要体现在高等教育所提供的产品和服务满足个人和社会的需要的程度上。（3）适应论质量观。质量的本质属性是适应性。质量并无高低之分，适应需要并满足需要就是质量。（4）目标论质量观。只要达到高等教育目标，就是一种质量。（5）全面质量观。主张以全面的观点，用全方位的维度去评价高等教育的优劣高下。(6) 产品质量观。高等教育就其行为而言是一种特殊的社会生产活动，生产着特殊的教育产品，高等教育质量就是这种特殊产品的产品质量。

高等教育质量是一个多层面的、具有高度复杂性的概念，人们往往从不同的视角对其加以理解与认识，从而形成了不同的关于高等教育质量的观点。因此，可以从不同学科的视角将各种有关高等教育质量的观点分为以下四种：

一、哲学的视角

按照哲学的观点，与价值一样，质量概念也属关系范畴。判断质量的高低、有无，取决于客体本身的性状和特定主体的需要两个方面。所谓高等教育质量，实质上是对于高等教育的属性是否满足各主体的需要以及满足的程度如何所作出的价值判断。

二、教育学的视角

教育就其本质而言是培养人的社会活动。人才培养在高等教育各项职能活动中居于主导的、核心的地位。因此，教育质量首先体现在人才培养的质量上。我国《教育大词典》对教育质量的界定就是："教育水平高低和效果优劣的程度"，"最终体现在培养对象的质量上"。

三、经济学的视角

从经济学的投入——产出或者成本——效益分析出发来讨论高等教育质量，主要有绩效观和价值增值观。绩效观强调主要依据投入、产出、平均教育成本、师生比等一些经济学指标来衡量和评价高等教育的办学效益和质量。价值增值观主张以高等教育的"入口"和"出口"之间的"价值差"作为高等教育的质量标准。如果学生在进入高等学校之前和接受高等教育之后的成就、行为等可以测量的话，那么，这两者的变化越大，价值增值就越多，教育教学质量就越好。

四、管理学的视角

管理的根本任务就是有效地实现组织预定的目标，衡量质量高低的标准就是预先设定的目标。高等教育质量的目标适切观（fitness for purpose）正是从这一思想出发，强调依据高等教育行为结果与预定规格和标准的一致性程度，来评价高等教育质量的好坏。

　　笔者认为，无论从哪个视角来认识高等教育质量，都离不开标准。因此，质量问题本质上是标准问题，质量就是达到或符合标准。就高等教育而言，最基本的质量标准有两个，即目标达成和满足需求。首先，教育质量是指某种"标准"，它是"希望达到的目的或目标"或"某种预期状况或水平"。从管理的角度看，人们对教育的预期需要必须转化为能够操作的要素，其中最主要的就是教育目的或目标。就高等教育而言，用其目的或目标来衡量其质量，主要包括两个方面：一是高校在办学过程中有无明确的办学定位和发展目标；二是高校预先制定的办学目标能否有效地完成以及在多大程度上完成。

　　其次，只有满足高等教育"客户"需求的高等教育活动及其结果才能称得上是有质量的。这是因为仅仅达到预设的目标还不够，目标的适宜性还有待于消费者的检验。否则，某一产品即使达到了预设的标准，但如果不能满足消费者的需要，那么它也只是"合格的废品"，而谈不上质量。因此，衡量高等教育质量是"目标达成"和"需要满足"的统一。

　　一、质量高：目标达成度高，（用户）需要的满足度高

　　二、质量存在偏差：目标达成度高，需要的满足度低

　　三、质量低：目标达成度低，需要的满足度低

　　四、质量存在缺陷：目标达成度低，需要的满足度高

　　对高等教育质量进行"目标达成"和"需要满足"的二维分析，可以发现存在四种情况，其中只有第一种情况才能称得上质量高，即目标达成度和（用户的）需要满足度都高。

　　基于以上分析，我们可以对高等教育质量作这样的理解和界定：高等教育质量是高等教育机构在遵循教育自身规律与科学发展逻辑基础上，在既定的社会条件下培养的学生、创造的知识以及提供的服务符合学校教育目标、满足现在和未来的社会发展需要和学生个性发展需要的充分程度。这是一种合发展性的质量观，它要求高等教育不仅要适应社会，更要促进社会的积极变革。因此，高等教育不仅要培养社会需要的人，也必须使这些人能够适应未来，所谓高质量的教育也就是培养出可持续发展的人，来创造社会的可持续发展。同时，这种质量观也体现出以人为本，以学生为中心的思想。它强调把人和人的发展作为根本。以学生的综合素质和能力的全面提高和发展为评价标准。

8.5 外语专业人才培养计划

21世纪将是一个国际化的高科技时代，是一个由工业社会进一步向信息社会转化的时代。科学技术的高速发展、新兴交叉学科的涌现、人文文化和科学技术文化之间的相互渗透和融合、社会的信息化以及知识和信息传播技术的日新月异更加剧了世界各国文化的交流、碰撞和合作。在世纪之交，我们必须深刻认识新世纪给我国外语专业本科教育带来的机遇和挑战。

一、加大急需的外语专业人才培养的力度，保护非通用用语种，拓宽外语人才的知识面，提高他们的能力和素质已是摆在我国外语界面前的一项迫在眉睫的任务。

二、由于社会对外语人才的需求已呈多元化的趋势，过去那儿种单一外语专业和基础技能型的人才已不能适应市场经济的需要，市场对单纯语言文学专业毕业生的需求量正逐渐减小。因此，外语专业必须从单科的"经院式"人才培养模式转向宽口径、应用性、复合型人才的培养模式。

三、随着国际交往的扩大、我国改革开放步伐的加快、国际交往中经济因素的不断增大和我国以经济建设为中心的国策，在外语专业教学中迫切要求我们在原有的文学和语言学基础上增加有关外交、经贸和金融等方面的内容。

四、在工业社会向信息社会转变的过程中，计算机和网络技术为外语的学习提供了空前优越的条件，大大地丰富了外语教学的内容，提供了新的教学手段。在这一领域，只要我们抓住这一机遇，我国的外语专业教学就一定能够处于世界的前列。

21世纪的挑战决定了21世纪外语专业人才的培养规格。概括起来讲，21世纪的外语人才应该具有以下五个方面的特征：扎实的基本功，宽广的知识面，一定的专业知识，较强的能力和较好的素质。

一、扎实的基本功主要是指外语的基本功，即语音、语调的正确，词法、句法、章法（包括遣词造句与谋篇布局）的规范，词汇表达的得体，听、说、读、写、译技能和外语实际运用能力的熟练。这是适应社会主义市场经济和科学技术发展需要的前提，也是培养复合型外语专业人才的基础。

二、宽广的知识面是指除了需要熟练掌握的专业知识（含外语专业知识与复合专业知识）外还需了解的相关学科的知识，可能涉及外交、外事、金融、经贸、文学、语言学、法律、新闻和科技等诸多学科领域。对于外语专业的学生来说，除了应该具备人文学科的知识外，还应具有一定的科学技术知识。各类院校可根据各自人才培养规格的特殊性有所侧重。而对非英语专业的学生来说，具备一定的英语基本技能则是一个重要方面。

三、一定的专业知识是指除外语专业知识之外的某一复合专业的知识，这是培养复合型人才的一个重要方面。复合专业的选择要充分考虑不同院校培养人才的不同规格，不能采用统一的模式。其内容和深度更要依据学生所学的语种、不同的生源、师资队伍等各种具体因素来确定。课程设置可以是中文开设的副（辅）修专业课，也可以是外语开设的专业、专业倾向或专业知识课程。

四、能力主要是指获取知识的能力、运用知识的能力、分析问题的能力、独立提出见解的能力和创新的能力。其中创新能力的培养是我国高校多年来教学工作中的薄弱环节，而分析问题和独立提出见解能力的培养又是长期困扰外语专业的难题。外语专业学在工作中的运用能力主要指能够从事不同文化间交流与合作的能力、交际能力、协作能力、适应工作的能力、独立提出建议和讨论问题的能力、组织能力、知人处事的能力、灵活应变的能力等等。

五、素质主要包括思想道德素质、文化素质、业务素质、身体和心理素质。其中，思想道德素质是根本，文化素质是基础。对于外语专业的学生来说，应该更加注重爱国主义和集体主义的教育，注重培养学生的政策水平和组织纪律性，注重训练学生批判地吸收世界文化精髓和弘扬中国优秀文化传统的能力。

【参考文献】

[1] 仲伟合. 翻译硕士专业学位（MTI）及其对中国外语教学的挑战[J]. 中国外语. 2007年第4卷第4期.

[2] 杜瑞清. 在《新世纪汉英大词典》西安研讨会上的讲话 [J]. 外语教学. 2004 年第 4 期.

[2] 刘建达. 学生英文写作能力的自我评估 [J]. 现代外语. 2002 年第 25 卷第 3 期.

[3] 袁长青. 课堂教学质量评估中的心理误差分析与调控策略 [J]. 广东外语外贸大学学报. 2003 年第 14 卷第 1 期.

[4] 肖芬. 本科课程体系优化研究 [D]. 湖南农业大学硕士学位论文, 2007 年第 6 期.

[5] 田恩舜. 高等教育质量保证模式研究 [D]. 博士学位论文.

[6] 仲伟合. 翻译硕士专业学位教育点的建设 [J]. 中国翻译. 2007 年第 4 期.

[7] 刘小艳. 新办外语本科专业外语人才培养模式的探索 [J]. 邵阳学院学报（社会科学版）, 2004 第 3 卷第 6 期.

[8] 罗世平. 也谈 21 世纪复合型外语人才培养模式 [J]. 外语界. 2000 年第 3 期.

[8] 张凌东. 对比分析《英语教学大纲》和《英语课程标准》. 河北师范大学硕士学位论文, 2005 年第 10 期.

[9] 张福勇. 浅谈 21 世纪我国高校外语专业课程体系改革 [J]. 外语研究, 2004 年第 6 期总第 88 期.

[10] 高等学校外语专业教学指导委员会英语组. 高等学校英语专业英语教学大纲 [Z]. 上海：上海外语教育出版社；北京：外语教学与研究出版社, 2000.

[11] 教育部. 关于外语专业面向 21 世纪本科教育改革的若干意见 [Z]. 1998.

[12] 教育部高等学校外语专业教学指导委员会评估组. 高等学校外语专业本科教学评估方案（试行）[Z]. 2004.

9 外语专业人才培养质量保证体系标准研究

　　语言是人类交流的工具，但是，不同地域群体所认同和使用的语言文字符号和音素音调是各不相同的，这种地域差异引起的语言差异为不同区域间人们的交流挖掘了无形的鸿沟。如果持有不同语种的双方在交流时，都只能使用自己原本的语言，那么交流就如同鸡同鸭讲，没法继续下去。如此种种，会给人们的工作生活带来诸多的不便。

　　目前，随着经济全球化的发展，跨国企业的诞生，国际贸易的扩大，文化交流的盛行，不同国籍、族群间人们的交往不可避免地日趋增多；并且，因工作关系而产生的这种必要性的沟通交流是这种交往中的重要组成部分。人们各自所持有的原始的本民族的语言已经不能满足这种必要的相互间交际和沟通了，在这种情况下，掌握第二语言成为一种不可逆转的时代趋势。外语人才的培养，尤其是外语专业人才的培养被提到了重要的日程上。

　　外语专业人才的培养，尤其是大量专业人才的培养是需要通过教育来实现的。但是，教育的质量效果怎样是无法预知的，因此，需要制定一个外语专业人才培养质量保证体系，以此来保证教育能够培养出真正的人才——高素质的，有实用性的人才。

　　在本章节中，将就外语专业人才培养质量保证体系做初步的探讨。大体上分为教学决策，教学执行，教学评监以及教学改进等方面。

9.1 教学质量决策研究

9.1.1 教学目的

常言道做事情要有的放矢。只有找到了方向，找准了目标点，才能一鼓作气，竭力而为；否则，如果只仗着年轻气盛，盲目而作，最终难免因为南辕北辙而落得竹篮打水一场空的下场。任何行动方针的确立都必须建立在明晰目标的基础之上。

目标的确立对人们的行动有着导向作用、凝聚作用和鼓舞作用。目标的导向作用是不言而喻的，目标的最基本意义就在于它明确了一个方向。而凝聚意义则表现在，类似于地心引力对地面物体的作用一般，一个目标让一群或许曾经互不相识的人走到一起，共同为同样的理想，同一个目标去并肩作战。至于鼓舞作用，目标实际上就是一幅蓝图，是人们憧憬境界的缩略；当人们还没有到达本阶段的目标时，终端的美好就是人们奋斗力量的源泉，是在艰苦条件下苦苦挣扎人们的精神支柱。

鉴于此，在研究高等教育相关问题之初，首先要探讨一个目标问题：关于教育的目标，关于高等教育的目标，进而从中明晰关于外语专业人才培养的目标，为教学质量决策研究提供纲要。

笛卡尔曾经说过，"我之所以看得远，是因为我站在巨人的肩膀上。"前人或许因为时代的局限，不能够把今人的时代哲学说尽，但他们的思想，他们的成果，对我们行事是有重大的借鉴意义的。学校教育的历史源远流长：教育作为社会实践的产物，不同时期的教育各有特色；教育作为统治阶级的工具，不同年代的教育目的各异。纵然有各种不同，我们仍然可以取其精华，弃其糟粕，加以更新。事实上，不同时期，不同的大学、机构、国家对教育的目标都提出了不同的定位，尽管不一定与今日中国的教育现状契合，但多少都有值得借鉴的地方。

19世纪教育的目标主要倾向于社会服务的只职能。如美国的威斯康星大学就曾经明确表示，大学教育的基本任务就是要把学生培养成为有知识，能工作的人；进行研究发展新科技，新文化的人；传播知识给大众，并帮助解决生活生产中各类问题的人。

20世纪60年代以来，世界教育发生了波澜壮阔的改革变化，并绵延至今。这个时期关于教育目标的阐述和总结，允分考虑到社会与人双重价值的实现，对我国教育目标的界定无疑是有借鉴作用的。

1976年，"罗马俱乐部"关于教育目标问题的小组认为，教育必须为实现如下的价值而努力：

（一）自治：最大限度地提高个人和各个团体的认识和技能。以便他们能尽最大的可能管理个人和集体的生活。

（二）平等：使所有的公民得到同等的基础教育，以便他们都能参加文化和经济生活。

（三）生存：允许每一个民族世世代代流传和丰富自己的文化遗产，但是，也要用教育引导他们彼此了解和在世界范围内认识到人类的共同命运。

1957年美国教育改革委员会《在决定性年代的高等教育》的报告提出了高等教育的五大目标：

（1）为有才能者提供个人发展的机会；

（2）传递文化遗产；

（3）通过研究`创造活动，增加新的知识；

（4）协助使知识发展成为促进人类生活和社会前进的工具；

（5）为公共利益服务。

1973年卡耐基高等教育委员会发表了《美国高等教育的目的与表现》的专题报告，提出了美国高等教育的主要目标是：

（1）侧重于人的发展目标：为学生智力的，审美的，道德的和技能的发展提供机会；

（2）侧重于经济发展的目标：促进全社会人的能力的普遍提高；

（3）侧重于政治发展的目标：扩大中学后适龄人口的教育公平机会；

（4）侧重于社会服务的目标：促进知识与智慧的传播与发展；

（5）侧重于社会改造的目标：为社会的自我更新开展对社会批判性评论。

在我国，自秦汉时期，就与外国的交往密切。虽然目前尚未发现当时关于外语学习及教育的证据，但当时对外语人才的需求定是必然的。近代历史上，我国学习外语的第一次高潮发生在鸦片战争时期。随着闭关锁国政策在西方入侵过程中的土崩瓦解，清政府与外界的联系越来越频繁，外语人才的培养成为一种刻不容缓的需求。晚清时期，于咸丰十年，清政府扩建"俄罗斯馆"，增加了许多其他外文专业；随后于同治元年（1862年），在北京设京师同文馆，属总理事务衙门。以外国人为教习，专门培养外文译员。课程开始时只设英文，后来增设法文、德文、俄文、日文等科目。抗战期间，为了满足军事上的需要，培养懂俄文的军事干部，在毛泽东`周恩来的指导下于1941年成立了延安抗日军政大学俄文对。后来在周恩来的建议下，为了迎接未来世界的挑战，增加了英文的课程。建国以来，我国的外语教育经过了文化大革命的挫折期之后，又重新走上正轨。外语教学的要求和目的，以英语为例，20世纪80年代，高等院校英语专业高年级讨论会整理出高等院校英语专业高年级教学试行方案，对毕业学生英语水平要求如下：

（1）听：能听懂英语国家电台（VOA和BBC）的新闻广播，述评等节目，和外国学者用英语做的有关政治文化教育等方面的演讲。

（2）说：能比较正确流畅地用英语进行交谈，能参加所学专业有关的讨论。

（3）读：能阅读原文书刊（如 *Newsweek*；*The Rise and Fall of the Third Reich*），速度达到每分钟100个单词，并理解其要义。

（4）写：能写记叙、议论、说明和应用等文章，层次清楚，语言得体，文章通顺，无重大语言错误。

（5）译：能翻译一般文稿，如新闻报道，一般有关文化、文学、政治、经济等文章，译文基本正确、通顺；汉译英、英译汉的速度分别为每小时150和200汉字左右。

（6）文化知识：对英美的历史、文化风俗和现代社会有基本了解；对英语的语音、语法、词汇等方面有较系统的了解。

（7）独立工作的能力：熟悉常用的工具书、参考书，能自己解决学习上遇到的一般问题，并能收集材料，从事与所学专业有关的初步的专题研究工作。

综合以上观点，外语教学及其人才培养的目的可以从如下五个层次来归纳总结：

首先，是实现语言的目的。语言就是一种被用于交流的工具，外语教学中人才培养的最低层次的目标就是要锻造学生的听说读写等基本的语言功底，加强学生对所学语言背景文化的了解程度，全面提升学生对语言的掌控程度，为使用外语交表达流提供可能性。人与人之间观念交流的实现，需要借助语言作为载体来完成。说一口流利的，表达准确的，能被彼此双方所意会的语言，是交流中必不可少的。同时，为了避免交流中的误解和文化冲撞，了解所说语言的文化背景也是必须的。如在美国文化中 dragon（龙）代表的是怪物，是邪恶的，而在中国的文化中，龙就是出人头地，龙凤呈祥。如果交流的双方分别为来自中美两国的人，不了解彼此间的文化差异，中国人的"望子成龙"和美国人的"谈龙色变"都会让彼此大吃一惊。

然后，是实现个人生存与发展的目的。人生存在这个竞争激烈的社会，必须得有得以安身立命的依靠——技术或者某方面的才能。随着全球化的深入，跨国公司的扩张，以及引进来，走出去的需要，外语人才在今天的交流和对话中显得尤为重要。掌握一门外语，足以成为一个人得以安身立命的依靠。当然了，一个人要成为外语方面的人才，想依靠外语得以安身立命，实现在社会上的生存与发展，那么他或她所习得的外语不能仅仅是皮毛层面的沟通之用，而必须是有所专业倾向的，是某方面的行家，要懂行。如可以学习纯语言以致力于翻译工作，或学习商务、法律、建筑、医学、经融、贸易等各个精确目标方向的外语，以提升自身工作能力，从而胜任相关的高端工作。

其次，是实现文化交流的目的。大千世界，各有风骚。任何国家，任何民族都要积极加强与其他民族的交流，善于吸取其他民族的文化精华，先进技术及理念。尤其是在全球化的背景之下，对于每个民族及国家而言，闭塞则意味着脱离时代的轨迹，落后于时代的步伐。对于个人而言，加强同外界的交流，尤其同外国文化的交流，对于人思想的发展和成熟都获益匪浅。在同外国文化交流的过程中，人的视野往往变得更宽阔，人考虑问题的角度也会更新颖，人的各种潜力似乎在外来物的刺激下，得以显现和滋长。一个国家或个人，往往在与外界进行文化交流的过程中，在双方的相互冲击与协调下，不断得得以丰富与发展。

再次，是实现社会服务的目的。人是个体的人，但同时也是社会的人。人在满足了自身生存的基本要求之后，就必然会谋求更高层次的娱乐与享受，谋求来自于群体的对人生的保证，寻求个人价值在社会中的实现。此时，人需要的是社会这样一个平台。服务社会是一种道德上的义务，同时，在我国社会主义制度的框架下，服务社会是每个力所能及的人不可推卸的责任。公共设施的爱护，公共道德的维持，基础知识的普及，以及公共卫生，扫盲，社会犯罪的防止等，都会为个人的生活提供高质量的保证；但同时，这些工作除了是政府的职责之外，每个业有余力的公民在道义上应该提供这类服务给有需要的人。对于学外语的专业人士来说，他们比一般人有更多的机会接近欧美相对更为完善的社会保证制度，和相对更为完善的社会新给规范；但是，有太多的人仅仅停留在以别人的标准来批判国人的不足和国家政策的不力。当代的青年人，现在的外语人才，应当主动担起促进改变的大任。主动去服务：参加科教文卫的普及宣传教育，宣传法制和法治，即使只是偶然间提醒大街上某位随地吐痰，乱仍垃圾的人注意他的行为，也是服务社会的表现。

最后，是追求平等的目的。平等其实是一个相对的概念，并且这个世界是绝对不可能实现所有人在政治经济社会文化上的绝对平等的。人所求的平等总是在接近心中平衡点的那一刹那又产生了新的平衡点，更高层次的平衡点。现在我国，目前已不存在阶级，但阶层的出现却是不可否认的，所以，在追求平等的过程中，我们要接纳适当差别的存在。社会中，尤其是已经参加工作的人，人与人之间的平衡木状态主要取决于大众赋予不同职业的砝码，社会中职业歧视是否消除决定了木板是否不偏不倚。其实，既然我们推崇劳动光荣，那么只要是正当的职业，每个人应当享有相同的社会地位，人人平等。当总统的儿子和在地里挖土豆的儿子同样让一个母亲自豪。另一方面，我们这里涉及到了外语人才，就不可避免地要谈及国家间的平等。在全球化中，我们的国家是否遭到了不平等的待遇，是否遭到了歧视，更重要的是，我们是否因为语言障碍，对国际规则知之甚少，而导致了不必要的损失。因而，学外语的人要义不容辞地担起大任，保证我们这个最大的发展中国家在国际社会上享有平等。实际上，我们在倡导平等时，更多的是在追求人与人之间，国与国之间，都享有平等的尊严和平等的自由以及平等的机会。

9.1.2 教学质量决策

一切决策的基础都在于目的，在做决策之前，我们要谨小慎微地斟酌，反反复复地讨论，不厌其烦地修正。一切的努力，都是为了使我们将要采取的行动能够有好的效用，能够最终达到乃至超过预期的目标。决策是以目的为依据的行为导向，是理念目的实施变现的第一步。

国家大力发展高等教育，将高等教育推向大众化，其实是为了培养高质量的服务于现代化建设的活跃于各行各业的人才，达到科教兴国，人才强国。根据商务印书馆出版的2002年增补版《现代汉语词典》的解释，人才即德才兼备的人；有某种特殊才能的人，第二种释意为美丽端庄的相貌，同人材。在此处应取第一词条的释义。

那么，关于高等教育中的外语教育，培养出什么样的人才算是培养了真正的人才呢。德才兼备，掌握一门外语（特殊才能）。依照前一小节总结出的语言教学的五大目的，这两项要求，首先是符合实现语言的目的，满足了语言文化交流的条件，其次是为个人的生存和发展提供了基础，进一步可以实现社会服务的目标。除了这些实然的东西，教育还应当在精神成长上引导学生，正如第五个目的指出的，追求平等，服务社会，引导学生成人成才。

总而言之，教育质量的好坏要以该种教育是否实现教育目的为评价依据，教育决策也要以教育目的为依据。如果高等教育中的外语教育决策以实现语言的目的，实现个人生存与发展的目的，实现文化交流的目的，实现社会服务的目的，实现追求平等的目的为基准，那么得出的策略一定是可靠可行。

9.2 教学质量执行研究

9.2.1 教学中的主体与客体

师生关系是教育教学中最基本，最重要，最活跃的人际关系。师生关系直接决定师生的教学态度，影响教学活动的方式并影响教学的恶最终成效。没有良好的师生关系，即使有好的教育环境，好的课程设置，先进的教学手段和理念，教育教学的质量也很难上去。从20世纪80年代初开始，我国的教育理论界就对师生关系展开了持久的讨论，关于双方的主导与主体上，存在着单向的主体与主导及双向的主体与主导论。根据朱二元相关规律，在同一情景中，一方式主体，那么另一方就必然为客体。在教学中的双方就成了实施者和承受着，双方具有鲜明的等级对立关系。师生之间是知识授受关系，控制与被控制关系，命令与执行关系。在这种二元思维模式下，就很难把师生关系和谐统一起来了。人们打开思维，扩展视野，走出这种二元悖论的困境是在上个世纪90年代。

9.2.2 主要外语教学方法

一、翻译法（translation method）

翻译法成为一种科学的教学法体系是近一百年的事。中世纪希腊语和拉丁语在欧洲盛行，拉丁语是当时欧洲文化教育、著书立说的国际语言及教会和官方语言，当时的教学方法就是翻译法。到十八、十九世纪，英语、法语兴起，学校开始开设英语、法语等现代语言课程。由于找不到新的教学方法，语言教学就自然地沿用教授希腊、拉丁语等古典语的翻译法。

翻译法，也有称它为语法翻译法，它的最简单的定义是：用母语教授外语的一种方法。它的特点是：在外语教学过程中母语与所学外语经常并用。翻译法是外语教学的原始方法，它是历史的产物，它的产生是外语教学发展的必然。它培养了大批符合当时社会需要掌握阅读外语能力的人材。它在外语 教学法方面的主要成就是：（1）创建了外语教学中利用母语的理论，在教学实践中把翻译既当成教学目的，又当成教学手段。（2）主张讲授语法知识，重视理性，注意磨练学生的智慧，强调在教学中发展学生的智力。（3）主张通过阅读外语名著学习外语，进而培养学生阅读外语的能力。

翻译法所遵循的教学基础原则：（1）语音、语法、词汇教学相结合。（2）阅读领先，着重培养阅读与翻译能力，兼顾听说训练。（3）以语法为主，在语法理论指导下读译课文。（4）依靠母语，把翻译既当成教学手段，又当作教学目的。

在课堂教学中，使用翻译法教学的教师，不必有流畅的外语口语，一般只要按照课文，逐词逐句地进行翻译讲解，用母语解释清楚所学语言的准确意思即可。课堂教学过程比较好控制，选择对学生的测试方法也比较容易。

用这种方法训练学生的弱点是：外语口语表达能力弱，语音语调较差。虽学了大量的语法规则，一旦用于实践，如写作，口头交谈，便会频频出现错误。不难看出翻译法的缺点是：（1）未能恰当地发挥母语在外语教学中的积极作用和过分强调语言知识的传授，忽视语言技能的培养，语音、语法、词汇与课文的阅读教学脱节。（2）过分强调用翻译法进行教学，容易养成学生在使用外语时依靠翻译的习惯，不利于培养学生用外语进行交际的能力。（3）强调死记硬背，教学方式单一，课堂教学气氛沉闷，不易引起学生的兴趣。

翻译法的优点是：（1）在外语教学里利用文法，利用学生的理解力，以提高外语教学的效果。（2）重视阅读、翻译能力的培养，重视语法知识的传授以及对学生智慧的磨炼。（3）使用方便。只要教师掌握了外语的基本知识，就可以拿着外语课本教外语。不需要什么教具和设备。（4）在外语教学里创建了翻译的教学形式，对建立外语教学法体系做出了重大的贡献。

随着科学的进步，教学经验的不断丰富，翻译法吸取了其他教学法的一些优点，不断修正和完善自己，在以阅读为主的情况下，兼顾听说和写作能力的培养。因而教学形式也变得多样，方法较为灵活，活跃了课堂教学。

二、直接法（direct mothod）

《韦氏英语大辞典》对直接法有过一段解释："直接法是教授外语，首先是现代外语的一种方法，它通过外语本身进行的会话、交谈和阅读来教外语，而不用学生的母语，不用翻译，也不用形式语法。"

这一定义勾划出直接法有别于语法翻译法的基本特征：直接用外语讲练外语，不用翻译，也不作语法分析。

十九世纪下半叶，西欧各国的资本主义有了进一步的发展。为了发展自己的经济，吸取别国的科技成果，国与国之间的交往越来越频繁，语言不通也就成 为各国之间人们直接交往的障碍。在这种社会的需求下，对外语教学提出了两项新要求：（1）外语应当大普及，而不应只是过去少数封建贵族子弟的专利品；不仅学 校应普遍开设外语，而且应开办许多能短期见效的各种现代外语训练班。（2）外语教学中，口语应成为教学的主要目的。而原有的语法翻译法在这种新的社会需求面前显得完全无能为力了。与此同时，语言学、心理学、教育学等外语教学法的邻近科学都已有了长足的长进，为新方法的产生提供了理论基础这些学科的发展使人们对外语教学有了新的认识，在外语教学要进行改革的呼声中，直接法应运而生了。

直接法的基本原理是"幼儿学语"论。从语言文字产生和发展的历史来看，人类是先有口语而后有文字的。文字符号只是在语言（口头语言）产生很久以后才产生的。口头语言是第一性的，根本的，而书面文字则是第二性的、派生的。直接法便是仿照幼儿学习母语的自然的基本过程和方法，来设计外语教学过程和基本教学方法。

使用直接法进行教学的过程应体现如下几项基本原则。（1）直接联系原则。每教一个新词语，应把该词语所代表的事物、意义及客观表象直接联系起来。（2）模仿为主原则。不是先学习语言规则，而先听周围的人说话，模仿着说。以模仿多练为主，语言理论为辅。（3）归纳途径教语法规则原则。让学生先实际掌握语言材料，再从他们积累的感性语言材料中总结出语法规则，用以指导以后的学习。（4）以口语为基础原则。先口头实际掌握语言，然后再学习文字符号的识记和书写。

语言学家及心理学家认为：（1）语言是一种熟巧、技能或习惯（habits）。习惯的养成，主要靠大量的重复练习和模仿。（2）语言是一种技艺（art），而不是科学。精通一项技艺，全在于刻苦多练。如学游泳。使用直接法进行外语教学的途径一般为言语→语言→言语。也就是说从用外语进行听说读写 四种言语活动入手，以学习言语的单位——句子开始，实际掌握外语，然后再通过归纳途径，学习一些语言理论知识，用以进一步指导今后的语言实践，即语言的实 际使用，也就是言语。采用此法的教师要在一定程度上实际掌握外语，并领会直接法的实质。所任课班级的人数以20人为宜，人数太多影响教学效果。课时要充 足，最好每天都有使学生接触外语的机会。

直接法有以下几点不足：（1）在外语教学中偏重经验、感性认识，而对人的自觉性估计不足。（2）对母语在外语教学中的作用，只看到消极的一面，不善于利用，一味排斥。（3）在中小学外语教学条件下，偏重了实际掌握语言，而对发展智能方面则注意不够。（4）使用这种方法培养学习，实际掌握外语（特别是口语）虽然一般不错，可是语文学修养浅薄，对许多语言现象知其然而不知其所以然，对难度大结构复杂的语句只能凭语感猜测，不免出错。

直接法的优点是：（1）采用各种直观教具，广泛运用接近实际生活的教学方式，激发学生的学习兴趣，积极参与课堂教学活动。（2）有利于培养学生的语音语 调，特别是在培养学生的活动能力方面效果明显。（3）强调直接学习和应用外语，促进学生使用所学的语言在课内外广泛开展交际。（4）注重实践练习，培养语言习惯。（5）为外语学习提供了一种生动活泼的学习方法。

直接法比较适合于以纯实用为目的的外语训练班。外语专业的打基础阶段，特别是入门阶段也比较有效。直接法在外语教学法史上起了积极的促进作用，它对于语法翻译法是教学史上的一大进步，并成为以后教学法现代改革派的发端。

三、听说法

听说法产生于第二次世界大战爆发后的美国。二战前，美国的外语教学十分落后。日本偷袭珍珠港事件发生后，美国全面参加了世界大战，战争形势的发展要求把大批青年军人派往有关国家。为此美国军队、学校开办和各种外语学习班，在短期内为军队培养了大批掌握外语口语的人材，满足了战争的需要。在此期间，美国结构主义语言学家一方面研究了本国人学习外语的问题，另一方面又研究了外国人学习英语的问题。在总结四十年代以来美国的外语教学时提出了听说法的名称。

听说法是以结构主义语言学研究外语教学问题的。听说法把听说放在首位，主张先用耳听，后用口说，经过反复口头操练，最终能自动化地运用所学语言材料，即把听到的外语能用口头表达出来。

美国普林斯顿大学教授莫尔登把听说法理论基础概括为下列五点：1）语言是说的话，而不是写出来的文字；2）语言是一套习惯；3）教语言，而不是教有关语言的知识；4）语言是本族人所说的话，而不是某个人认为他们应该如何说的话；5）语言是不同的。

听说法的理论基础是美国结构主义语言学和行为主义心理学。语言学家通过调查研究发现，操一种语言人的口头讲的话与该种语言的传统语法有些地方是不一致的。在他们看来口语是活的语言，学习语言主要是学习口语。心理学家根据观察、分析动物和人的心理结果，认为人和动物的行为有一个共同的因素：刺激和反应。在进步步的研究基础上，得出语言教学即是教师对学生进行声音刺激和学生对声音刺激进行反应过程的理论。

在教学中听说法分五步完成，即认知、模仿、重复、变换和选择。第一步教师发出语言信号（主要是句型），同时借助实物、图片、手势、情景等说明信号所表达的意思。第二步当学生理解了新的语言材料后，教师批复示范，学生跟着模仿，教师要纠正学生的错误，学生再模仿。第三步让学生不断重复所学的语言材料，直到能背诵为止。第四步作变换句子结构练习，选择某些词汇、成语和句型，用来描述特定的场面、情景或某一事件，以培养学生能运用学过的语言材料进行交际实践的能力。

采用听说法教学的几项基本原则。（1）听说领先。以听说为主，读写为辅。在学生打下一定的听说基础以后，再进行读写教学，使读写促进听说。（2）反复实践，形成习惯。在教学中要让学生把大部分时间用在模仿、记忆、重复、交谈等实践练习上，在大量操练的基础上养成一套新的语言习惯。（3）以句型为中心。句型是语言教学基础，也是整个外语教学的中心部分。句型不仅具有结构意义，还具有词汇意义和社会文化意义，语言技能的培养应围绕句型这个中心来进行。（4）排斥或限制母语。听说法把培养口语能力作为外语教学的首要目的。这就要求学生反应快，用外语进行思维，而利用母语或翻译作为教学手段，会妨碍学生在外语和思维之间建立直接联系，减慢学习外语的过程，对掌握外语口语不利。

听说法的产生在外语教学发展史上是一件大事，它从理论和实践两个方面促进了外语教学法的发展。它的优点主要表现在下列几方面：（1）强调外语教学的实践性，重视听说训练。（2）建立了一套培养语言习惯的练习体系。（3）把句型作为外语教学的中心。（4）广泛利用对比法，在对比分析母语与所学外语的基础上找出学习外语的难点，并在教学中有针对性地加以解决。（5）广泛利用现代化教学技术手段。

听说法的不足是：（1）否认了人的认识的能动作用和智力在外语学习中的作用。过分重视机械性训练，忽视掌握语言基础知识和活用语言能力的培养。（2）过分重视语言的结构形式，忽视语言的内容与意义。（3）读写能力较弱。

听说法无论是在外语教学理论方面，还是在实践方面都对外语教学法的发展做出了贡献。它在结构主义语言学和行为主义心理学用于外语教学中，使外语教学法建立在科学基础上。因此听说法在外语教学法发展史上具有划时代的意义。

四、沉默教学法（silent way）

沉默教学法是 Caleb Gattegno 发明的一种外语教学方发，其首要目标是培养学生产生话语的能力，利用手势、摹拟表演、直观教具如各种实物、草图、长度和颜色不同的教棒等等来引导和帮助学生开口讲外语该教学法是因教师运用这些引导技巧时相对沉默而得其名。二课堂教学在用沉默法的课堂里，教师讲话不多，而学生也不象在听说法课堂里那样跟随教师或仿照录音反复朗读这里教师使用大量的手势、表演和各种直观教具，促使学生先进行思考而后产生相关的话语沉默法课堂上有三条准则：一、观看。意指学生集中注意力观看教师的各种动作；二、就需而给的含义是教师仅仅传授学生造句、编制会话所必需的词汇和有关语法结构；三，等待就是说教师等待学生开口说出话语课上，教师可以用实物和外文单词相互指代，通过使用不同的实物和变换它们的位置等手法，引导学生说出有关实物的句子在初学阶段，教师一般先造例句，并领读一、二遍，然后就变换实物的位置或变更实物，让学生造新句子经过一阵子的训练，教师让学生轮流上台，一边表演一边说出与表演相关的句子台下的学生则一边观看一边倾听台上学生的话语。另一种做法是台上的学生只表演不讲话，而要求台下的学生造出与表演相关的句子或话语教师也可让学生分组或成对地在台下如法炮制。课上教师极少纠错，以免打断学生的思路。随着学生词汇量的不断扩大和语法概念的逐步增强，教师在课上讲话越来越少，而学生的话语则越来越多

沉默法的最大优点是它使所用的语言变得形象生动，有助于学生对目的语的理解，从而加快外语学习入门的步伐。语言是一种十分抽象的符号系统，而沉默法则凭借各种技巧把语言符号和其含义以有形的方式挂上了钩，使学生看得见摸得着，大大促进了外语学习者特别是少年儿童对目的语的理解。沉默法的另一个优点体现在语言的活学活用上。课堂里学生不再死记硬背，而是在教师的引导和启发下进行积极的创造性的思维，做到举一反三，把语言学活了。但沉默法也并非万全之法，它的主要问题是，一些学生在课上犯的错误由于得不到教师的及时纠正而

会被其他学生重复，从而导致许多人的误学。

五、交际法（communicative approach）

二十世纪七十年代以来，把语言作为一种交际工具，进行教学已成为国外语言教学颇受青睐的教学方法。这种教学法就是交际教学法。我们知道六十年代后，发达国家经济发展迅速，政府间和民间在各个领域的交往都更加频繁。在西欧，除了本地区人民的友好往来之外，一些发展中国家的成人劳动力也流入欧洲共同市场国家，求职谋生。在各种接触中，都遇到语言不通的障碍。即使学过一些外语的人一旦到了国外，也连起码的交际活动都不会，直接影响了他们的工作和生活。对于他们来说传统的教程难解燃眉之急。因此，需要一种新的办法来解决这一问题。

语言学家在哲学家和社会学家的启发下，拓宽了他们的视野，他们不仅把"语言能力"作为一个重要的研究客体，同时还把一系列与语言使用有关的问题 也纳入了研究范围。在一系列的新兴学科中，有三门学科对外语教学产生的影响较大。这三门学科是话语分析（Discourse Analysis）；社会语言学（Social-linguistics）和语用学（Pragmatics）。语言学家们发现，人类语言不仅在构词造句方面有规则可循，在语 言交际中，也有不秒规则需要遵守。如"连句成篇"，"上下文照应"的规则，语言"合适性"规则等等。这些规则都是人类在一个特定的文化、社会环境中习得的。跨越一个文化，规则就会有所变化。语言学研究的这些成果，为外语教学召示了一个新的道理；我们不仅要教会学生构词名造句的能力，还应把交际能力，跨越文化交际的知识传授给学生。

什么是交际能力？目前人们相当普遍地认为交际能力有四个主要部分：语法能力、社会语言能力、话语能力和应变能力。

从七十年代中期起，在教育语言学和语言教学法领域中所有的实践、理论和研究的重大问题，都归结到交际能力这一基本概念上。这种"交际能力"的提出与语言学家乔姆斯基（Chomsky）提出的"语言能力"形成对照。它的出现反映了越来越多的人赞同从社会的角度观察语言。以上这些思潮和交际能力这一 概念相结合，形成了交际语言教学这一思想。它成为八十年代早期外语教学的新思潮和新方法的汇合点。

我们知道，学习一种语言，其实也是学习一种文化的社会规则。然而这种规则的学习不同于句法的规则，可以跨越时空，而是必须依靠学习者自身的参与与体验。没有这种体验，对该语言所包涵的理解就会残缺不全。

在用交际法进行教学的过程中，首先课堂教学活动应是任务型的。要让学生的注意力主要放在怎样利用语言作为媒体以实现交际目的，完成交际任务，而 不只是关心自己所说句子的结构是否完全正确。另一方面在选择和设计课堂交际活动时要让参与交际的双方存在信息沟（information gap）。也就 是说双方都不知道各自所拥有的信息，以使交际活动更接近于真实。

越来越多的语言教师认识到，外语教学的过程就是语言交际能力的习得过程，学生在交际中不断地掌握语言技能、语言知识，以及异邦文化的特点。

交际法旨在发展学习者的交际能力以别于那种纯粹的"语言"能力。交际法的特点是将语言的结构与功能结合起来进行交际教学。它要求我们不仅要培养学生听、说、读、写等方面的语言技能，还要教他们将这些语言技能灵活地运用到英语交际中去。

交际法所遵循的教学基础原则是：（1）强调学生的主动性和相互作用，而不只是以教师不中心，最大限度地保证学生的练习时间和练习量。（2）使用的教材需要反映语言应用的广度。（3）课堂采用的程序要有利于学生间的相互交流，如教室的布局要适合于成对或小组活动。（4）课堂教学应体现以任务为中心而不是以练习为中心。

交际法的根本点是，它所采取的一套方法能促使语言学习者用正在学习的语言来进行语言活动，这些活动是有目的性有交际意义的。教学要为用语言进行有效实践创造条件，要把学习手段与其最终的目的——即为交际的目的而掌握运用语言的能力——紧密结合起来。

交际法的优点是：（1）注意语言的运用能力，培养学以致用的意识。（2）有利于激发学生的学习兴趣，钻研精神和自学能力。（3）强调学生的主动性和相互作用。（4）交际法仅传授有关而且必需的语言，比那些试图教给学生整个语言体系的方法更节省时间和精力。（5）从长远的观点看，交际法交给学生的实际生活中 应用语言的适当技巧，因为它是建立在与这些实际用法十分接近的基础上的。

交际法存在的问题是：（1）以功能为主编写教材，打乱语法本身的系统，增加了学习语法的困难。（2）在起始阶段，交际法使习惯于其他方法的学生感到困惑。（3）同一功能可用多种形式表达，如何选择和取舍，没有客观标准。（4）交际法比提到的其它方法更难评估和测试。（5）交际法看上去与传统方法相悖，因此它容易遭到反对，尤其是遭到年长的教师和学习者的反对。

交际法还存在着潜在的问题。交际法对教师的专业培训和能力有更高的要求。教师主导地位的减弱并不等于不再发挥作用。在备课方面和纯专业技能方面，对于如何把握时机和方法加以有效的干预，交际法要求教师具备更强的能力和适应性。教师还必须在外语方面具有极强的能力。另外交际法不对教师提供使用教材的安全感。而用比较传统的方法，教师按照教材提供的规定进行讲就足够了。在交际法中教师有必要选择、改写和自编他们所用的教材。

以上几种外语教学法只是几种有代表性的教学法，它们都是历史的产物。一方面它们反映时代对外语教学的需要，另一方面也反映时代对外语教学问题的 认识和解答。作为一名语言教师，应充分了解每一种方法的利与弊，针对不同的学生，不同的教材，不同的培养目标，来采用不同的教学方法，最大限度地发挥其长处，以达到最佳的教学效果。

除了上述方法还有TPR（totally physical response）suggespedia，scaffoldin等就不一一列举出来。

9.3 教学质量评监控制体系

教学评估是外语教学的一个重要环节，全面、客观、科学的评估体系对于实现课程目标，保证教学质量至关重要。多元化的外语教学评价体系是教师获取教学反馈信息、改进教学管理、保证教学质量的重要依据，又是学生调整学习策略、改进学习方法、提高学习效率的有效手段。新颁布的《大学英语课程教学要求》（以下简称《要求》）对测试和教学评价都有详细的规定，可以说是首次在教学大纲中对过程性评估和终结性评估作了界定，体现了大学英语教学评价的多元化倾向。《要求》规定过程性评估包括学生自我评估、学生相互间的评估、教师对学生的评估、教务部门对学生的评估等。教师通过课堂活动和课外活动的记录、网上自学记录、学习档案记录、访谈和座谈等形式对学生的学习过程进行观察、评估和监督，促进学生有效的学习。外语教师要在自己的教学中贯彻、实施这一规定，以保证评价结果的可靠性和有效性、调动学生学习的积极性和教师教学的积极性

一、现状

我国大学英语课程评价体系的现状及问题我国大学英语教学工作在改革开放取得了巨大的成就，这是有目共睹的。但是，我们也要看到存在着许多问题，其中较为突出的问题是大学英语的评价体系。目前我国的高等教育评价体系有以下问题：

（一）立法滞后，质量文化缺失

加强立法是在国际上被广泛证明用于高等教育质量保障的一条重要经验。世界各国均通过立法来建立起国家的研究生教育质量保障体系，并将评估工作能够做到有法可依，有章可循。尽管在我国颁布的《教育法》中，也明确提出国家要实行教育评估制度。但是在具体的教育评估法制建设方面，除了《普通高等学校教育评估暂行规定》的相关规定外，还没有关于我国学位与研究生教育评估工作的专门法规。在市场经济的发展条件下，政府、社会和大学在研究生教育质量的保障中迫切需要通过立法对各自的职责与权限加以界定和规范。另外，在我国也缺少良好的质量相关的文化氛围。与传统的质量管理观念相比较，教育质量保障特别在强调教育质量文化及质量意识的建立。但是在我国现行的教育模式下，还存在着很多不利于教育质量文化生长的传统因素。

（二）质量保障主体单一

政府的支持是各国研究生教育质量保障活动顺利进行的主导因素。在一般情况下，很少由政府部门直接参与组织实施教育质量保障活动，应该是由政府通过立法、财政用等途径对高校的教育质量保障活动施加影响。而在我国，政府机构对研究生教育质量保障工作的作用更多地体现为自上而下和直接的行政控制行为。从《普通高等学校评估暂行规定》的有关规定可以看出，我国目前的高等教育评估的合法主体仍是各级政府，而我国的高等教育评估工作也完全是行政化的政府行为，是一个从上到下的、纵向的行政评估网络，没有给社会评估留下一定的空间。特别是这一体制又通过《高等教育法》得到进一步强化，使其法律基础更

为坚实。《高等教育法》中的条文也规定了，高等学校的办学水平和教育质量的评估，要接受教育行政部门的监督和参加由其组织的评估活动政府主导的质量保障相关活动，虽然能够较充分地体现出国家的教育价值观，得以引导参评高校按照国家的具体要求来办学。可是政府部门作为单一的质量保障主体，是与计划经济体制及其与之相适应的政治体制相吻合的，是中国传统的行政文化在研究生教育质量保障中的体现，含有较多的经验主义的因素，经常会发生研究生教育质量保障过程中的失灵情况，这些情况主要表现在以下几个方面：第一是政府的评估行为导致评估失真。我国的高等教育评估基本上是由政府部门垄断，而政府部门的工作与高校工作规律不同，加上评估工作的参与人大多并非是专业评估出身，由于收到个人文化水平、管理能力和决策方式等自身因素的局限，使得政府机构无法采集到全国所有大学全面和准确的质量统计信息。而统计信息的不完备性和不准确，也必然会造成评估结果的校进行教学评估。不少省（直辖市）也成立了相应的评估领导小组，但与教育部不存在"垂直"关系。继北京成立"学位与研究生教育评估所"后，近年上海、江苏、辽宁、云南、广东等地也相继成立了准官方的专业评估机构。另外，在各高校还有专门负责内部质量评估的部门。

但是，我国远没有形成一个责权明确、分工较为合理的评估组织的外部治理结构。目前，政府评估机构与各专业评估机构之间、各专业评估机构与高等教育机构之间、政府评估机构与高校之间，在质量保障中的职责、权限没有相关的法律规范加以界定，各评估组织之间的分工不明确，甚至存在职能重叠。从评估组织的专业化程度和特色上来看，无论是政府评估机构，还是各专业评估机构，其专业化程度不高，特色不强。我国没有从事院校评估或专业评估的专门评估机构，在评估机构的评估活动中，审计、认证、认可等也没有分离开来。

（三）在质量保障内容上：重输入、轻过程与结果

对高等教育输入的严密控制是控制型质量保障模式的显著特征之一。在计划经济体制下，我国传统方式的行政管理模式是采用"先审批，后运行"以及"重审批，轻管理"的管理方式。在外语专业教育的质量保障工作上，就是出现了重视输入保障，而轻视教育过程与结果保障的现象。我国高等教育评估工作的原则是以评估促进改进，以评估促进建设，

评估和建设结合，重点在于建设的原则，其本质上就是强调了教育的输入和条件保障，希望通过评估工作使得大学能够在办学条件等方面达到基本的质量合格标准。教育部高等教育司 2002 年 6 月颁布的《普通高等学校本科教学工作水平评估方案（试行）》，共有 7 个一级指标，包括办学指导思想、师资队伍、教学条件与利用、教学建设与改革、教学管理、学风、教学效果，其中属于输入保障的指标就占 4 个，即办学指导思想、师资队伍、教学条件与利用、教学建设与改革。由此可见在质量保障内甚至发生评价结论的失误。第二表现在评估效率的低下上，在我国现行的教育质量保障模式当中，政府机构作为评估的唯一主体，带有显而易见的唯一权威性，造成社会和高校的积极性难以正常发挥。社会团体的评估工作也只是作为象征性的补充，无法充分发挥我国社会团体在沟通社会各界和高校联系方面的桥梁作用，就更谈不上社会各界对高等教育的评估活动进行合理地支持、监督工作了，也无法促进我国研究生教育水平的提高。高校在评估中处于被动检查的地位，其主体观念非常淡薄，对政府机构自上而下的评估工作只能是消极地被动接受，对高校提高教育质量的工作的改进也很难起到真正的督促作用。第三是政府机构的权力缺乏必要的监督和制衡，会影响到评估工作的权威和公正性。我国的高等教育质量评估工作一般由政府独家控制，无论是在评估过程中，还是在评估结束后，都具有很强的封闭性效应。这种封闭性的评估工作很难在操作层面保障教育质量的评估活动不会受到评估人主观因素的影响，进而会影响到评估工作的客观公正程度。

（三）质量保障目的与功能偏狭

在我国的外语专业教学质量保障模式中，政府在高等教育外部评估中扮演着十分重要的角色，致使我国教育质量保障的目的单一，功能发挥受到局限。我国目前存在的教育质量保障工作强调了以评估促进改进，以评估促进建设，评估和建设结合，重点在于建设的原则，希望能让学校把主要的精力投入到加强高校内部建设、和改革管理体制机制上，在评估工作的鉴定性功能和诊断性功能中，更重视诊断性功能。但是，很少考虑到对办学资源配置、捐资办学情况和高考志愿填报等更为广泛的社会领域中如何充分利用评估共建及其结论来进行研究。在实际操作中，"以评促建"、"以评促改"往往是因政府评估而重视、而投入、而改进，表现出较强的临时性、短效性。有人将其称为"运动化的范式"。这种由政府组织的外部评估活动发生的频率比较低，而且学校处于被动地位，其主动性难以发挥，更多的时候只是一种应付甚至对立的状态。每当到了政府要对学校进行评估的时候，也就是学校领导最为忙碌的时候，对比着政府主管部门的评估指标，一项一项地落实，而评估一结束，学校建设的张力也就锐减。可见，政府的外部评估应该由"运动化范式"向"常态化范式"转变。

（四）质量保障方法的科学性与合理性有待提高

我国外语专业教育质量保障模式，在方法上存在不科学、不合理的问题，比较突出的有以下几个方面：

1. "指标—量化"模式具有较大的局限性

我国高等教育的评估工作基本上是采用了对评估指标进行量化的模式，这种方法采用了对目标进行分解、确定相关指标的权集、进行量化测定和最终数据处理等四个步骤。该模式也借鉴了自然科学研究的一些方法，在克服主观性因素，提高评估的可靠性和精确性方面发挥了积极的作用。但是该模式也存在难以准确反映教育质量评估对象的全面和个性特征，不容易发挥出评估工作的诊断和激励功能。其局限性主要表现在以下几个方面：评估体系要按照构成性的要素逐级进行分解，所有难以把握住教育质量发展的整体特性。自上而下的评估，难以保障被评院校参与评估的主动性、积极性。我国高等教育评估中，政府评估机构制定评估方案，并将其价值取向渗透在指标体系中。这种采用自上而下的教育质量评估方式，难以使评估对象真正参与并通过评估改进教育教学工作。对评估指标进行量化的模式评估往往偏重于指标的行为化和可测性，对那些难以进行行为化和量化的评估指标常常会被评估方案的制订者忽视或者放弃，评估指标确定的局限性难以真正反映评估对象的水平。重视总结性评估，忽视形成性评估工作。目前我国在高等教育评估工作中主要采用了终结性的评估的方式，即主要对评估对象在各项评估指标的合格标准上关注，其实质是针对了评估对象在以前工作中的成果或表现，缺乏对被评估高校整体教育教学过程的深入了解，不能提出有针对性的改进意见和解决方法，致使质量改进与提高这一根本目的难以实现。

2. 忽视后续评估环节

后续评估是外部质量保障活动中的重要一环，是保障被评院校质量改进工作落到实处的一种机制。在我国的外部质量保障程序中，由于对后续评估这一环节不够重视，致使被评院校迎评时全力以赴，软件建设与硬件建设均卓有成效，但专家组离校后，某些暂时得以抑制的不良倾向又故态复萌，令教风与学风严重滑坡，使得通过评估以提高教育质量的初衷难以实现。

3. 对评估结果的处理和利用不合理

我国政府评估机构组织的高等教育评估，最终的评估报告要提交给政府主管部门，作为教育决策的参考依据，但评估报告一般不向公众公布，对外公布的仅仅是简约的评估结论，如优秀、良好、合格、不合格。这种处理方式难以满足社会公众要求增加质量评估活动的透明度、将评估结果公之于众的需求。在评估结果的利用上，我国的高等教育评估基本上是奖惩性评估，即评估的结果直接与奖惩挂钩，造成了被评院校的迎合意识，为了能够获得更好的评估结果，高校一味去迎合政府提出的目标要求，而不考虑学校自身的实际情与这些评估目标的要求是否相适应。还会造成一些被评估的高校在评估过程中进行弄虚作假等不良现象的出现。在奖惩性评估中，因为只有少数被评院校能达到优秀的标准，故大多数院校对评估存在防卫心理，甚至拒绝评估、排斥、厌恶评估。

（五）以应试为目的评价产生了负面效应

以过级考试，特别是以专业四级、专业八级考试为主要形式的英语专业的评价体系存在很多负面效应。教育界把测试对教学和学习的影响称为反拨效应（washback）。英美等发达国家的应用语言学家早就对外语测试的反拨效应作了大量而深入的研究，如 Hughes（1989），Alderson & Wall（1993），Bachman & Palmer（1996），Alderson & Hamp-Lyons（1996）和 Cheng（1997）等人（见黄大勇，杨炳，2002）。归纳起来，现存的评价体系的负面效应有：

1、造成严重的应试教育。一些学校行政部门片面追求四、八级通过率，甚至把四、八级考试及格与否与学生能否获得学位和毕业证书挂钩。学生学习英语只是为了通过考试、获得证书，因此在个别学校就出现了"抛开课本讲习题，放弃教学搞应试，不看能力看通过率，不为教学为名利"的怪现象（牛强，2001）。现存大学英语评价体系的弊端已经成为我国大学英语教学改革的严重障碍。

2. 严重挫伤学生学习英语的信心和积极性。由于长期应试教育，使学生只会识别、打勾，不重视语言运用，特别是不重视听说能力的训练，造成英语学习"耗时、低效"的现象，进而使学生厌倦了英语学习，甚至对学好英语失去了信心，即使有的学生通过了考试，却再也提不起学习的兴趣了。

3. 大大地伤害了教师教学改革的热情。近年来，英语教学改革的呼声日益高涨，很多教师也意识到这个问题的重要性，但是由于不少学校仍旧采用旧的评价体系，有的学校还把大学英语四、六级的通过率和教师的奖金、职称等挂钩，教师被迫以测试为中心进行教学，把提高学生的分数放在第一位，教学改革也就无从谈起了。

4. 不利于学生自我学习能力的培养。以终结性评价、学生被动接受评价为主要特点的现存评价体系只看重学习结果，不重视学习过程，也不给学生自我评价的机会，不利于培养学生自我学习的能力，也无法帮助他们成为自我监控、自我激励、不断进步的自主的学习者。

美国教育学家Gronlund（2000）在总结传统测试对学生的负面影响时指出，解决这些问题的方法并不是完全放弃这些测试，而是要：（1）着手改进测试，使之更加有效；（2）增加使用其他的评价方法和数据的来源。而我国教育部最近颁发的《大学英语课程教学要求》中首次提出"教学评估分形成性评估和终结性评估两种"更为我国大学英语教学评价体系的改革指明了方向，即：增加形成性评价的内容，改进现存以终结性评价为主的考试制度。

二、解决措施：形成性评价的理论和实践

形成性评价是指在教学的过程中检测学生的进步（Linn & Gronlund，2000），目的是在教学活动的进行中，即学生知识、技能及态度的形成过程中，监控学生知识与技能的获得。形成性评价注重对教学过程进行多层次、多元化的分析判断，能够为教、学双方提供及时、真实的诊断性信息，有利于教学过程的完善和发展。形成性评价也更加有利于发挥评价的作用，为学生提供多种自我表现的形式和机会，使学生的知识和技能得以更加全面的施展。形成性评价的方式包括课堂观察、课堂讨论、学生学习报告、学习档案、单元测验、自我评价和同伴评价等。不管是采取何种方式，以下三个部分不可或缺：1.确定教学目标；2.反馈与学生自我评价；3.利用评价结果调整教学和学习。

国外研究者对形成性评价对教、学的正面效应做了大量的探索和研究。值得一提的是 Black 和 William 通过对从五岁儿童到大学本科生跨学科和跨国的二十多项研究得出结论：高质量的形成性评价对学生的学习提高有很大帮助，对学习成绩不好的学生的帮助更是明显；这种评价是在提高学生总体水平的同时缩小学生间的成绩差距（见郭茜，杨志强，2003）。国内对形成性评价的研究虽处于起步阶段，但也取得不少成果，如王蔷和罗少茜（1999）研究发现：在英语基础教育中，形成性评价更加有利于发挥评价的作用，能为学生提供多种多样的表现自我的形式和机会，使学生在评价中了解自我、完善自我。遗憾的是对形成性评价在大学阶段的英语教学中运用的论述目前还不多见。教育部颁布的《大学英语课程教学要求》中明确规定，"形成性评估包括学生自我评估、学生间互相的评估、教师对学生的评估、教务部门对学生的评估等。通过课堂活动和课外活动的记录、网上的自学记录、学习档案记录、访谈和座谈等形式对学生学习过程进行观察、评估和监督，促进学生有效的学习。"这些要求是我们进行形成性评价改革实验的行动指南。笔者真诚希望和大学英语的教师同行们在这方面一起努力，争取有所突破，尽量克服现存大学英语课程评价体系的种种弊端，为目前正如火如荼的大学英语课程改革做出自己的探索和贡献。

三、外语教学评价多元化的内容

教学评价是依据一定的教学目标和标准，对学生的学和教师的教进行系统的调查，并评定其价值的优缺点以求改进的过程。教学评价可分为如下几类：诊断性评价、形成性评价、终结性评价、相对性评价、绝对性评价、个体内差异评价、单项评价、综合评价、主观评价、客观评价等。知识是一个过程，而不是结果，知识体系总是处于变动之中，这与传统评价方式的静态的一次性操作方式完全不同。传统单一的评价方式已经不符合当代心理学理论中的多元智力理论。在"应试"教育中，对学生学习结果的评价主要集中在知识的掌握、智力的发展等认知领域，对教师教学水平的评价往往以学生的考试成绩为依据，而对学生的思想品德、个性、人格等的发展以及教师的教学行为、授课质量不够重视。随着对教育评价目标和功能认识的不断深化，人们逐渐意识到，不仅要评价教师的教，还要评价学生的学；不仅要评价教育活动的结果，也要评价教育活动的过程；不仅要评价学生在知识、技能、智力和能力等认知方面的发展，还要评价情感、意志、个性、人格等非认知因素的发展。因此，教学评价多元化必然逐渐取代传统单一的评价，这也是世界教学评价的一大趋势。

（一）教学评价标准的多元化：随着社会的发展，学校教育越来越注重人的个性的充分发展，而一元化的教学评价标准与这一要求是不相适应的，这就要求教学评价标准必须多元化。教学评价标准的多元化表现在许多层面上。从宏观上讲，一个国家可以根据各地经济、教育发展水平的不同而采用不同的评价方式，各学校可以根据各自办学条件、培养目标等的不同而在评价方式上有所差异。从微观上讲，教师可以针对每个学生的特殊情况，确立不同的发展目标和相应的评价标准。

（二）评价对象的多元化：传统教学评价由于过分追求量化评价，这样就抛弃了许多暂时无法定量而又极为重要的评价信息，这种评价体系的信度、效度都是值得怀疑的。为了保证评价的信度和效度，尽可能地发挥评价手段的积极后效作用（positive backwash effect），尽量降低评价手段消极的后效作用（negative backwash effect），被评价的对象必须多元化。评价对象的多元化主要体现在以下几个方面：1）把学生的情感、能力等作为重要的评价对象。2）把课程目标纳入评价对象之列。3）使教学评价者也成为评价对象。4）使课程参与者也成为评价对象。

（三）评价主体的多元化：在"应试"教育中，教育评价活动的主体主要是学校管理人员或教育行政部门，是一种单一性的他人评价，作为评价对象的教师和学生则完全处于被动的地位，没有任何主动选择的余地。素质教育评价的一个重要特点就是评价主体的多元化，即评价主体由单纯的教育行政部门转变为学校管理者，同行教师、学生以及教师本人都可以对教育活动进行评价。评价主体的多元化，一方面可以从多个方面、多个角度对教育活动进行更全面、更客观、更科学的评价，另一方面，由原先的评价对象成为评价主体的教师和学生，在进行评价的过程中，也不再处于过去的被动状态，而是处于一种主动的积极参与状态，充分体现了他们在教育评价活动中的主体地位，这十分有利于教师、学生不断地对自己的教育活动和学习活动进行反思，从而不断提高教育的质量和效率。

（四）评价方法的多元化：由于教育活动的极其复杂性、多因素的制约性以及评价技术和手段的局限性，任何一种教育评价方法都不可能是万能的，每一种评价方法都有自己的特点、长处和缺陷，都有特定的适用范围和界限。当前世界教学评价中一个很重要的趋势就是定量评价与定性评价的结合。这种结合主要是针对传统评价中单一的量化方法的局限性而提出来的。量化评价方法有其客观性的一面，但其局限性也是很明显的，因为有许多因素是暂时还无法进行准确定量的。定性评价方法在很大程度上能进行整体性评价，从而给学生以弹性化、人性化的发展空间，但这种评价方法对评价者的要求相当高，同时由于其主观性较强，所以其效度受到一定的影响。因此，素质教育主张把各种评价方法结合起来，例如把定性方法与定量方法，自评与他评，结果评价与过程评价，诊断性评价、形成性评价与终结性评价相结合，这样既可以充分发挥各种评价方法的优势和特长，又可以互相弥补缺陷和不足，从而使评价的结果更加客观、公正。

（五）评价形式的多元化：传统评价往往用行为目标作为判断的依据，而行为目标是结果取向的，它重视的是学习结束后的成就，而忽略了学习的过程。目前大学英语教学中片面追求通过率这一现象在很大程度上就是源于对学生的评价只重视学习结束后的成绩、而忽视学习过程的反映。片面追求通过率就会忽视不同的动机取向和努力程度，忽视学习内在情意目标和态度的培养。因此，教学评价形式必须多元化，即必须是诊断性评价、形成性评价和终结性评价的有机结合。对学生进行评价，首先应进行诊断性评价，也就是对该学生现有各方面的发展水平作一个评价；然后，在学生学习的过程中随时要进行各方面的评价，特别是教师对该学生的评价及该学生自己对自己的评价，这些评价便于随时发现学生的学习方法、学习态度、教师教学方法、教学态度等方面的问题，随时加以改进，这就是形成性评价。最后对学生的各方面发展作一个终结性评价。只有通过这些评价方式的结合，才能准确、公正地评价一个学生，既能保证评价结果的可靠性和有效性，又能调动学生学习的积极性和教师教学的积极性。

9.4 教学过程质量改进

一、外语教师标准的颁布

《外语教学标准》的发表标志着美国外语教育在 1996 年的《外语学习标准》发表后又进入了新阶段。从此，美国外语教育不仅有学生可以遵循的标准，也有了衡量外语教师的标准，教和学都纳入了标准化的轨道。负责制订该标准的 15 位委员多数都是在岗的外语教师。从 1998 年开始，该文件几经修改，直到 2000 年夏天交由公众审核。委员会最终在 2000 年 10 月通过了最后一稿的验收。这是该委员会发布的核心课程系列标准中的最后一门教学标准。主要规定了作为成熟外语教师所应掌握和必备的条件。新标准由 3 个重要部分组成：（1）教学行为是自然预设的，所以能为学生学习创造条件；（2）教学行为直接促进学生学习；（3）教学行为通过职业发展、超越行业的首创精神直接影响学生学习。这些标准同时提出了外语教师进行高水平教学所需的基础知识、技能、气质和义务。该标准的出台对推动外语教学改革、提高外语教学质量、保证外语教师的社会地位都有很大的意义。

（一）制订《外语教学标准》是实践教育新观念的

第一步《外语教学标准》的制订是基于教师对学生的影响作用：即一个高质量的教师带给外语课堂的优秀专业品质能使所有学生都终生受益。NBPTS 外语标准委员会的主席 Thomas Keith Cothrun 就在《外语教学标准》的序言中说道："新标准增加了我们的信心：外语教育是孩子们享受整体教育的组成部分。（2001：vi）"通过该标准，NBPTS 希望能够提高成熟外语教师的职业意识，为提高外语教师的职业威望、为兼职任教群体谋求工作铺平道路，也为外语教师的职业成长提供新机遇。《外语教学标准》的目的是提高所有教师的外语教学水平，激励那些达不到标准的教师通过职业发展和培训努力达到这些标准。因此，它结束了美国外语教育的随意性、无标准、低质量的历史，为保证所有学生均能享受高质量的外语教育提供了可能性。

（二）《外语教学标准》的主要内容

《外语教学标准》主要由 3 个方面 14 条标准构成。合格的外语教师必须在教学中达到以下标准：第一，为学生顺利学习做好师德和专业准备：

（1）了解学生：把学生作为个体看待，积极了解学生的知识水平并培养每一个人的语言能力和学习兴趣；（2）公平对待不同的学生：遵循平等原则，对不同种族、不同语言、不同文化的学生都一视同仁，使每一个学生都能达到最大的学习目标；（3）掌握外语知识：对所教语言达到高度熟练，掌握语言的功能，为学生设定可以达到的、有价值的学习目标；（4）具有文化知识：作为教育的组成部分，成熟的外语教师应了解目标文化和目标语言，并清楚它们之间的紧密关系；（5）掌握语言习得知识：成熟的外语教师应了解学生如何习得另外一种语言的能力，在语言教与学中能运用不同的教学方法和手段，设计与教学目标相适应的教学策略。第二，激励学生学习：（6）积极有效地调动学生学习外语与文化的动力，利用不同的教学策略帮助学生提高外语水平、增长知识，培养他们批判性和创造性的思维能力；（7）具备课程和教学的衔接能力：成熟的教师能确保学生在原有的基础上到高一级水平的学习是衔接的、长期的和连续的。教学生带着目标去学：即经过几年的学习，学生将从只会简单的外语发展到使用高级外语的程度；（8）创造具有包容性的、关爱的、挑战性的和激励性的课堂环境，使学生能在课堂上进行有意义的交际并积极地学习；（9）利用教育资源：挑选、改写、创造并使用适当的教育资源帮助学生达到外语教学的需要，并在学生间开展批判性和创造性的思维活动；（10）评估：利用适当课程和学习者不同的评估策略，用评估结果调动学生学习，帮助他们反思自己的进步，报告自己的进步，并把它作为外语教学的重要组成部分。第三，支持学生学习：（11）反思业务成长：继续分析和评价自己的教学以便强化教学效果和促进学生学习；（12）与其他学科的同事、家人、学校群体成员以及自由社区一起工作，为提高学生的兴趣服务；（13）集体互助：在外语教学中为改进教学计划、提高知识水平和帮助同事搞好教学做出贡献；（14）支持外语教育：支持校内外所有学生在多语言环境中学习，为他们提供长期的、连贯的外语教学计划。

（三）新标准成为中小学外语教师资格认证的依据

美国全国教学专业委员会的外语教师资格认证的各项要求就体现在这14个标准里。每一个标准都是教学艺术和科学的重要结合，密不可分，也是高水平外语教学实践不可或缺的内容。该委员会在2001－2002

学年开始针对西班牙语、法语和德语进行中小学外语教师认证，其余的语种将陆续在今后几年内进行。该委员会的使命就是建立既高又严的标准，以指导成熟外语教师应该做什么和能做什么。到2002年，该委员会用新标准认证的教师已经达到了9 531名。至此，外语教师们就像其他行业一样，可以通过出色的表现、必要的教学行为评估，取得一流教师所具备的资格证书。《外语教学标准》不仅仅是教师教学、资格认证的依据，更重要的是，它使外语教师各个阶段如培养、录用、考核、继续教育等等都必须依据标准进行，这就意味着今后的教师发展、业务提高都实现了标准化。

三、外语教师发展终身化趋势

《外语教学标准》中的第11条"反思专业发展"体现了教师职业发展的新观念，即要求外语教师的职业水平应该是动态发展的，而不应该是静止或倒退的。与以往的一劳永逸式的岗前培训不同，它要求教师的业务水平随着教学时间的积累而不断地提高。也就是要求教师要经常性地进行岗上培训，在教学中获得自身的提高。促进教师业务提高的主要途径就是鼓励教师对自我的专业水平进行随时随地的反思以求得进一步的发展。一方面提倡自我发展的终身化，另一方面通过培训强化教师发展的终身化意识。《外语教学标准》看起来更注重教师的自我发展。

（一）提倡自我发展终身化

（1）广泛的反思性教学实际上就是要求外语教师对教学不断反思、对业务不断提高、对自我不断发展，以促进教师发展朝终身化方向发展。反思将强化教师的创造性、激励个人成长愿望，有益于传授主要知识和培养课堂技能，养成教师的专业气质。以高标准进行反思性教学的教师将逐渐形成敏锐的专业判断力，使外语教师更加专业化。这就要求教师要克服一次性学习的观念，树立终身学习的精神，使每一堂课的教学都成为教师反思和提高的机会。那么受益的学生就远不只一堂课、一个班级。

（2）自我发展的终身化既然要求知识必须不断更新，那么外语教师的讲稿就要随时间的变化而变化，随班级、学生的不同而变化。这就意味着要求教师的每一堂课都要上出新意，都要推陈出新，无形中培养了教师终身学习、终身发展的意识。外语教师要力图把每一堂课都当做提高自己教学质量、指导课堂教学、拓宽自己专业眼界的机会。因为无论一个教学过程多么好，反思性专家确信它都可以改进或改革以更好地满足学生的需要。

（3）分析自己的教学经验，有规律地反思成功或失败的经验。可以写教学反思记录，或办一个反思杂志。要经常分析教学实践与学生学习之间的关系，以开放的心态对待创新，把学生的需要与长期的教学目标结合起来。一旦养成终身的自我评估习惯，教师将不断地挑战自己、发展自己，把专业的成长与发展和赋予课堂教学以活力当做自己的责任。

（4）挖掘学生和当前语言教学的知识深度，开拓他们知识的内容广度，促进学生和教师的认知发展。要明确地认识到外语教学是一个发展的领域，所以外语教师要经常研究教学实践，精通专业人文知识，并在教学大纲和教学决策中应用自己最新的研究成果。同时了解外语研究的前沿问题，跟上学科的发展。通过创新，以正式的或非正式的方式主动研究自己的教学，追求、探索自己不熟知的知识和专业，自觉养成终身研究的习惯。

（5）跟上辅助教学技术手段的发展，随现代技术和电子世界的发展不断更新自己的知识，经常与同事交流、参加辩论，以类似的研究强化终身型的专家气质。

（6）不断分析、评价自己的教学质量，强化教学效果、促进学生学习。能够形成自己的教学行为原理，促进终身自我发展。

（7）为更新自我知识，要积极地与其他专业教师进行有效的互相交流和学习。利用本专业资源，积极参与高级教学计划。与同事要有合作精神，能批评地检查自己的教学，积极寻求同事的帮助，以教师和学习者的身份继续发展自己。

（8）做新教师的良师，参与同行教师的教学，欢迎同事以他们的观察帮助自己做自我评价，或学习其他教学上富有成效的教师。提倡内部合作与团队精神，实现跨学科、跨层次教学。

（9）语言习得是终身的过程，教师应成为终身学习的榜样。向学生展示自己的语言能力，让他们效仿或超越自己，并终身致力于提高自己所教语言的技能。参与跨学科语言教学活动，到国外旅游以维护或提高自己的语言水平和文化知识，阅读大量原文，积极与目标语言的本族者对话。明确自己在语言学习方面的优点和弱点。

（二）通过培训强化外语教师的终身发展意识

由于《外语教学标准》体现了对外语教师从事外语教学的新要求，也就直接影响了外语教师培训的发展趋势。在外语使用技能方面《外语教学标准》要求教师要对所教语言达到高度熟练；对外语教学技能方面的要求主要是通过反思性教学不断提高教师的教学质量和学生的学习质量。对语言的高度熟练与对教学技能的不断探索，都预示了外语教师培训要关注教师的职业性终身发展。但在现实中，选修外语的学生人数不断增多（如1994年比1990年就提高了17.6%，并且还继续在增长），外语教师极度缺乏，通过紧急认证或其他办法录用了自愿加入外语教学队伍的人士，导致了外语教师队伍的质量参差不齐。美国教育部2002年发布了一份《公立学校教师的资格：外行教学普遍》的报告，对1987-1988和1999-2000年度的教师资格进行了调查。调查显示，美国中小学外语教师中，本专业毕业的外语教师只占43.4%，非专业者占56.6%；具有教师认证资格的教师，本专业毕业的外语教师占34.5%，非专业者占31.5%，认证率为66%；没有认证资格的占31%。因此，联邦政府提供广泛的教师继续教育计划，包括由"国家人文资助项目资助"的高校暑期培训班、由提高中学后教育基金（FIPSE）赞助的课程与教材开发项目、由美国教育部的国际教育中心在高等教育法案第六条规定下资助的国家外语资源中心等，都为全国范围内的外语教师提供继续教育。这些培训中心为K-212外语教师和高校教师在教学年内以及暑期项目内提供交流和合作的机会（Peyton，1997）。但是，由于《外语教学标准》更加关注教师的持续发展问题，对于外语教师的培训就不仅仅是补充学历和资格认证，最重要的是在岗培训体现了与以往不同的趋势。主要的内容有：

（1）保持和提高外语教师的语言熟练水平成为教师发展的经常性主题。语言熟练即指在真实生活情景中用目标语言进行交际的能力（Shultz，1998：7）。这就要求教师具有以"标准"为基础、以口语熟练为宗旨的语言技能。而该语言技能必须通过教师的自我发展和参与培训得到不断的巩固和提高。因为语言熟练程度是一个不训练就渐退、一培训就渐进的过程。所以外语教师的语言技能提高是教师发展的长期任务。早在1986年，美国外语教学理事会就开发了以教师资格认证标准为基础的

ACTFL指导方案。该方案有助于外语教师确立语言学习目标、计划学习活动以及评估外语熟练水平。开发了"以熟练为基础的外语教师认证"测试用于培训外语教师通过面试进行口语测试。高级水平的口语要达到用目标语言就各种不同的主题,在正式或非正式的场合、以具体的或抽象的观点进行准确流利的、完全参与的、效果良好的对话。联邦政府和州政府每年都拨出专门资金用于支持教师提高语言熟练水平的培训项目。如国外学习和旅行项目:由海外教育和外语学习基金资助到目标语言国家学习或旅游,增加外语教师与目标语言和文化的直接接触机会;作为短期解决办法,各州举办专业发展活动,如大学课程和暑假讲习班,对在职教师进行以目标语言交际为主要内容的培训;另外,各州和地方组织还举办定期的或特殊的以提高语言技能为目的的讲习班。还有鼓励教师周末参加浸透性语言活动(immersion language activity),如ACTFL就开展暑期的语言浸透活动,从一周到几周不等。安排至多4人的学习小组到目标语言家庭进行语言实践,以及用目标语言讨论时事的聚餐等,向教师提供与同行进行目标语言交流的机会。

(2)教师发展要求传统的在岗培训模式随着《外语教学标准》产生而发生变化———增加了现场切磋与交流的机会。传统的学历教育或专业培训包括外语教学法、计算机辅助教学、艾滋病和毒品教育、课堂管理、外语教学技巧和策略等等。这些培训可以使教师在知识上有所收获,但是却互相脱节,并且与如何提高学生的外语学习质量不相干。由于《外语学习标准》的重点放在教师应该为学生而知而会,教师需要有重点的、反思性的和连续的继续学习机会,因此,在岗培训的模式中出现了新的内容:为教师组织意在提高学生学习质量的"专业团体"活动。教师们在活动中通过共享教学兴趣与优势,共同设计和发展职业目标和专业水平。分析学生行为与学习数据,并把它们作为推动教师共同帮助学生达到学习标准的媒介。两种新的教师培训机构应运而生:一是职业培训学校,为外语教师提供合作学习双向受益培训———即学校成为教师专业发展和进步的实习基地;二是教师网络,电子通讯使教师网络成为可行和灵活的交流手段,使具有同样思想的教师到网上集会、切磋成为可能。最近,教师网络已经成为一种主要的促进教师专业进步的方式。其实,早在1990年,Lieberman & Miller(1990)就已经建议要通过研究小组为教师的咨询创造文化支持、网络支持、教学大纲集体写作、研究项目和其他的专业发展活动。3）外语教师教学技术能力必须跟上技术的发展。科学技术的发展为外语教学提供了丰富的教育资源，也为教师们共享这些资源提供了可能性。教育技术和教育资源处于不断的发展变化中，能否跟上发展决定了外语教师们的业务能否终身发展。因此，培训外语教师掌握先进的教育技术成为美国保证外语教师发展的重要内容之一。美国各学校间的网络已经实现了连接，但是依然有很多教师不知如何使用计算机。为了帮助教师尽快掌握现代教学技术，美国教育部于1999 年开发了"为明天的教师使用技术而准备"项目，每年提供一定的资金帮助新教师成为质量高、技术熟练的21 世纪的教师。2001年提供了1.25 亿美元基金，通过技术培训班以及以实地指导、研讨会、远程教育、导师训练的形式对教师进行培训。教师发展在技术方面的任务是：重新设计课程，以便能更好地把最好的教学技术纳入师范教育。制作CAI 课件、开发教学技能、熟悉教学软件和硬件，学会使用网络资源以及远程教育手段丰富外语教学内容，使用互动性的软件增加外语学习兴趣；利用网上聊天、电子邮件、网上讨论等直接参与目标语言交际。现在计算机技术掌握的熟练程度已经成为评估外语教师的标准之一。总之《外语教学标准》成为继《外语学习标准》之后又一个美国外语教师可以遵循的教学文件。《外语学习标准》为教师们提供了固定的教学内容，而《外语教学标准》则为教师们提供了动态的发展目标。两份文件的宗旨贯彻了以学生为中心开展教学和发展教师的理念。《外语教学标准》则抓住了影响教学质量的关键因素：教师的质量。围绕这个标准所体现的教师发展趋势，不仅使学生受益，更重要的是教师将拥有更大的发展空间；通过自身的发展不但可以提高自身的生存质量，而且通过他们的有效工作将提高整个民族的生存质量加强改革

（三）外语教学的艺术

（1）赢得学生尊敬与信任的形象艺术课堂是传授知识的神圣场所，应庄严、肃穆、安静、雅致，教师应朴素端庄，仪表潇洒、举止稳重、表情自然、情绪饱满、真切感人，既要刻画出教师职业的神圣，又要反映出为人师表的风采。

（2）集中学生注意力的艺术，首先要以恰当、引人入胜的开头引入

正课。讲课中要根据情况调节课堂气氛，采取适当的比喻、恰到好处地幽默语言、形象生动的举例，使学生兴趣盎然，张弛相间，思维活跃，从而提高听课效果。

（3）语言表达艺术对于外语教师来说，讲课要使用流利的外语，发音准确，语言简洁，形象生动，音调适度，音色优美，富有节奏，力求达到描述事物形象逼真，印象深刻。

（4）体语艺术教师的眼神以冷静、热情、柔和、亲切为宜，且应眼观全场，扫视各方，使学生感到时刻受到教师的关注和鼓励。表情与手势应豁达大方，优美自然，使学生感到亲切和轻松。

（5）教法轮换艺术讲课中，要注意观察学生反应，以及时收取反馈信息。如发现学生有疑惑眼神或表情，则应转换讲法，从不同角度解释；如发现异常交头接耳议论声，可能讲话或板书有误，应及时留意检查纠正。此外，根据学生反应亦可提高讲授速度，删增课程内容等。

【参考文献】

[1] 王艳，安蕾，胡晓欧．传统英语专业课程体系的特征及其对当前的借鉴意义 [J]．大舞台（教学探索）．2009 年第 4 期．

[2] 孙计萍．大众化背景下的精英高等教育质量标准多元化探索 [J]．漯河职业技术学院学报．2008 年第 7 卷第 1 期．

[3] 艾月霞，欧阳征标．建立本科教育质量保障体系的研究与实践 [J]．科技创新导报．2009 年第 15 期．

[4] 杨金观，李爱民．构建全过程本科教育质量保障组织体系的理论与实践 [J]．中国大学教学．2008 年第 12 期．

[5] 马力，王晓君，柳兴国．高校教师教学质量评价指标体系与方法 [J]．统计与决策．2005 年第 15 期．

[6] 胡忠望，王京文，肖建华．高校教师教学质量评估指标体系的研究与构建 [J]．湖南工程学院学报（社会科学版）．2006 年第 3 期．

[7] 黄爱凤．试论英语教学中学生成绩评估体系新模式 [J]．西安外国语学院学报．2002 年第 9 期．

10 构建外语专业人才培养质量的内部保证体系

构建科学的高校外语专业人才培养质量内部保证体系是确保高校外语专业人才培养质量的基础工程。按照系统论的观点，一切系统都是诸要素间及其与外界环境间的相互作用方式构成的一定有组织的整体，没有整体联系就没有整体功能。高校外语专业人才培养质量保证体系的构建无疑也是一个系统工程，从宏观层面来观察，它包含内部保证体系和外部保证体系两个子系统，两者缺一不可。内部保证体系是围绕提高人才培养质量，高校自身所建立的外语专业人才培养所必需的各项保证措施，它是高校内部各要素的有机集合。与外部保证体系相比，人才培养的内部保证体系完全可以自我操控。外部保证体系虽然可以把握和有效利用，但它不以高校意志为转移，具有不可操控性。

10.1 内部保证体系的组成部分

高校外语专业人才培养质量内部保证体系的构建是一项系统工程，从过程上看，包括外语专业人才培养目标的确定、组织实施到最终实现目标；从组织结构上看，包括从学校党委、行政到各职能部门、教职员工及学生共同组成的一个结构体系；从机制上看，有投入机制、保证机制和评价机制。

一、高校外语专业人才培养质量内部保证体系的组织结构要素

德国学者马克斯·韦伯在 20 世纪初提出了科层管理理论，其主要观点是"建立一个理想的行政组织体系，使权力合理又合法"。科层管理理论的主要观点是："把为实现目标所需要的全部活动划分为各种基本作业，作为任务分给组织中每个成员，每个成员都有明确的权力和义务。"所有成员"必须严格遵守组织中规定的规则和纪律，这些规则和纪律是不受个人情感影响而在任何情况下都适用的"。按照科层管理理论，高校内部组织具有明显的科层结构特点，在这个组织中间，不同层级在人才培养目标的实施中有不同的权力和义务。在层级管理中机构、岗位的设置尤为重要，科学合理的机构和明确的岗位分工可以形成职责明确、运转灵活的工作格局。在这个科层结构里，校级管理者处于高校科层结构的最上层，承担学校人才培养目标总策划、总设计的任务，通过事业发展规划确定学校定位及人才培养目标定位；教务处、教学院（系）及相关职能部门是第二层次，是人才培养目标的组织者或服务者，其中教学院（系）还承担着专业人才培养目标的设计和制定，但专业人才培养目标必须在学校总的人才培养规格的框架下结合自身实际和特点来设计和制定，其他职能部门围绕人才培养目标的有效实施开展服务工作；教师（教研室）处于第三层次，以课程为单元直接承担人才培养任务；学生处于第四层次，他们既是培养对象，又是培养的参与者。上述四个层次人员在人才培养目标的实施中承担不同的职责，但必须朝着一个共同的目标，才能确保人才培养目标的有效实施。

二、外语专业人才培养质量内部保证体系的物资性要素

高校外语专业人才培养质量内部保证体系的物资性要素的源头是财政收入，财政收入是物资保证体系的第一要素，由此派生出来的是教学设施、仪器设备、图书资料、生活设施等。物资保证要素在很大程度上依赖于外部世界，如政府拨款、社会捐助等，其中政府财政拨款是现今高校的主要财政来源之一。物资资源拥有量在一定程度上左右着高校外语专业人才培养质量，但高校在可支配的物资资源上拥有较为绝对的自主支配权。随着《高等教育法》的颁布实施，高校办学自主权扩大，如何支配物资资源是校本管理需要深入研究的重要课题，它直接影响到物资资源效益的发挥和人才培养的质量。

三、外语专业人才培养质量内部保证体系的非物资性要素

非物资性要素在外语专业人才培养质量的保证体系中占有相当的份量，非物资性要素主要有以下几方面：

（一）目标。高校外语专业人才培养目标具有层次性，确立高校外语专业人才培养目标应把握层次性要求。从高校分类发展的角度去理解，我国高校目前分为研究型大学、研究教学型大学、教学研究型大学和教学型大学。不同类型高校的人才培养的类型亦即人才培养的目标各不相同，这已在教育行政主管部门、大多数高校领导者和高等教育研究者中形成了共识。按照高校分类发展和分类管理的原则，高校在确定人才培养目标时定位准确是关键，准确定位人才培养目标是实现人才培养质量要求的前提。不同类型的学校有不同的目标，同一类型的学校也有各自的追求和侧重。当然，在同一层次的人才培养方面，有普遍性要求和特殊性要求。必须遵循普遍性要求，在此基础上追求个性，即着力强化特色。

（二）机制。机制的形成首先来源于制度，建立有效的机制是实现依法治校、确保人才培养目标和质量的先决条件。机制建设包括运行机制和评价机制两方面，其价值取向应当是能有效合理的调动学校各种资源，集合各种力量聚焦人才培养目标和质量，为人才培养服务。

（三）师资。清华大学前校长梅贻琦先生曾说过："大学者，非乃大楼之谓也，乃大师之谓也。""大师"并不仅仅是指学术大师，在现今情况下，"大师"应当是高水平的适应学校事业发展和人才培养目标需要的师资队伍的泛指。建立和拥有一支学历、职称、知识、年龄结构合理，素质优良，热爱和乐于献身高等教育事业的师资队伍是人才培养目标实现的首要保证。

（四）课程体系。课程体系服务于人才培养目标，是确保人才培养质量的基本架构。课程体系构成的单元是课程，人才培养质量在很大程度上依赖课程体系和单元课程的内容。因此加强课程体系的改革，设置科学合理的课程体系，选取科学合理的教学内容，将直接对人才培养质量起到积极的促进作用。

（五）情感。高校外语人才培养质量内部保证体系非物资要素的组织离不开人，人既是非物资要素之一，又是各种非物资要素的组织者，还

是人才培养目标的实施者。人的管理是高校外语专业人才培养质量内部保证体系的关键之关键。人的最大潜能的发挥需要情感的激发，通过机制制约、价值取向引导、目标认同等有效结合方式激发学校领导精力投入的热情、教师育人的热情、学生学习的热情、管理服务人员服务的热情。

10.2 构建内部质量保证的意义

前面提到，高等学校教育质量的保证分为外部保证和内部保证。外部保证主通过政府的政策、立法和管理机制和社会的评价、排名等方式实现的。由于高等教育大众化背景下，高等教育形式、结构日益多样化，政府通过政策法规对教育质量保证难免缺乏针对性，加之政府职能部门对各类高等教育的政策还处于逐步完善中，政府论证、出台和实施政策也需要一定的时间，因此不能完全依靠政府的行政力量对教育质量进行保证；另一方面，随着高等教育体制呈现多元化的趋势，出现大量不依靠政府的财政性拨款的民办高校和独立学院，所以政府通过财政拨款的手段去激励教育质量建设的措施具有很大的局限性；再者，目前虽然我国出现了一些社会中介组织，通过社会评议、大学排名的方式对高校教育质量建设施加影响，但由于这些机构出现不久，专业性不强，对高校教育质量评价欠客观和公正，且不能准确地反映社对高等学校人才规格的需求。因此，高等学校必须明确质量是生存和发展的生命线，自觉主动地保证教育质量，把自身放在质量保证的主导地位上，构建以内部保证为基础的质量保证体系，并通过自我积极的努力而实现高质量的教育，从而赢得社会的赞誉和人们的信任，获得广阔的生存与发展空间。

从高等教育本质来看，高等学校人才培养质量与工商业产品质量相比，除了要求获得外部的认可外，还须具有超脱世俗的内涵。这是因为大学是探究高深学问的地方，虽然现代大学已经从象牙塔走了出来，但仍然具有学术自治的传统，所以其知识传授与创新活动依靠自我约束。美国教育家布鲁贝克说："为了保证知识的准确和正确，学者的活动必须服从真理的标准，而不受外界的压力。"1987年英国高等教育白皮书《高等教育——应付新的挑战》指出："高等教育质量主要靠高等院校在维护与提高标准上所作的贡献，虽然政府和消费者可以建立种种体制对高等院校进行保证，但是毕竟高校自身才是质量控制的中驱，外部对高等院校的保证主要是通过制度和财政拨款等方式实现的，但这些方式并不是决定高等教育质量的主要方面。"在国外流行的高等教育质量保证运动中，西方发达国家往往是通过将质量评价与政府的财政拨款直接挂钩的方式对高等院校的质量进行控制。但这些外部保证方式，并不是主导方面，高等教育质量的保证，基本依托高等学校自身的自觉、主动的质量管理行为和措施。

高等学校教育质量内部保证体系在教育质量建设中起基础性作用，所谓的办学定位、办学特色、发展战略等等，是通过自我检查和监督来保证的。随着国家高等教育管理体制改革的深入，高校的自主权增大，国家对高等教育开始由集权管理转向宏观调控，高校取得生存和发展，必须增强自身对教育质量控制和管理的自觉性。实际上，外部保证体系要真正发挥作用，也只有在高校的积极主动的配合下才能实现。比如说，我国教学水平评估，就是在自评的基础上进行的。

10.3 内部保证体系的构建

高等学校质量内部保证的最终目标是高等学校自身通过对教育质量进行监控、管理和评价，发现制约质量提高的因素，提出改进措施，改革质量管理的方法和手段，从而促进教育质量的提高。内部保证体系是由涉及到高等学校内部质量保证的各个相互联系的方面和环节所组成的整体，这主要涉及到由谁保证、保证什么、怎样保证三个方面。

当前高等教育质量内部保证体系中的三个主要环节存在诸多问题。首先，保证主体不明确，这表现在两个方面。一方面是保证机构职能不明确，质量管理行为不协调，各所高校纷纷成立了关于教育教学质量保证的专门机构，如教育教学督导委员会、学术委员会、教学评估办公室等部门，但这些机构的设置缺乏制度保证和固定的运行机制，组织成员多为兼职，这样的多主体下教育质量保证的效果难以保证，工作效率也十分低下。另一方面，质量保证的具体人员角色错位，由于学术权力弱化的情况普遍存在，学术管理的质量保证本应由专业人员进行，但行政人员代为行使这方面职责，使得教育质量最关键的教师教育教学行为由"局外人"保证，自然严重影响教师提高教育质量的积极性和主动性；许多高校对于教育质量保证的内容不明确。如一些高校人才培养目标不明确，师资队伍建设不力，学科、专业、课程设置没有得到科学论证等等，然而他们却没有意识到这些方面才是教育质量建设的重要内容。第三、许多高校大谈要保证质量，却不知如何保证，在实际工作中，顾此失彼、"眉毛胡子一把抓"的现象较为普遍。很多学校没有建立较为完善的教育质量保证机制。例如，许多高校在内部评估机制方面，对评估技术手段缺乏科学的论证，评估的过程存在随意性，评估对象存在被动性。信息反馈机制方面，教育质量保证信息交换渠道不畅通，在外部竞争加剧的环境下，高校不能积极主动与外界交换信息，以调整人才培养模式，改革人才培养方案，同时，由于信息交换不畅，使高校内部各部门对质量管理工作缺乏总体把握，形成片面看法，采取不当措施。如何进行教育质量保证已成为制约高等学校教育教学质量提高的瓶颈，这些问题在有些高校甚至已经成为综合症，严重制约高校教育质量保证和提高，有学者就把这些情形概括为："松散的部门联系，微弱的教师保证，缺乏学生的参与，严重的传统约束。"建立高等教育质量内部保证体系，首先就是要协调教育质量保证主体之间的关系，建立分工协作的教育质量保证主体。高校教育质量内部保证，需要高校内部全员参与、全过程参与，并建立多个机构和组织，共同完成质量目标。在人员的参与上，应以专门的教学管理人员、教学督导员、教学信息员等为主。在机构的组建上，应以教务处为中枢，协调好教务处、院系和教研室等机构之间的关系。所有的质量保证主体，既分工又合作，使质量保证工作有章可循，有条不紊。这个方面必须通过教学制度建设实现，通过制度规范，使各个保证主体职责明确。这样，通过学校多个质量保证主体相互协作，从而调动全体教职工的积极性，同时吸收广大学生参与质量建设，将质量保证贯穿教育的全过程，体现在学校工作的各方面；

其次，高等学校进行教育质量保证，必须明确教育质量保证的内容。高等教育质量保证内容可分为四大方面：输入质量保证、过程质量保证、输出质量保证和系统效率。输入质量主要包括教育目的、师资、生源、高校质量文化等方面。过程质量包括课程建设、教学方法、师生关系等方面。输出质量包括社会输出质量（如学生毕业率、就业率等）、学生学习质量两个方面。系统效率主要包括师生比、生均培养费用、时间效率、综合效率等方面。各高等学校必须根据社会需求、自身定位和教育本身发展规律，采取有效措施，在以上四个方面进行质量保证。

最后，不断完善适合自身特征的教育质量保证机制。首先，要建立教育质量的自评机制。高等学校建立一支科学合理的教育质量评估队伍，是教育质量保证工作的基础，不仅保证教育质量保证工作的顺利进行，还可以确保高等学校教育质量建设在国家统一要求的前提下，实现教育质量的特色化。教育质量评估队伍应由学术造诣高、立足教学前线、教学经验丰富，同时具有高等教育评估的理论与方法、道德高尚的人员担任。其次，建立教育质量的激励机制。高等学校应该针对学校内部缺乏质量保证的内在动力、缺乏质量文化氛围等现实情况，建立切实可行的激励机制，通过教学比武，教学经验交流，名师评选等方式，使教师树立教研教改的意识，激发其提高教育教学质量的热情，自觉主动地改进教学方法与手段，优化教学内容，从而保证和提高教育教学质量。最后，完善教育质量信息反馈机制。教育质量信息，是指教育教学实践中能反映教育质量的各种数据、报表和凭证。建立灵敏的教育信息反馈体系，可以使高等学校及时收集和分析教育教学实践中各种信息，为学校决策者提供依据。高等学校应通过不断完善教学信息员制度、教学督导制度、教学考评制度等制度，使学校和广大教师及时发现教育教学实践工作中存在的问题，改进工作方法，从而提高教育质量。

10.4 影响内部保证体系构建的因素

制约高校外语专业人才培养质量内部保证体系的完整性和实施的有效性的因素很多，主要有以下几方面：

一、内部组织结构和运转方式的特殊性。高校从内部结构来看，存在着四种结构体系：行政组织体系（包括党务管理）、教学组织体系、学科组织体系、后勤服务组织体系。高校的内部运转依靠这四个组织体系来维系和推动。但各个体系有各自的运转方式和规律，它们按照各自的目标运转，缺乏有效地配合，甚至时时相互制肘。而人才培养所依托的主体——教师又分布在不同的专业和学科，他们"最大相同之处就表现在他们都一心一意地钻研学问，但他们最小共同之处是那种对他们来说都是共同的知识，因为他们研究的领域都是专门化的、互相独立的"。美国学者科恩经过长期研究发现，"大学是有组织的无政府状态"，因为"在大学无政府状态中，每个人都被看作是独立的决策者。教师决定是否讲授，何时讲授，讲授什么；学生决定是否学习，何时学习和学习什么"。这种组织结构和运转方式的特殊性往往会导致各自为阵的状态。

二、目标的多样性。高校具有三大职能：人才培养、科学研究与社会服务。高校在履行三大职能的时候，有时往往会削弱人才培养这个中心；高校还时常受到一定时间段的重要工作的影响，如学校升格、硕士学位和博士学位点建设等等。高校从而集中全力，突击"重点"，而偏离了中心。从教师来看，个人发展和教学的矛盾一直没有得到很好解决。评判教师水平的高低，教学是软指标，科研是硬指标，"教学、科研相互促进"大多停留在美好的愿望上，没有落实到实际效果上。

三、利益主体的多元性。高校内部组织结构不同于其他社会组织，它的最大特点正如美国学者罗伯特·伯恩鲍姆总结的那样是"松散联合"，"松散联合会使组织付出沉重代价"，因为"某些子系统之间相互不合作，而且相互之间还存在冲突"。高校内部结构的多元性和各个子系统的相对独立性决定各利益主体不可避免的有着各自的利益追求及相互之间的利益冲突，维护局部利益、与教学和人才培养争利益现象时有发生。

四、市场机制的制约。市场机制对高校办学的影响已经愈来愈大，我们不否定市场机制的积极方面，但负面影响也不能低估，从而导致高校人才培养过分看重市场。高校办学如经常被市场牵着鼻子走，势必促使高校忽视人才培养规格的普遍性要求，背离高等教育的内在规律。

五、内部教育资源的严重短缺。美国著名学者菲利普·库姆斯早在20世纪60年代就发现世界教育普遍存在的日益严重的财政危机，认为"有组织的教育系统不是靠口号和良好的意愿来运行的，是靠资金来发展的。当然，不是所有问题都能靠钱来解决。但是，没有资金来保证教育上所需的人力（教师、行政管理人员与勤杂人员）与物力（校舍、设备、材料、补给品），有组织的教育系统就会成为子虚乌有。"随着近几年我国高等教育的急剧扩张，而国家投入又极为有限，高校自身造血功能不强，社会融资渠道不畅等等，带来高校内部教育资源全面紧张，其中最为突出的是师资、校舍、教学仪器设备、图书资料的严重短缺，不可避免地会形成人才培养过程中的"偷工减料"，影响人才培养质量。

【参考文献】

[1] 安心. 教学型高校内部质量保证体系的构建 [J]. 宁波大学学报教育科学版. 2005 年第 4 期.

[2] 郑家成. 高校内部教学质量管理机制的优化 [J]. 教育发展研究. 2007 年第 3 期.

[3] 陈玉琨. 高等教育质量保证体系概论 [M]. 北京：北京师范大学出版社. 2004.

[4] 余小波. 高等教育质量保证活动的三个基本概念的辨析 [J]. 长沙理工大学学报. 2005 年第 3 期.

[5] 李志仁. 我国应建立高等教育质量保证体系 [J]. 高教探索. 2001 年第 2 期.

[6] 李巧林. 教育质量保证体系的研究与探讨与探微 [J]. 辽宁教育研究. 2003 年第 7 期.

[7] 戴林富. 关于构建高校人才培养质量内部保证体系的思考 [J]. 中国高教研究. 2006 年第 3 期.

[8] 余小波. 建国以来我国高等教育质量保证评析 [J]. 黑龙江高教研究. 2006 年第 6 期.

11 构建外语专业人才培养质量的外部保证体系

外部质量保证体系是指在建立高校自我保证基础上，政府、公众和社会机构所组织的旨在促进高校内部质量保证体系建设和高校人才培养、科学研究、社会服务等而进行的人才培养质量外部保证活动的整体，如政策引导、制度规范、过程监督检查、运行效果评价、社会舆论影响等措施。外部质量保证体系的实质是对高等学校内部教育质量的监控与反馈。外部监督的基本特点是由国家、社会和公众来参与高等学校的事务，更多地关注的是人才培养质量的外在目标，以便保证高等学校的毕业生能够比较好地适应国家、社会、市场的需求。

人才培养质量外部保证体系是学校内部人才培养质量保证体系有效运行的必要条件，而内部质量保证体系是学校正常运行的基础，两者是不可分割的共同体。高等教育人才培养外部质量保证体系，能够全方位、多角度汇集企事业乃至社会各行业对高等学校人才培养质量的信息。其质量保证活动主要是针对高等学校人才培养质量而进行的政策引导、制度约束规范、过程监督检查、运行效果评价、社会舆论影响等一系列措施，其实质是对高等学校内部教育教学质量的监控与反馈。高校可以根据外部对学校人才培养质量的反馈，修改教学计划和人才培养目标、建立新的人才培养标准等，来保证和提高人才培养质量。同时，外部质量监控能提供关注质量的体制性环境，有利于学校与外界的交流与沟通，并能为高等学校展示教学成就，证明自身价值，树立良好社会形象，争取外界支持提供不可多得的良机。

11.1 国内外大学外部质量保证的概述

高等教育质量外部保证体系的建立缘起于西方发达国家高等教育质量保证运动。其特点表现在政府、社会各界、高校共同关注高等教育的质量问题。20世纪80年代以前，在美国、英国等地方分权制国家中，高校的质量完全属于高校的内部事宜，政府与社会公众无权干涉；在欧洲大陆国家，高等教育管理体制属于中央集权制，政府负责对高校的拨款和管理，但是政府并不干涉高校的学术自由，教育质量也完全属于高校的内部事宜。20世纪80年代中期以后，欧美国家政府与社会公众对高等教育的办学质量表现出了极大的兴趣，中央集权制国家采用下放权利的方式，地方分权制国家采取政府参与的形式来关注高校的办学质量，社会公众也开始关注高等学校的办学质量，而高校则通过积极建立校内教育教学质量保证体系，以应对社会发展对高校提出的新挑战。

11.1.1 美国大学的外部质量保证

在美国，6个地区性认证机构和59个全国专业性的认证机构所进行的高等教育认证（Higher Education Accreditation），都是以评价为主要手段。这些认证机构都是私立的、非政府性的组织。其主要措施有：

一、认证制度

所谓认证（accreditation），是指从质量保证和质量改善的目的出发，对大学等高等教育机构进行的外部质量检查和评价。美国高校认证制度不是一种考核奖惩制度，而是一种院校自愿的，以获得业内同行和社会信任与认同的方法。认证与评估的结论仅限于院校资格认定或同类大学层次排名。认证机构是认证的主要实施主体。认证不是由政府机关，而是由民间机构组织实施。各认证机构工作人员主要为来自高等院校且具有良好专业声誉的志愿人员，认证工作人员不能与被认证学校有任何雇佣关系，不能在本州院校从事认证工作。认证机构主要分三类：地区性认证机构———负责对学院或大学等高等教育机构的全面评估，其目的在于评估全校总体教育质量，以及帮助评估院校提高教育质量计划；全国性认证机构———主要对具有单一目的性（single-purpose）的外语高等教育机构进行认证，包括专门进行远程教育的学院等；专业性认证机构———负责对专门学院和专门的教育计划进行认证。美国教育部和高等教育认证委员会分别对各认证机构进行定期检查，以保证在认证的质量。

二、媒体评价监督机制

美国的媒体评价监督机制的主要作用是各大平面和立体媒体从各个角度定期推出各类大学排名，促进大学的人才培养质量竞争。美国的高等教育外部监督特征主要有：外部监督主体的独立性；被监督客体参与认证与评估的竞争动力。美国高校认证制度不是一种考核奖惩制度，而是一种院校自愿的，以获得业内同行和社会信任与认同的方法。联邦政府认可的六大认证机构均是民间非赢利组织，认证工作人员一般都是受认证机构邀请，来自院校的并具有良好专业声誉的志愿人员。所有被认证的院校都是认证协会会员，而认证协会的认证经费来自于会员院校的经费。为了保证论证的公正，认证工作人员不能在本州院校从事认证工作，不能在最近一段时间内与被认证学校有任何雇佣关系，也不能是该院校任何公开招聘职位的候选人。地区认证已成为多样化的美国高等教育统一的重要力量，是近 4 000 余所高等教育机构在松散的高等教育管理体制下高效有序、高质量发展的重要保证。

《美国新闻与世界报道》对大学排名也充分保证了自己的独立性。它并非对所有美国中等后高等教育机构进行排名，而是在卡内基高等教育机构分类基础之上，进行重新归类并分类评估排名。2005 年只对 2000 年卡内基教学促进基金会分类的 3 941 所高等教育机构中的 1 344 所进行分类排名，不包括两年制学院、专门机构和部族学院与大学。外部监督主体独立于高等教育主管行政部门可以保证评估结果的公正性，满足政府和公众了解高等教育状况的需求，激励社会人士批评和关注高等教育，帮助高等院校沿着自己特定的使命和目标前进。

11.1.2 英国大学的外部质量保证

在英国，质量控制是大学自身的事，政府不加干涉，但质量审核和质量评估则由政府严加管理。国家学位委员会对高等教育实施水平评估。

一、借助与政府有关联的非官方组织

这些组织按照国家有关法律和政府的政策对高等学校的质量进行审计、认证，其成员主要有高等教育质量保证署、大学基金委员会、国家学位委员会等机构。大学基金委员会和国家学位委员会代表政府对高等教育实施水平认证、基金分配。高等教育外部质量保证则主要由高等教育质量保证署（Quality Assurance Agency of Higher Education，QAA）承担。QAA是一个与政府相关的非官方性独立组织，它的成员多来自高等教育机构内部，经费主要来自各个高校的捐献。在评估过程中，其人员主要来自QAA的成员、教师和管理者、评估专家、工商界人士。英国的高等教育质量协会和高等教育质量保证署是受高等学校资助的、独立的、非盈利的有限公司，承担质量保证、公众信息、标准确认、证书框架的管理，以及为各高等教育机构申请政府拨款的条件制定可操作的规范。QAA的主要工作有：参与高等教育质量保证的国际事务；为高校课程提供认证服务；制定学术质量标准等。QAA使英国的外语高等教育质量保证的目的、标准、过程更加统一与明确。

二、媒体评价监督机制

同美国的外部监督机制相同。在对高等教育进行外部质量监控的过程中，英国民间的监督与评价系统也发挥着越来越重要的作用与影响。《泰晤士报》自1992年后每年一度公布英国大学排行榜。它从民间的立场出发，组织有关专家对高等学校进行评估。由于指标设计合理、数据来源可靠，具有较高科学性和社会信度，成为英国政府和大众以及国际社会评判英国高等学校质量与水平的重要依据之一，同时对英国各大学不断提高教育质量发挥很大的促进作用。

11.1.3 澳大利亚大学的外部质量保证

澳大利亚大学的人才培养质量保证体系可概括为政府、大学和社会公众三个层面。1992年国家成立了"高等教育质量保证委员会"（Committee for Quality Assurance in Higher Education），该组织对高等院校自我质量保证的制度和程序进行独立审核，并从1994年起，根据评估结果为政府一年一度的补助经费分配提出建议。在1993年至1995年，政府启动了对教学、科研和全面工作三个轮回的评估计划。1995年成立了澳大利亚大学学历资格评定框架署，负责对高等教育系统各类院校进行资格授予。1998年，联邦政府决定把质量提高与资金分配挂钩，要求从本年度起每个大学都要提交质量保证与提高计划，并由教育部公布。澳大利亚政府于1999年10月18日通过了在联邦资助的大学中建立新的质量保证机制的议案，并于2000年3月成立了澳大利亚大学质量评估所（Australia University Quality Agency），简称AUQA，属于非盈利的独立于政府的中介机构。AUQA代表社会公众对大学质量进行评估，澳大利亚的所有大学每隔5年接受一次评估。评估结果通知学校，两年后，被评估的大学要提交整改结果报告。

11.1.4 法国大学的外部质量保证

法国是高度中央集权制的国家，高等教育事业由国家教育部统一控制。其高等教育质量保证体系主要由三个方面的机构负责：（1）国家高等教育研究委员会。（2）国家评估委员会。国家评估委员会1984年由法兰西共和国总统正式宣布设立，1985年开始运作。该委员会对法国高等教育机构进行综合性的整体评估，并在此基础上提出建议以提高其活动的有效性。作为相对独立的国家行政权力机构，该委员会一方面独立于政府，保持超党派性质，报告直接呈送共和国总统；另一方面，也独立于所要评估的高等教育机构，其评估活动旨在加强学校的自治和基础，增进学校的责任。委员会应邀进行的评估主要有三种：院校制度的评估、学科评估和法国高等教育状况的总体评估。（3）其他机构。法国参与高等教育评估的其他机构还有：①国家工程师职称委员会，它主要负责工程研究类高校的评估，发挥某种间接责任；②学位授予委员会，它在教育部高等教育理事会范围内，审定研究生课程并授予相应的学位；③大学理事会，它具有制定学术规划和规范，确定国家水平和为所有大学补充学术人员和促进学术发展等功能；④国家科学研究委员会，它是确定四年研究合同，对教育部研究基金进行分配的关键机构。

11.1.5 德国大学的外部质量保证

德国的大学校长联席会议和各州文教部长联席会议对于推进高等教育质量保证体系起着重要作用。它们负责实施全国性的"高等教育质量保证工程"并且制订评估的全国性统一标准。

德国高等教育评估一般分为自我评估、专家评审、院校协议三个阶段。德国高等教育质量保证和评估主要有以下特点：一是独立的教育协调机构在高等教育质量保证体系中扮演着重要角色，在联邦、州和高校之间起"缓冲器"的作用；二是注重评估和认证工作的质量，坚持标准的同一性与高校发展的多样性、地区性评估的灵活性相结合；三是强调评估和认证机构之间、评估和认证机构与高校之间的交流与合作，以确保评估和认证的公平、公信和有效；四是注意内部保证与外部保证相结合，重视学生和企业参与评估活动。

11.1.6 我国的外部质量保证实践

我国目前的高等教育评估（包括外语专业评估）是政府主导型的评估。根据教育部职能分工，教育评估工作由教育部各个具体的职能部门（包括官方性质的专业教学指导委员会）分工负责。2001年以前，我国主要开展了本科院校合格评估、办学水平评估和选优评估。到2008年底，教育部共对全国近千所高校进行了本科教学工作水平评估。2003年，教育部成立了高等教育教学评估中心，组织实施普通高等学校本科教学工作水平评估和指导各地方教育行政部门开展高职高专院校人才培养工作水平评估工作。各地方教育行政部门建立了相应的评估监控制度和组织。同时，各省市自治区高等教育主管部门也开展了一些诸如名牌专业、重点学科、重点专业、精品课程之类的评估活动。对人才培养质量产生了积极的促进作用。

我国现在虽然拥有执行教育评价与监督功能的机构，但该类机构主要为教育行政部门，评估的进行多由上级教育行政部门组织实施。从上世纪90年代至今，该类机构的功能虽然发挥了应有的作用，但是，我国的高等教育质量保证与评价体系属于一种集权制作用下的系统内部监督体系。目前，国内已经形成了三个层次的外部教育评估机构，其中国家层面有2家，如教育部外语高等教育教学评估中心和教育部学位与研究生教育发展中心；省级层面约有16家，如上海市教育评估院，广东省教育发展研究与评估中心等；地市层面约有49家，如上海市闵行区教育评估事务所，扬州市教育评估事务所等。国内的教育评估机构是政府职能转变的产物，开展评估更多地依靠行政委托而不是专业权威。

过分强调政府主导的外部评估在我国尤为突出，因为我国高校外部质量评价的主体是高校的上级主管部门，评估的结果不仅仅与经费的划拨有关，而且与大学领导的政绩及其职位的升迁关系密切，被评学校为外部评估所做的自评工作可谓"不惜一切代价"，夸大长处、开后门拉关系、掩饰瑕疵的情况非常严重。由政府单一主体组织的评估，评估的一切活动由政府包揽，政府控制评估活动的每个环节，从评估目的的确定、评估程序的选择、评估专家的聘请到评估结论的认定，处处体现政府的意志，并表现出一种强势力量，由此导致一些高校办学"趋同化"的现象发生。这些问题应该引起我们的警惕。否则，这种外部评估就失去了其本身意义。

从前几年我国外语高等教育的评估实践来看，也存在一些问题，主要表现在评估指标体系过于单一，过于依赖专家进校评估这一个环节，使高校压力过大。我们必须不断总结经验，理顺体制，修订完善外部评估的指标体系，发挥中介机构和社会（比如学生家长、用人单位、公众舆论、同行专家等）的作用，使学校能够在比较正常的心态下接受评估。新时期，外语高等教育的主要矛盾和高等院校的发展模式，人才培养模式都发生了变化。因此，在研讨建立外语专业人才培养外部质量保证体系的时候，应该拓展思路，可以实行分类指导，开展分级管理，发挥地方政府与教育评估中介机构的积极性，先进行试点，从重投入转变为重绩效，从广度转向深度，从重定量改为定量与定性相结合，从重规范到重改革，从重政府评估、外部专家考察转变为学校自评、政府评估、中介机构评估并重。

11.2 外语专业人才培养质量外部评价的功能

外语专业人才培养质量外部评价，作为外语高等教育质量保证体系的组成部分和重要手段，对高等学校外语专业人才培养质量的提升与促进以及对外语高等教育事业的发展来说，作用是巨大的。具体说来，它有以下四个功能：

一、质量保证功能

作为高等教育质量保证体系的一部分，外部评价的目的之一就是保证高校的人才培养质量。随着市场经济的进一步发展和外语高等教育质量一些问题的出现，社会公众开始用市场经济的观念来审视外语高等教育问题。人们普遍认为，仅靠学校的自评或校内质量保证体系是不够的，还必须依靠外部鉴定与评价来检查高校的人才培养质量或质量保证体系的运作，而且外部评价还应具有一定的权威性和惩戒作用，这符合现代管理理论的封闭原理。由此可见，高校外语人才培养质量外部评价与鉴定的首要功能就是质量保证。

二、引导功能

高校外语人才培养质量外部评价结果一经产生，就衍生出了它的引导功能。特别是当把外部鉴定评审的结果与高校外语专业办学经费划拨、师资队伍配备联系起来的时候，这种引导作用显得更加突出：即高校在进行专业自评时非常重视外部评价的重点内容，"评什么，重视什么"。因此，对于高校人才培养质量外部评价工作而言，评什么、由谁来评就显得非常重要。该功能运用的好坏直接关系到外部评价能否很好地达到对高校外语人才培养质量保证的目的。

三、激励功能

高校人才培养质量外部评价不仅仅是对高校人才培养质量的检查，而且也是对高校整体办学质量及其所取得成绩的肯定。高校外语专业自评是外部评价的基础与先决条件，是外部评价的先行步骤之一。通过自评可以加强外语专业内部的团结与协作，可以激励教职员工的工作热情，强化他们的质量意识和全员参与意识。同行专家的现场访问与考察还能够为教职员工以及学生提供了一个各抒己见的机会。外部评价的结果将成为高校和主管部门决策的依据和参考：人才培养质量高可以得到更多的人、财、物支持以及提高社会知名度，这对高校外语专业人才培养质量的进一步提高以及专业之间的竞争都有一定的激励作用。外部评价机构按常规也应将被评专业在教学、科研或服务方面所进行的改革成果和在质量保证方面的经验向其他学校推广。可以说，激励功能也是高校外语专业人才培养质量外部评价工作的主要功能之一。

四、监督功能

高校人才培养质量外部评价并不是只对高校人才培养本身的质量和成绩加以肯定，更重要的是还要对被评专业在教学、科研、管理、社会服务方面存在的不足及对高校专业人才培养质量保证体系在运作方面存在的缺陷提出劝告和意见，敦促其改进，甚至向有关部门提出惩戒性建议。实施高校专业人才培养质量外部评价的初衷就是为了对高校外语专业人才培养质量进行检查与监督。人们已经注意到，由高校及其"伞式"保护组织负责的外部人才培养质量评价，很可能会出现包庇或袒护现象。所以，要实现高校人才培养质量外部鉴定与评价的监督功能，由公正、相对独立的中介机构来从事外部评价是十分必要的。

11.3 外语专业人才培养外部质量保证的途径与措施

长期以来，我国高等教育人才培养质量的保证一直是以教育系统内部的质量保证为主导，外部质量保证及监控措施比较薄弱，对此，我们必须予以重视。高校人才培养外部质量保证方法主要有：政府宏观调控、中介机构评价、政策导向、社会问责、质量认证、信息反馈、激励惩戒、舆论监督等。各保证方法的有效运用和科学实施是保证外部质量保证活动发挥作用和实现目标的基础与前提。

一、充分发挥各级政府的宏观调控作用

重视政府在外语高等教育事务中的作用，既是政府义不容辞的责任，也反映了当今世界高等教育趋势。为了适应世界性的改革浪潮和我国经济体制改革的需要，按照新公共管理的理论，政府的管理职能应是掌舵而不是划桨，应放松严格的行政规制，广泛采用授权或分权的方式进行管理，实施明确的绩效目标管理，发挥宏观调控作用。同样，在外语高等教育领域，"为了改革高等教育体系，教育部和省级主管部门应当迅速转变角色，从对正规高等教育体系的高度管制转向确保整个体系的质量和公平性"，"将教育主管部门的角色由教育提供者转换为教育质量的保证者，给予高等教育机构更大的自主权"。（《中共中央关于教育体制改革的决定》）总之，在市场经济条件下，政府应该在高等教育管理事务中，实现从控制模式到监督模式的转变，从原来的高度集中统一的举办者、威权管理者的角色定位，转变成协调者和质量的宏观调控者。政府对外语高等教育质量的宏观调控，主要是要发挥好导航者、控制仪和守护神的作用。作为导航者，政府要掌握外语高等教育的发展方向，制订基本的质量政策，确定质量发展的重点，规定外语高等教育的基本培养目的，引导高校各专业培养目标、人才质量规格，确保外语高等教育朝着积极健康的方向发展。作为控制仪，政府应该通过对外语高等教育运行的宏观调节和控制，补充市场机制的不足，矫正市场机制的失范，有效地预防和克服市场化对外语教学与外语人才培养带来的种种弊端，实现外语高等教育规模、结构、质量、效率的统一，促进外语高等教育持续、稳定、协调的发展。作为守护神，政府应该通过建立完善的法规体系，规范外语高等教育的各项质量活动，保证其有序运转，并提供外语高等教育质量保证方面的资金、信息、专家服务等支持条件。在外语专业人才培养质量的外部保证体系中，就如在整个高等教育质量保证中一样，政府主管部门的主要职能有二个：一是加强对外语高等教育的宏观调控和管理，主要是制订质量标准和专业办学标准，指导、统筹、协调、检查外语高等教育评估活动，建立外语高等教育评估信息网络，推动外语高等教育评估研究和促进学术、经验交流，组织评估人员培训等；二是运用行政权威，自上而下地加强对高校外语教育的评估和监督，重点是高校外语专业的办学思想、人才培养质量和办学效益的评估，加强各级教育管理部门，中介评估机构等对高校外语专业评估工作的宏观指导、管理，使外语专业评估科学化、民主化、现代化。

二、实行社会问责制视社会的调节与督导作用

随着社会主义市场经济体制的逐步建立和完善，高等教育正在日益走入社会的中心，并对社会产生重大影响；同时，社会力量也在不断发展壮大，并日益介入到高等教育事务中来。实际上，在当前的高等教育改革中，社会越来越多地承担了高等教育的责任与义务，如学费改革、民办高校的兴起、企业和高校的联系加强、社会舆论对高等教育的批评与质疑、社会各种基金和捐赠等。社会因素在高等教育质量中的调节作用也越来越突出。重视和发挥社会力量在外语高等教育质量保证的作用，把其责任和权力统一起来，使社会力量拥有参与外语高等教育质量管理的权力并承担相应义务，是改革我国外语高等教育，提高外语专业人才培养质量的一项重大课题。具体来说，社会在外语专业人才培养质量保证中主要发挥着供销商、路向仪、监督者的作用。作为供销商，社会一方面提供外语高等教育健康发展和保证质量所必需的人、财、物等资源

的投入；另一方面也对外语高等教育培养的人才及其社会服务进行选择性的接收，引导外语高等教育培养适销对路的人才，使合格的外语人才能为社会所用。不管是投入还是接纳，都不是无条件的，人才培养质量是投入和接纳的前提。外语高等教育要有旺盛的生命力，只有根据社会需求培养出符合社会需求的高素质、复合型、应用型人才，才能吸引更多的优秀人才加盟，才能获得更多的办学和科研资金，培养的人才才能为社会所接纳，也才能对社会经济发展作出自己的贡献。作为路向仪，社会主要是对外语专业人才培养提出基本质量要求，并适时地反馈给高校。社会是外语高等教育的主要服务对象，社会需求是外语专业人才培养质量的外在要求，满足社会需求是外语专业人才培养质量的具体体现。作为监督者，社会主要通过新闻传媒、社会舆论、民众心理以及评估评价对外语高等教育运行情况进行监督，对偏离正确轨迹的行为进行预警，引导外语高等教育向着健康有序的方向发展。

在社会主义市场经济体制逐步完善的过程中，建立起外语专业人才培养质量的市场机制，用社会市场来调节外语专业的服务方向，检验、约束、提高其人才培养质量，具有十分重要的意义。市场经济本身就暗含和确立了一定的质量标准，它主要是通过竞争来体现出来的，市场标准才是一种真正的"实践标准"，市场检验才是一种真正的"实践检验"。市场经济对外语专业人才培养质量的引导作用，是通过生源市场、就业市场、资金市场和师资市场等，在各高校的外语专业之间优化配置资源，将高校的外语专业办学置于一定的风险地位来实现的。以就业市场为例，市场通过接受大学外语专业的毕业生，对外语专业的人才培养提出动态的质量要求，只有满足了这种要求，外语专业培养的人才能为社会接受，外语专业本身才有持续发展的动力。要充分发挥人才市场和社会用人部门在外语专业人才培养质量外部评价中的主渠道作用，利用多种形式了解社会对外语专业人才培养质量的需求变化，对不同外语专业的办学定位、课程设置、教学内容及管理水平进行反馈和指导。再以生源市场为例，如果一所高校的外语专业人才培养质量高，社会声誉好，毕业生在社会上发挥作用大，能提供社会所需要的高质量服务，广大高中毕业生和学生家长就会更踊跃地报考该大学的外语专业，愿意投入足够的资源，而充足而优秀的生源反过来又为其进一步的质量提高提供必要保证。

三、借助非官方中介机构的评价作用

社会中介组织评价是外语专业人才培养质量外部保证体系的重要组成部分。在西方，教育领域广泛存在着社会中介组织，一般被称为"中介团体"（Intermediary Body）、"缓冲组织"（Buffer Organization）或"减压阀"。社会中介组织在高等教育质量保证中发挥着重要作用。中介机构的兴起是重视高等教育人才培养质量的结果。社会中介组织对高等教育人才培养质量的外部保证措施是多方面的，其中，人才培养质量评价是重要途径。要形成评估中介机构对高等学校人才培养质量（包括外语专业人才培养质量）的监控机制。这些中介评估社会机构主要有两个特点 一是具有相对独立性，因而有可能比较客观、公正；二是权威性，它们可集中一批高素质的教育评估专家，具有较强的教育评估能力，在社会上会享有较高的声誉。委托其对相关外语专业进行人才培养质量评估，并提交评估报告，还可向社会公布评估结果，相关外语专业既可接受社会监督，又可作为求学者、用人单位以及求职者的选择依据。

这些社会中介评估机构往往受政府主管部门的委托和资助，接受高校的申请，运用评估的方法，开展对高等教育人才培养质量的鉴定活动，承担起高等教育人才培养质量外部保证的特定任务。社会中介组织一方面将学校专业办学水平和人才培养质量的信息提供给社会；另一方面将社会对人才培养的要求、毕业生的就业状况及其他有关信息反馈给学校，保证高等教育人才培养质量沿着社会需要的方向发展。为了确保外语专业人才培养质量，我们应该借助民间团体或社会中介组织的力量，通过审计、评价、认证等手段来保证外语专业人才培养质量，我们有必要把它作为我们的重要举措，并由此形成制度。

我国国内的非官方教育评估机构的发展面临着以下问题：一是缺乏有力的法规制度支撑；二是未受到应有的重视，政府职能部门往往把教育评估看作是一种既定利益而不愿委托给社会评估机构，并且政府在评估活动中具有绝对的权威性；三是评估工作人员队伍和评估专家队伍专业水平有待提高；四是高等院校还没形成主动要求接受社会评估的氛围。我国在国家层面还没有一个对教育评估进行统筹管理的机构，这不利于我国的外语高等教育发展与人才培养质量，必须引起我们的高度重视。

四、注重舆论的监督作用

严格地说，舆论监督也属于社会监督范畴。舆论又称公意，是社会公众的议论和意见。社会舆论表达和反映人民群众对某一社会现象的观点、看法、愿望、要求。在外语专业人才培养质量外部保证中，社会舆论发挥着相当大的作用，它具有现实性强、集体效应大、大众传播广、制约力迅速等特点。社会舆论是外语专业人才培养质量的晴雨表，代表和反映了时代的要求和民众的呼声。它通过广播、电视、报刊、网络等各种媒介，把广大群众对高等教育领域，包括外语专业人才培养质量存在问题所持有的观点、意见，以及解决这些问题的意见反映出来，传播开来，使这些问题成为人民群众普遍关心的热门话题，成为社会关注的焦点。这对外语专业人才培养是一种压力，也是动力，促使和推动高等学校采取各种措施和步骤把舆论反映的问题提到议事日程，予以重视，加以解决，这就对外语专业人才培养形成了一种监督。而且，社会舆论一旦形成，传递快，范围广，能抓住人们的心理，引起人们的普遍关注，见效快，监督作用大，能够比较有效地对我们的外语专业人才培养质量问题起到推动或制约作用。如报刊上对某些翻译人员素质和翻译质量的表扬或批评，就是对我们外语翻译人才培养质量的一种舆论监督。在当前社会日益开放，通讯交流手段日益发达，人与人之间交往日益频繁的情况下，舆论监督对于外语专业人才培养质量的影响和作用也日益增大。作为外语专业的教师或管理者，我们有必要掌握舆论形成的规律，有意识地利用其积极的监督作用，来实施外语专业人才培养的质量保证不可忽视的一个重要手段。

五、国内横向评价——实施同行专家认证

国内外院校开设外语专业的不计其数。有比较才能有鉴别。不同院校的外语专业都有各自的特色和长处。只有师他人之长，才能补自身之短。同行的评价也许最有实用价值。我们不妨定期邀请同行专家对我校外语专业的教学计划、人才培养目标、学生外语实践能力、教学与人才培养质量及整体管理等方面的内容来校进行实地评议与评估。同行专家最熟悉外语教学规律和相关情况，最懂得把握尺度。同行评估所依据的标准，可以是认证寄给制定的，也可以是更广泛意义上的人才培养质量标准。这种同行认证的做法不可替代。广外准备这样做。

六、建立用人单位和学生家长的联系网络

外语专业人才培养质量的高低与社会的需求、学生家长的期望密切相关。一方面，用人单位可以通过毕业生的评价对外语专业的人才培养质量施加影响力，以确保培养出来的外语专业毕业生适应其需要。另一方面，用人单位和学生家长通过提供毕业生走上工作岗位以后的反馈信息，为外语专业纠正不适应社会需求的人才培养模式提供依据。建议在我校成立用人单位和学生家长组成的专业督导委员会，委员会由用人单位和学生家长推荐一些在外语专业领域实践经验丰富、学术造诣较高的专家组成。该督导组可以定期或不定期地听取我校关于外语专业建设与发展的情况通报，并对包括师资队伍结构、课程设置、内部质量保证措施、学生管理、学生社会实践、外语运用能力、学生创新能力、教学方法与手段等进行指导，使我校外语专业的教学改革、课程调整、人才培养目标、师资队伍建设等方面工作有良好的社会参与和社会监督的组织保证，有利于我校外语各专业能够在遵循自身教学规律的同时，结合企事业单位人才需求和以未来发展为导向，改进教学，提高人才培养质量；同时，外语专业所在单位可实行毕业生跟踪调查制度，通过互联网与用人单位、往届毕业生和学生家长保持密切联系，直接在网上收集反馈相关信息。广外正在建立这种联系网络。采用网上信息反馈与派专人到用人单位或学生家里进行专题调研结合，可以使调查更加深入细致，使收到的人才培养质量信息更全面、可靠。并以此作为我校外语专业人才培养质量外部保证的一个必要环节。

七、实施外语专业的质量认证

质量认证是欧美等发达国家高等教育质量保证的重要手段，它是一种达标或合格鉴定，一般以相互约定的质量标准为依据，对学校或专业的教育质量进行周期性的检查，以达到持续改善与提高学校教育质量的目的，从而获得社会的信赖与认可。美国是世界上最早实施专业认证的国家，已经得到许多国家的认可和借鉴、仿效。

外语专业质量认证应该包括师资队伍结构、课程设置、专业办学经费、教学设、施内部质量保证措施、学生管理、学生社会实践、学生考试成绩、外语运用能力、学生创新能力、教学方法与手段、教材使用、图书资料等各方面的内容，外语专业质量认证的标准应该体现量化与质性相结合、统一要求与关注学校个性相融合、强调专业资源与关注学生学习效果并举等特点。经验表明，在实行质量认证的国家，没有获得认证资格的学校或专业，就是质量缺乏公信的代名词。认证既能向社会各界证实办学质量和水平，又能促进被认证的专业不断改进教学，提高外语人才培养质量。他山之石，可以攻玉。我国的外语专业人才培养也可学习发达国家的经验，由政府的高等教育主管部门结合社会中介机构，共同对全国高等院校的外语专业实施质量认证，将其作为人才培养质量外部保证的措施之一。凡是质量认证合格者，给予表彰奖励，锦上添花；凡是质量认证不合格者，限期整改，性质招生人数，直至终止或取消办学资格。

11.4 构建外语专业人才培养质量外部保证体系的努力方向

要保证高等学校外语专业人才培养质量，除了学校的内部保证机制之外，还需要以科学发展观为指导，建立学校外部的政府和社会、公众对高等教育质量保证的机制。而人才培养目标的实现及人才培养质量的提高是一个不断改进和不断完善的动态过程。只有认真审视和分析现代大学外部评价制度建立过程中存在的问题，努力克服和转变影响现代大学外部评价制度建立和实施的不适应方面，树立"质量第一"的观点，高校与社会结合、上下结合、纵横结合，实施全过程的监督控制网络，才能建立以科学、长效的高等教育质量外部监控体系（包括外语专业人才培养质量外部保证体系）为核心的现代大学人才培养质量外部评价制度。

努力构建有中国特色的外语人才培养外部质量保证体系，应当改变我国高校目前在构建质量保证体系方面趋大、趋利、趋同以及没有针对性的倾向，设计科学的分类标准和评价体系，确保其有效性。当前我们国内在构建人才培养质量保证体系方面存在着两个误区：一是将评估等同于质量保证，认为进行了评估就能保证质量；二是把外部质量保证机构等同于我们所说的评估机构。实际上，质量保证的手段不仅有评估，而且还有认证和审核等。保证质量的主体不只是评估机构，还包括政府、社会及学校自身等。因此，我们应当努力构建政府、社会和非官方教育评估机构等齐抓共管、内外结合的外语专业人才培养外部质量保证体系，充分发挥其各自的积极性。

我们在这方面存在的主要问题有以下几点：（1）政府、大学、社会多元参与的大学评价制度亟待以法律法规形式予以保证。（2）评估指标单一的评估标准亟待调整。（3）评估主体单一的评估组织形式亟待改善。（4）内部与外部的评价未能有效结合。具体而言，在政府方面，不管是立法规范还是行政指导，都需要通过高校组织的内化，才能转变为自觉行为。社会方面，不管是政府指导、舆论监督、社会中介机构评估还是市场引导，也都需要通过高校的调适，才能把社会需求变为促进人才培养质量提高的动力与压力。这个内化和调适的过程，也就是一个消化、选择、加工的过程。高校作为一个具有独立地位的办学实体，各具不同内在品质和特色，在内化和调适过程中，会把个体的品质和特色渗透到这个过程中。因而，同样的政府管理、公众舆论、社会影响，不同的高校、不同的专业会有不同的反映，产生完全不一样的结果。

总之，我们在实际操作中，只有努力构建政府、学校、社会、非官方教育评估机构等齐抓共管、内外结合的教育质量保证体系，多管齐下、齐抓共管，通过内部与外部的协同保证，形成合力，才能使外语专业教育走上优质高效的发展轨迹。外语专业人才培养质量外部保证是一门大学问，有待进行进一步深入细致的研究。构建有中国特色的外语专业人才培养外部质量保证体系是所有开设外语专业的高等院校的共同目标，学习国外经验应当结合我们的国情，探索一条适合我们自己的外语专业人才培养质量外部保证的道路。

【参考文献】

[1] 赵中建，董秀华. 高等教育质量评估体系分析 [J]. 中国高等教育评估. 1995 年第 4 期.

[2] 杜娟等. 高等教育外部质量保证体系闭环系统初探 [J]. 高教发展与评估. 2007 年第 1 期.

[3] 吴跃，丁毅. 建立政府、大学、社会"三位一体"的现代大学外部评价制度 [J]. 辽宁教育研究. 2006 年第 1 期.

[4] 陈万明，钱德洲. 创建激励导向为主的教学质童保证体系 [J]. 中国高等教育. 2006 年期 3 期.

[5] 朱建成. 欧盟高等教育质量评估及其启示 [J]. 长春工业大学学报（高教研究版）. 2007 年第 4 期.

[6] 段雄春，曾文光. 运用国际标准化质量保证思想进行教学质责过程控制 [J]. 中国高等教育. 2005 年第 4 期.

[7] 吴向明. 美国高等教育外部监督机制探析 [J]. 高等农业教育. 2006 年第 6 期. 83-85.

12 国内外语院校专业质量保证体系构建

12.1 广东外语外贸大学外语专业人才培养质量保证体系

广东外语外贸大学由原来的单一的外语类院校，发展至今成为拥有文学、经济学、管理学、法学、工学、理学、教育学等7大学科53个本科专业的多科性大学，走出了一条"外语教学与专业教学相融合"的特色之路，办学水平与教学质量得到了社会的广泛认可。学校始终把深化大学英语教学改革，提高大学英语教学质量作为保持和发展这一办学特色的重要因素。作为华南地区唯一的一所涉外型省属重点大学，广东外语外贸大学主动适应社会对国际通用型人才的需求，在构建"基于网络、优化课堂、听说为重、全能提高"的多维度大学英语课程教学新体系，实现大学英语教学的立体化和规范化的基础上，从2008级新生开始，进一步实行分类指导、分层教学，较好地实现英语学习的个性化与自主化，同时，通过修订教学计划指导书，整合课程体系，重新选定教材，取得了显著的成效。

12.1.1 外语专业人才培养质量保证体系的背景与基础

（一）国家大学英语教学政策的调整

教育部从上世纪80年代开始推进大学英语教学的改革。进入21世纪后，教育部启动了新一轮的大学英语教学改革，先后出台了两个纲领性文件《大学英语课程教学要求（试行）》（2004）和《全国大学英语四、六级考试改革方案（试行）》（2005），涉及教学计划的修订、教学内容和教学方法的改革（包括教材、软件、教法和模式等）以及大学英语四、六级考试改革，其目的在于以提高学生的英语听说能力为主，以此带动英语综合能力的提高，培养学生英语学习的可持续发展能力。2007年，教育部颁布修订后的《大学英语课程教学要求》（以下简称《教学要求》）。此版《教学要求》突出并强调了两点：一是大学英语教学以培养学生的用英语有效地进行交际的能力为主要目标；二是大学英语教学应贯彻分类指导，因材施教的原则，以适应个性化教学的实际需要。教育部外语（英语）政策的不断调整与完善，引导着广东外语外贸大学英语教学由强调标准化的考试到构建多维度的英语教学网络，再到强调教师个性化教学、学生自主化学习的转变。

（二）办学特色的进一步彰显

办学特色是一所学校办学理念、办学思路的个性化体现。广东外语外贸大学经过多年的发展，逐步形成了"外语与专业的融合，培养具有国际视野和创新意识，能直接参与国际合作与竞争的国际通用型人才"这一鲜明人才培养特色。在推进这一特色形成与发展的过程中，大学英语教学起着至关重要的作用。尤其是2003年以来，广东外语外贸大学的外语专业教学在教学理念、课程设置、测试体系、教学模式等方面进行了富有成效的探索和实践，取得了不少成绩：整合全校大学英语教学力量，成立专门的教学机构——基础英语教育学院（2005年改为英语教育学院），强化大学英语教学；培养了一支业务素质较好、教学水平较高、相对稳定的大学英语教师队伍；面向全体非外语专业的本科生，构建了"课内与课外、校内与校外、书本与网络、学习与实践"等相结合的多维度大学英语教学体系；形成了以中外教师合作教学、诊断式教学督导、网络多媒体教学等为代表的富有特色的教学模式。这些改革成果进一步彰显了学校的办学特色，也为深化拓展大学英语教学改革奠定了坚实的基础。

（三）国际化办学的新要求

广东外语外贸大学根据《珠江三角洲发展规划纲要》（2008—2020年）对珠三角地区的发展定位，着手谋划建设"两院两基地"，即广东国际战略研究院和国际化人才培养基地、国际服务外包研究院和国际服务外包人才培养基地，为广东省特别是珠三角地区的发展提供智力支持和高素质的国际化人才。而高素质的国际化人才，应具备娴熟的外语能力和较强的跨文化交际能力。在学校现有的文学、经济学、管理学、法学、工学、理学、教育学等七大学科门类中，非外语类专业学生占到所有在校生的3/4。大学英语作为学校的本科公共基础课程，修读学生人数最多（每年约4 000多人），影响面最大（涉及全校15个学院中的12个学院）。大学英语教学质量的高低直接关系到这一培养目标的成败。因此，在现有改革的基础上，以培养英语的综合应用能力和跨文化交际能力为中心，进一步优化和拓展我校的大学英语教学体系，实现专业知识与英语技能、大学英语与英语专业课程的无缝对接，为广东省社会经济文化的发展提供更多合格乃至优秀的国际通用型人才，成为此次学校深化大学英语教学改革的重要任务。

12.1.2 外语专业人才培养质量保证体系的目标与举措

广东外语外贸大学2008年启动的第二轮大学英语教学改革是在2003年以来改革成果上的进一步深化和提高，是在贯彻《教学要求》的基础上，对学校办学特色与办学理念的进一步彰显。其主要的目标与举措可概括为"三化三融合"。

（一）贯彻"分级教学、分类指导、因材施教"的指导原则

为贯彻教育部《教学要求》提出的"分类指导，因材施教"的原则，学校从2008级学生开始，根据全校非外语专业学生的入学起点，通过网上英语考试，把全校大学英语教学分为"一般要求、较高要求、更高要求"三个层次。具体分类描述如下：

根据全校非外语专业学生的入学起点，通过网上英语考试，把全校大学英语教学分为"一般要求、较高要求、更高要求"三个层次。具体分类描述如下：

（1）一般要求：开设综合英语、英语听说、专业英语课程，采用《大学体验英语》（1、2、3、4册）作为综合英语和听说教材，专业英语阶段采用相应的专业英语教材。此部分学生约占全体授课学生的10%左右。

（2）较高要求：开设综合英语、中级英语听说、英语视听说、专业

英语；采用《新编大学英语》（第二版）（3、4、5、6册）为综合英语教材，《互动式英语精听》和《影视课堂互动英语》为中级英语听说教材；英语视听说采用《新闻英语视听说》，并开设相应的专业英语教材。此部分学生约占全体授课学生的70%左右。

（3）更高要求：开设综合英语、中级英语听说、英语视听说、英语国家文化、实用翻译、英语文学、专题口译、专业英语；采用教材分别为《大学英语》（全新版）（5、6册）、《互动式英语精听》、《影视课堂互动英语》、《新闻英语视听说》、《西方社会与文化》、《大学英汉汉英翻译教程》、《英语文学欣赏》和《英汉汉英口译教程》，以及相应的专业英语教材。此部分学生约占全体授课学生的20%左右。此要求也适用于经贸学院、管理学院、新闻学院的6个全英班的学生。

另外，根据课时分配和学生对英语的不同需求，广东外语学院东南亚语各专业，将其综合英语起点定为从3级开始，同时开设中级英语听说（1、2）和英语视听说（1、2），辅之以相应的特色课程；西语学院各专业和东语学院日语专业和阿拉伯语专业，由于共有10个大学英语学分，将其综合英语起点定为从3级开始，到5级结束。这一举措，对不同起点的学生采用了不同的教材、不同的课程、不同的教学要求，初步实现了大学英语的个性化教学。而如何实现不同层级的学生之间的动态流动，则更需要进一步的研究与探讨。

（二）成立大学英语自主学习中心

自2004年以来，广东外语外贸大学即开设了校园英语听力（Campus Listening）课程，为一年级新生迅速提高英语听力和口语能力提供了便利的条件。每天早上7∶50～8∶20的半个小时内，全校5 000多名新生分别在南北校区的教室里收听、收看通过校园无线发射系统播出的英语对话、英语故事、英语短剧、英语新闻等丰富多彩的节目，对学生培养英语语感、拓展英语背景知识、扩大词汇量，从而提高英语听力和口语能力起到了重要作用。

2008年，为了进一步推动大学生自主学习英语的积极性，学校以英语教育学院为依托，建设大学生英语学习支持中心（College English Learning Support Center）及其网络平台，为广大英语学习爱好者提供英语学习资源和学习指导，建立交流平台，创造机会让英语爱好者练习和提高英语水平。中心通过举办英语征文大赛，聘请校内知名的英语专业领域的专家和学者举办讲座等方式，锻炼和提高学生的英语写作、英语考试等方面能力。中心网站设有信息区、视听区、阅读园地、习作区、辅导区等十个大栏目，每个栏目下面还有更为具体的小项目，内容丰富且涵盖的信息量大，学生可以在网站上获取很多英语学习的知识以及其他信息。大学英语学习支持中心采取网站学习与交流的形式，是一种开放式的学习。开放式的学习与交流有利于学生自由的思考，充分利用学生上课之外的空闲时间，通过寓教于乐的形式促使学生的英语水平在潜移默化中提高。

（三）引入网络考试系统

《教学要求》指出，教学评估是大学英语课程教学的一个重要环节。全面、客观、科学、准确的评估体系对于实现教学目标至关重要。根据《教学要求》的精神，在总结以前考试改革经验的基础上，学校对大学英语学生的评估采取形成性评估和总结性评估相结合的方式，使学生的平时成绩和期末考试各占课程总成绩的50%。学生平时成绩包括上课出勤、课堂表现、单元测试、课外作业四个方面，四项的分值分别为10%、15%、15%、10%；在期末考试中运用网络和多媒体技术，从2008级学生开始实行机上考试、机上评卷，根据学生所在的学习级别（一般要求、较高要求、更高要求），分别设计相应难度的期末英语试卷。每一类试卷中70%的分值为共核题目，30%为所在级别的教材相关内容，这样既考虑到同一班的学生由于在不同级别的教学班其英语学习难度的差异，又兼顾到使用不同教材的内容学习。除了客观题由计算机直接评出成绩，写作和翻译等主观题型由教师在网上评阅，既提高了评改效率，又能保证考试的信度和效度。

（四）英语技能课程与跨文化交际课程的融合

为了提高学生的听说能力，促进学生听说能力的持续提高，学校在连续两年每学期的6个学分中，每学期保证学生有2个学分的（视）听说课时。一年级注重听说能力的基本功训练，二年级强调口头交际能力的切实提高。具体说来，一般要求的学生学习大学英语听说1~4级，使用《大学体验英语听说教程》（第1、2、3、4册）；较高要求和更高要求的学生学习《中级英语听说》（1、2）和《英语视听说》（1、2），分别使用本校校开发的特色教材《互动式英语精听》、《影视课堂互动英语》和《新闻英语视听说（上、下册）》。同时，在基础阶段的24学分中，综合英语课程采用教育部推荐的优秀教材，采取"4+2"学分模式，充分保证综合英语作为大学英语核心课程的学时、学分量，综合英语课程更加侧重读、写、译基本技能的循序渐进式提高和英语综合应用能力的发展。

另一方面，在大学英语学习的基础上，为更高要求的学生开设西方社会与文化、英语文学、英汉翻译、专题口译、高级口语、跨文化交际等英语应用、提高类课程，较好地实现了英语技能课程与跨文化交际课程的有机融合。

（五）开设专业英语课程

广东外语外贸大学英语课程共有28学分504学时，其中包括基础英语24学分和专业英语4学分。在前两年的基础阶段，把全校的大学英语教学按照"一般要求、较高要求、更高要求"分为三个层次，与之配套，综合英语课程开设1到6级，起点不同，学时、学分相同；在第三年的专业英语阶段，针对学校现有的学科类别分别开设相应的专业英语课程，目前和即将开设的主要专业英语课程有：经济学英语、金融英语、经贸英语、管理学英语、会计英语、营销英语、人力资源管理英语、物流英语、外交英语、计算机英语、统计学英语、数学英语、新闻英语、英语国家文化、实用翻译、英语文学、专题口译等。这些专业英语课程的开设，极大地促进了大学英语与专业英语的进一步融合。

（六）开办英语"4+0"双专业/双学士课程

广东外语外贸大学"两院两基地"的建设和发展涉及到学校人才培养模式的进一步优化和调整。非英语专业学生的英语水平和英语应用能力将是他们成为国际化人才和从事各种外包服务的基本保证，而拥有一个他们专业之外的英语专业学位是他们英语水平和英语应用能力的有力证明。

经过2008年大学英语教学计划的调整和优化，学校普通非英语专业学生共有28学分的大学英语课程，全英班学生（每届约180名）更是达到38学分。由于实行了分级教学，"更高要求"的学生（每年约650名）所开设课程已非常接近英语专业学生。根据分级教学的要求和实际情况，学校已对更高要求和全英班的学生已经在开设近似英语专业的许多课程，已达到28～38学分。根据学校"4+0"双学位的要求，学生修满52个学分即可获得第二学士学位。因此，在优化现有课程设置的基础上，只需再增加14～24英语专业课程的学分即可达到"4+0"英语专业双学位的要求。经过初步研讨，学校拟从2010年秋季开始，由语言、文化和教育的角度切入，并与学生的具体专业结合，开设适合学生具体需要的英语专业课程，实现大学英语与英语专业课程的对接与融合。

12.1.3 广东外语外贸大学外语专业教学质量保证体系

教学质量保证系统是指全面提高教学质量的工作体系和运行机制。具体是以提高教学质量为核心，以培养高素质人才为目标，把教学过程的各个环节、各个部门的活动与职能合理组织起来，形成一个任务、职责、权限明确，能相互协调、相互促进的有机整体。因此构建科学合理的质量保证体系是关乎大学外语教学质量提高的关键环节。要在充分了解和分析大学外语教学质量保证体系建构的指导思想与基本原则基础上，探索体系的建构框架，使教学工作得到控制，实现教学规范化管理。

12.1.4 建构外语专业教学质量保证体系的基本原则

一、目标性原则

目标性原则，是指在建立大学外语教学质量保证体系时，要紧紧围绕质量保证目标控制大学外语教学的进程，合理地选择体系要素，组织协调好各种有效力量，来提高教学质量的目标，以形成有效的质量保证体系。目标就其实质来说，是人们对某一活动所要达到的结果的主观反映。贯彻目标性原则，是全面实施教学质量管理的基础，是大学外语教学的听、说、读、写、译等教学活动有目的、高效率进行的内在要求。

贯彻目标性原则，就是要按目标控制原理来建立质量保证体系。教学质量保证的实质是通过确定质量目标并不断纠正偏差来实现质量控制。因此，在大学外语教学质量保证体系中，应建立灵敏高效的培养目标定位机制，健全教学质量目标体系，并制定相应的预防、纠偏措施，以利于实现有效的目标控制。在大学外语教学质量保证体系的构建和实施中，要落实以教学为中心的思想，强化教学质量意识。首先，在大学外语的教学过程中，要强化外语综合运用能力特别是听说能力训练的主要目标意识。其次，在大学外语的教学过程中，要坚持合力育人，充分调动学生工作管理部门和教务部门等的共同努力来达成总目标。

二、系统性原则

系统性原则，是指建立大学外语教学质量保证体系时，应采取系统的观点和方法，全面地考察教学质量保证活动的各个要素和要素关系，使质量体系包括对影响教学质量各因素、教学过程各环节进行有效控制的各质量保证成分，并确保这些成分是紧密联系的，形成有机整体。

大学外语教学质量保证体系是一个复杂的系统，影响大学外语教学质量的因素是多方面的，如影响因素的多因素性，教学环境的复杂性，学生基础的差异性等等。因此，在构建大学外语教学质量保证体系时，要按照系统理论的观点和方法，全面地分析和考察影响大学外语教学质量保证活动的各个要素之间的联系，使质量体系包括影响教学质量的各个因素、教学过程的各个环节的有效控制，从而确保各个要素之间紧密联系，形成有机整体。贯彻系统性原则，其核心是要把握以下三个方面。

一是全面性。大学外语教学质量保证活动的全面性是系统观点和人的全面发展理论在质量保证活动中的应用与反映。现代教学质量保证理念特别强调系统整体观念，要站在全局的高度上对影响教学质量的各个要素和环节进行系统管理。大学外语课程不仅是一门语言基础课程，也是拓宽知识、了解世界文化的素质教育课程，兼有工具性和人文性。全面性要求在大学外语教学过程中，不但要学生充分理解课本上基本语法与句式结构，还要了解语言文化的内涵，更要掌握这些知识在实际工作的运用和把握，要切实提高知识水平和应用水平。全面性首先要求确立全面素质教育的观念，而不仅仅是学生的外语知识认知水平和应试能力。

二是动态性。大学外语教学质量保证体系具有开放性，与外界环境有物质、信息等交换，是一种动态的管理。动态性反映了在激烈的市场竞争中，高校对学生的外语水平质量追求没有止境的现实，要通过制定与执行新的教学质量标准，创新教学手段和方法，实现大学外语教学质量水平的提高。

三是持续性。持续性是指建立教学质量保证体系要从持续提高质量的发展管理观出发，把握教学质量不断改进、持续发展的本质，建立能及时了解教学质量需求和质量过程的发展变化，并进行相应质量改进的教学管理体系，从组织制度上确保教学质量持续提高。大学外语教学时间至少持续四个学期，要在不同的学期建立相应的质量要求标准和质量管理体系，从而使教学能够具有一定的持续性，使广大学生外语水平的提高具有连续性。

三、规范性原则

规范性原则，是指在建立大学外语教学质量保证体系进行质量保证活动时，要以《大学英语课程教学要求》为依据。通过建立规章制度体系，依照有关要求进行教学管理，克服主观随意性，使教学质量各项工作制度化、标准化、规范化，使学校教学和质量改进工作有条不紊、秩序井然地进行，它是提高教学质量的重要保证。

贯彻规范性原则，一是要加强大学外语教学质量工作的计划性，对各个学期的外语教学要有详细的教学计划，明确目标宗旨，进行统筹安排，使教学质量保证工作有计划、按步骤地进行。

二是做到质量标准化。教学质量标准，既是教学质量保证的目标，也是评价教学质量、进行教学质量控制的基本依据。因此，在具体的大学外语教学过程中，从课堂考勤，平时成绩以及考试成绩给定等方面，要建立科学统一的教学质量标准，以便有效地进行质量控制。

三是要建立健全各项教学质量管理规章制度。建章立制是减少"人治"，实现规范化管理的重要措施。对从事大学外语教学质量工作的相关部门、一线教师，要通过制度形式规定其任务、职责和权限。对教学质量工作的步骤、环节，科学地规定其程序、规范。从而实现对影响教学质量各因素、教学过程各环节的有效控制，使提高教学质量有基本的保证。

四、效率与效益原则

制订教学质量管理的方针与目标，以及教学质量管理活动的结果，一方面要满足大学外语的教学利益相关者的需要，另一方面要考虑学校教学资源的使用效率，要坚持效率与效益的原则。所谓效率，是指完成任务所用资源，包括人力、物力、财力等的多少，以最少的资源完成任务就是效率高。效益则是指所完成任务对社会需求的满足程度。在高等教育大众化的进程中，最突出的矛盾表现为市场对大学外语教学效果的高要求同有限的教育资源之间的矛盾。如何充分地利用有限的教学资源，创新教学丰段和教学模式，有效地利用现有教学资源和校外或网络资源，提高办学效率是解决这一矛盾的重要手段。

12.1.5 建构外语专业教学质量保证体系的指导思想

一、坚持"以人为本"

"以人为本"就是把人和人的发展作为根本。以人的发展为根本，就是要在目的上为了人的发展，在行为上促进人的发展，从机制上保证人的发展。这种"以人为本"的指导思想，对于我们更加全面、深刻地理解教学质量保证体系富有启发意义。

从教育管理学的角度分析，教学质量保证体系是"人—人—人"的系统，它的管理主体、客体和目的都是人，它通过管理主体的人，对作为既是管理客体、也是管理主体的人的管理，最后达到培养人、发展人的目的。这事实上是把人的因素当作管理中的首要因素和本质因素，教师作为系统的中介，起着至关重要的作用。传统的以监控为主的教学质量保证体系，容易把教师仅仅作为监控的客体，完全以学生的需要展开，这种监控的动机本是无可厚非的。因为监控的最终目的就是保证完成高质量的教学活动，把学生培养成全面发展的人，但是监控仅仅围绕学生的需要展开，就会带有工具性，而教师就会成为教学质量保证体系的工具性对象和一个纯粹的客体，往往会丧失价值观和主动性，教学质量保证体系也就容易流于表象，难见实效。所以只有本着以人为本的思想去管理教师、激励教师、培养塑造教师，才能更好地发挥教师在新构建的大学外语教学质量保证体系中的作用。这样建立起来的大学外语教学质量保证体系才能充分发挥其效能。

二、突出"课程"要素

大学外语是大学生的一门必修基础课程，是高等教育的一个有机组成部分，是以外语语言知识与应用技能、学习策略和跨文化交际为主要内容，以外语教学理论为指导，并集多种教学模式和教学手段为一体的教学体系。

这样的一门高校学生必修的基础课程，在课程内涵上具有明显的广泛性和发展性，大学外语该课程在内容方面更强调知、情、意的整体性学习，有利于"整体人"的培养，对于创新人才的培养作用重大，需要我们改变"课程即教材"的陈旧观念，树立起"大课程观"，赋予其以有名有实的地位；同时，随着网络时代的到来，大学外语课程内涵得到了极大的拓展，新的课程形式不断出现，"课件"有可能与"课程"平分秋色。为此，要求我们将各种新的课程形式及时纳入大学课程体系之中，以更好地、有意识地发挥它们的育人作用。

这样的一门高校学生必修的基础课程，在教学特点上具有与其他课程明显的不同之处，如制约因素的多因素性、教学环境的复杂性、学生基础的差异性、教学过程的系统性以及教学效果的实践性等等，这些独特之处要求我们在教学过程中必须充分了解大学外语课程的结构，了解其生成过程和实施过程，形成系统的、动态的课程观。

我们在构建大学外语教学质量保证体系时，要时刻强调这一具有特殊性的课程为我们的保证对象，也只有突出了"课程"要素，从针对其内涵和特点出发，才能构建出切实可行的教学质量保证体系。

12.1.6 外语专业教学质量保证体系的建构框架

大学外语教学质量保证体系是在质量管理思想指导下，根据教学质量保证的需要，基于大学外语课程建立的有组织、有制度、有职责、有标准、有秩序规范的有机整体，是由组织系统和工作系统组成的综合体系。大学外语教学质量保证体系分为内部质量保证体系和外部质量保证体系，前者是由学校自行设计、构建和实施的措施系统，后者是由学校外部环境（主要是政府和社会中介机构）自觉或习惯性地施加影响，主要途径措施有制定法规、拨款、奖励、评估排行。本节将分别对大学外语教学质量内外保证体系做阐述。

一、大学外语教学质量内部保证体系的构建

大学外语教学质量保证是根据教学质量目标要求，对制约因素进行调节、控制，使活动结果符合目标要求，即通过"确立教学质量目标—分析教学质量控制现状—找出存在问题与不足—提出并实施改进措施—达到教学质量目标"这样一个循环过程来完成的。要平滑、高效地运转此循环，达到预期质量管理目标，必须要有一个强有力的组织保证系统，通过以评估和检查为主要活动，充分运用教学信息系统的反馈功能，共同改讲和建设教学质量的关键点。因此，这里构建的大学外语教学质量保证是一项复杂的系统工程，结合大学外语教学的特点，一套有效的教学质量保证体系应包括以下几个方面的内容：教学管理组织体系，教学条件保证体系，教学过程监控体系以及教学质量评价体系。他们之间相互依赖、相互影响，协同运作才能达到保证教学质量的功效。

（1）教学管理组织体系

教学管理组织体系是大学外语教学质量保证体系的一级子系统，指在高校党委和主管校长的领导下，以教务处为主形成的运转灵活、上通下达、有权威、高效率的教学管理系统，其功能是管理和督促教学质量保证体系的具体组织和执行。该系统按管理的范围及功能又可分为指挥决策系统（校教学指导委员会）；执行运作系统（教务处、外语学院/系）；检查督导系统（校教学督导委员会）。指挥决策系统，即由主管教学工作的副校长、教务处长及各院院长组成的学校大学外语教学指导委员会，统一领导学校大学外语教学质量保证体系的制订、修改和实施，决定有关保证和提高大学外语教学质量的重大政策和措施。执行运作系统，即教学工作具体管理机构，由教务处和外语学院系等教学基层单位组成。其主要职责是组织实施、实现大学外语教学质量目标和对达到质量标准的计划根据保证系统的反馈意见进行分析和改进。教务处是执行运作系统的中心。必须强化教务处的管理职能、健全教务处的科室结构，配备素质较高、相对稳定的管理干部。在执行运作系统中，院系级教学管理工作也至关重要，其工作效率与质量会对教学工作产生相当大的影响，应配备懂教学、会管理的工作人员。从而形成一个从主管校长到具体工作人员的优秀教学管理群体。检查督导系统，即教学工作的专家督导组织，由学术水平高、教学经验丰富的教授和懂外语教学工作、有管理专长的教学管理人员组成，对教学工作的重大问题进行论证和咨询，检查督促教学质量保证体系的具体组织和执行情况。教学管理组织体系的运行模型可采用"环形结构"，教学工作从主管教学的校长到教学协调、管理部门，再到各教学基层单位，直至教师和学生，再从教师和学生通过一定的环节和渠道回到教学管理部门和主管校长，形成封闭的环形。作为执行运作中心的教务处在执行协调功能的同时，应及时了解有关教师的教学效果、学生学习质量的信息，不断地对教学工作中出现的问题进行研究、解决，并提供给指挥系统，以提出新的管理目标，使教学工作和管理总能在一个新起点和更高水平的层次上运转和发展。

（2）教学条件保证体系

教学条件保证体系是保证大学外语教学质量的基础。师资是最核心的教学质量要素。师资队伍建设的基本内容包括师资队伍数的增加、结构的改善和素质的提高。如今的大学外语教学在教学模式上发生了全新的改变（如基于网络的模式等等），这种模式能否取得成效在较大程度上取决于教师的信息技术能力，包括教师的信息技术观念、知识以及技能等因素。因而对外语教师的培训，提高其信息化教育技术能力是保证新时代大学外语教学质量的关键。教学设施建设是新时代大学外语教学质量的物资保证。教学设施建设的总体要求是确保大学外语教学设施的硬件和软件能满足教学的需要并正常运转。例如大学外语网络教学的实现需要借助现代计算机网络技术，所需的硬件设施和软件价值要比传统外语教学的投资大得多。因此，学校需要有效整合资源，保证大学外语网络教学实现所需的软硬件，并对其进行不断的更新、升级。

（3）教学过程监控体系

大学外语教学过程监控体系对教学质量进行系统的测量和调查，为教学管理决策提供依据。该系统按管理的范围及功能可分为大学外语教学课程设计、教学组织过程、教师授课过程、学生学习过程等方面。大学外语教学以提高学生的外语综合应用能力为目标。针对这一目标，学校应对大学外语课程作总体的教学计划，制定大学外语课程教学大纲，分配课时，全面、合理地安排教学环节等。教学计划的执行主要在于课程的管理和组织。也就是说，要执行教学计划就得加强课程的组织和管理。大学外语教学组织过程包括大学外语教学计划的执行和教学任务的落实、教学进度的安排、制定课堂教学各个环节的质量标准及基本要求、学生自主学习的监控等。大学外语教学在教学的各个环节采用课堂教学和网络、多媒体等现代化教学手段相结合，教学过程应强调师生的交流与互动，提高课堂教学的质量和效率。教师授课过程可以通过学生评教、学生教学信息员制度、领导听课、督导检查等多渠道、全方位实时跟踪检查。新时代的大学外语教学模式要求学生必须具备较强的自主学习能力，自觉地去完成学习任务。通过课堂活动和课外活动的记录、网上自学记录、学习档案记录、访谈和座谈等形式对学生学习过程进行观察、评估和监督，促进学生有效地学习。

（4）教学质量评价体系

教学质量评价体系是通过对定性和定量信息的收集，对教学活动的全过程和质量作出客观描述，在此基础上根据教学大纲的要求、培养目标的要求和学生学习情况，对教学质量作出判断。教学质量评价是大学外语课程教学的一个重要环节，评价的目的是要对评价的对象做出有价值性的判断，它既是教师获取教学反馈信息、改进教学管理、保证教学质量的重要依据，又是学生调整学习策略、改进学习方法、提高学习效率的有效手段。教学管理部门可以及时了解课程指标的执行情况，改进教学管理，促进大学外语教学不断发展和完善。

教学质量评价的手段主要包括学校教学指导委员会、教学督导委员会以及教务处和院系领导评价，教研室及同行评价，学生评教三个方面。课程评价是指研究课程价值的过程，是由判断课程在改进学生学习方面的价值的那些活动构成的。大学英语课程的评价应根据《大学英语课程教学要求》制定的目标和要求，就大学英语课程标准、课程设置、课时安排、教材等方面的问题作出价值判断。教学组织的总体目标是教学计划执行良好，教学秩序稳定，各环节准备齐全且执行良好。教学组织过程评价主要针对教师教学基本文件及其执行情况、教师执行教学进度、按课表教学的情况等。

教师教学质量评价，是指采用多种方法和多种手段，针对教师的教学情况（教学设计、教学过程、教学效果和教学成果）进行客观的测定、衡量，并给予价值判断，为教师改进教学工作提供参考意见。为使教师教学质量评价尽可能全面、公正、合理，根据教学质量评价的内容，从对有利于被评价者作出客观评价的角度出发进行评价。学生学习过程评价主要采用全方位、多视角，定性与定量相结合的评价方式对学生进行综合测评，实行学生自我评价与他人评价相结合的模式，在评价方式上实施形成性评价与终结性评价相结合，重点评价学生的课堂活动参与、合作探究能力、自主学习能力、方法习惯。

基于坚持"以人为本"的构建指导思想，要淡化评估的鉴定性和评比性功能，强化过程性和反馈性功能，努力使"他监控"内化为"自监控"。评估的目的是既要证明、又要改进，但侧重点更应放在满足教师提高需求的改进上。注意营造和保持一种相对宽松的评价氛围，使评比性结果与行政奖惩保持适当的距离，减少考核指标的刚度，以鼓励教师的个性化发展，更多地用专家意见来说明问题。强调与人为善的评估初衷—为了帮助找出影响教学质量的问题所在，从根本上说是为了教师上课水平的提高，进而提高教学质量服务的。

二、大学外语教学质量外部保证体系的构建

大学外语教学教学质量外部保证体系包括"政府—学校—社会需求"三大块。外部环境的要求和需求制约着学校的规划、决策和发展；同时它也要经过教育系统的筛选过程，使教育规律和市场规律有机结合起来，保证教学保证系统能更充分的适应市场、社会的需求，在政府宏观调控下自如运转。其运作流程为：外部环境的需求和制约，经由教学决策体系的筛选机制，形成目标体系的一部分，最终目标体系通过外部教学反馈体系得到不断的调控。而外部环境则通过对目标体系的检验和评价满足自身需要（如政府获得社会主义建设人才；企业获得具有外语运用水平和专业技能水平的人才；社会获得稳定和经济的持续增长；家长获得具有理论知识水平和实战交流水平能力的孩子等）。

（1）政府的宏观调控

这一部分包括国家和政府通过大力开展教学改革并制定和调整大学外语课程教学要求等手段进行。

1）教育部在《2003-2007年教育振兴行动计划》中把实施"高等学校教学质量与教学改革工程"作为重要内容，其中包括"改革大学公共外语教学标准、手段和考试方法，推进基于计算机的个性化外语教学，提高大学生的外语综合使用能力"。教育部决定采取三项措施改革大学外语教学改革：一是在教学中广泛采用先进的信息技术，推动基于计算机的外语教学改革；二是改革单一的大学外语教学大纲，由过去的以阅读理解为主的教学目标向培养外语综合实用能力为主转变，研究并制订适应个学科门类的大学外语最低教学要求；三是在以上工作取得一定进展的基础上，进一步改革大学英语四六级考试，充分发挥考试引导教学改革的作用。

2）2007年9月教育部公布了《大学英语课程教学要求》。作为各高等学校组织非英语专业本科生外语教学的主要依据，教学要求注重对学生听说能力的考核。教学要求指出，大学阶段的英语教学要求分为三个层次，即一般要求、较高要求和更高要求。大学英语课程的设计应充分考虑听说能力培养的要求，并给予足够的学时和学分；应大量使用先进的信息技术，开发和建设各种基于计算机和网络的课程，为学生提供良好的语言学习环境与条件。高校应对英语教学开展形成性评估和终结性评估。形成性评估可以采用课堂活动和课外活动记录、网上自学记录、学习档案记录、访谈和座谈等多种形式，以便对学生学习过程进行观察、评价和监督，促进学生有效地学习。终结性评估主要包括期末课程考试和水平考试。大学英语教学评估还应包括对教师的评估。应全面考核教师的教学态度、教学手段、教学方法、教学内容、教学组织和教学效果等。教学要求建议，高校应建立完善的教学文件和教学管理文件；大学英语课程要融入学校的学分制体系，尽量保证在本科总学分中占10%（16学分左右）；完善教师的聘任管理，确保师生比合理；建设年龄、学历和职称结构合理的师资队伍。教学要求强调，我国幅员辽阔，各地区、各高校之间情况差异较大，大学英语教学应贯彻分类指导、因材施教的原则，以适应个性化教学的实际需要。

（2）社会教育评估中介机构的构建

中介机构的成立使高等教育与政府、社会之间发生关系，并对三者的关系起协调作用。通过中介机构的评估去反映社会需求、贯彻政府政策、调节高校教学行为，保证高等教育评估的中介性。目前我国的教育评估中介机构较少，类型也比较单一，建议将大学外语教学质量评估纳入现有的教育评估中介机构或者建立一部分新的针对大学外语教学质量的中介机构，对大学外语的教学质量数据进行分析，为学生自身水平评价提供参考，为学校提高教学质量提供依据。

（3）外部反馈体系

教学的成果和效果需要社会的认可和反馈，主要包括根据课程教学标准和教学目标要求，调整培养方向，保证大学外语的教学成果不偏离课程标准；根据社会需要，主要包括市场需求和用人单位的监督和反馈及时调控教学保证体系；充分利用社会专业评估中介机构，一方面作为改进教学的有效手段，另一方面利用中介机构的权威性向社会公布评估结果提高大学外语教学的效率和效果，充分利用教学资源要素配置效率的最优化，提高教学质量。

三、内部保证体系与外部保证体系的互动关系

（1）内部质量保证体系是基础

大学外语教学的根本任务是培养学生的外语综合应用能力，特别是听说能力，使他们在今后学习、工作和社会交往中能用外语有效地进行交际，同时增强其自主学习能力，提高综合文化素养，以适应我国社会发展和国际交流的需要。教学活动是高校培养人的基本途径，应当把内部的教学质量保证作为保证大学外语教学质量保证的基石。内部教学质量保证有成效，整个大学外语质量保证才有基础。否则，外部质量保证也是捉襟见肘、毫无力量而言。

（2）外部质量保证是内部质量保证的助推剂

大学外语教学质量是否满足了经济、社会发展的需要，仅仅建立内部教学质量保证系统是不够的，还要建立政府和社会对大学外语教学质量的外部监督制度。例如，通过学校外部的专门机构或组织，采用同行评议、雇主调查、学生反馈或学校排名等来评估大学外语整体教学质量。否则，内部质量保证的结果也会偏离外语教学质量保证的目标。因此，通常情况下，无论是在构建还是在实施内部教学质量保证系统时，都需要把政府和社会对大学外语教学质量的外部监督纳入视野来全盘考虑。最终目的是要形成以内为主，内外结合，以外促内，建立以学校为基础、以社会为重点、以政府为主导的大学外语教学质量保证体系，从而确保大学外语的整体质量。

12.1.7 外语专业教学质量保证体系的运行机制

大学外语教学质量保证体系的运行机制是指该保证体系中的各要素相互联系、相互制约，从而发挥教学质量保证体系功能的正常运行，是启动、维持、调整和促进该保证体系运行的各种条件和工作方式的总和。根据教学质量保证体系的内涵，按照预先控制、运行控制和反馈控制相结合的原则建立起来的循环反复、多渠道、多方位、全过程地实现教学质监控、评价和反馈的机制，促使大学外语教学质障体系得以有效运行，这样就可以及时了解大学外语教学各个环节的信息，不断地对各个教学环节中出现的问题进行研究、解决，并提供给决策系统，以提出新

的质量保证措施，使教学质量管理工作不断发展。

大学外语教学质量保证体系的作用对象主要是人，运行的目的在于调动教师、学生和管理人员的积极性。运行机制就是通过满足质量保证主体的合理需要，调动其主观能动性，为整个教学质量保证体系持续运行提供动力。一个有活力的大学外语教学质量保证体系的运行机制包含以下几方面：

一、竞争机制

竞争就是优胜劣汰，在大学外语教学过程中引入竞争目的是为了调动学生、教师积极性。学校在教学过程中可以通过教学评估、评优等多种手段达到竞争的目的，但是竞争机制的引入必须遵循教育规律和科技发展规律。它的运用必须适度，因为人的积极性和成就动机的产生包括多个方面，而不仅仅来源于竞争。竞争机制的建立需要管理者正确的舆论导向，要倡导良好的学习风气，使全体学生心往一处想，劲往一块使。其次要在广泛征求意见的基础上，制定为全体成员所共同认可的教学发展目标以及不同群体的发展目标，使目标的达成与每个成员的切身利益息息相关，以激发全体成员团结协作的内驱力，使他们真正意识到单靠个人的力量难以完成共同任务。三是强化管理措施，完善规章制度和评价方案。如有的学校将教师个体的奖惩与群体目标的完成情况挂钩，凡是集体目标没有达成的备课组或教研组，教师个人不得受奖；有的学校通过开展扎实有效的集体研讨活动和不同群体之间的竞赛活动，激发每位成员集体荣誉感。

提高教学质量，需要有竞争机制。只有开展竞争，才能使人才辈出，只有在竞争意识浓厚的环境中，才能激发大学外语教师钻研业务的积极性，才能提高整个教师队伍的整体素质，才能培育出更多具有外语综合应用能力的学生。竞争的指导思想，必须把提高教学质量作为开展教学竞争的根本目的。

通过开展大学外语课堂教学或教案评比，形成教师之间的良胜竞争，在竞争中求合作，在竞争中求提高。需要注意的是只有创造平等的条件，才能开展合理的竞争。要求参赛的外语教师之间要有可比性，包括教学内容、标准、评判规则要相同，教学场所、教学指导等要一样，可以分成青年教师讲课比赛和高级职称观摩比赛等方式。

通过一系列比赛或观摩学习，将竞争机制灌输给每一位外语教师，营造浓厚的良性工作竞争氛围，营造出"争英雄，当好汉，教学效果上比比看"的舆论氛围，无形地将"要外语老师提高教学水平"改变成"外语老师要提高教学水平"，激发广大外语教师的积极性、主动性和创造性，大学外语教学效果将因竞争机制的引入而愈发突出。

二、激励机制

激励是激发鼓励的全称。激励机制就是指在组织系统中，激励主体运用多种激励手段与激励客体相互作用、相互制约的结构、方式、关系及演变规律的总和。人的积极性主要靠激励。激励机制是高校教学质量保证体系的重要动力机制之一。激励机制的着眼点在于调动人的积极性。尊重人、信任人、关心人是实施激励机制应遵循的基本原则。激励机制的实现手段不仅包括表扬、奖励、晋升等，还包括思想政治教育、校风、学风和校园文化的熏陶、社会环境的影响、成绩优秀的人物事迹的感染等。

（1）对于外语教学效果好，学生产出质量高的教师进行奖励，建立完善的教师激励机制。对于那些外语教学理念先进、教学模式深受学生喜欢，教学效果突出，尤其是培养出来的学生外语综合运用能力高的教师要给予大力表彰，同时对其工资待遇以及职称晋升上予以适当奖励和照顾。这些措施将有利于鼓励先进，推动后进，以达到总体提高的目的，充分发挥"优秀教师"的模范带头作用。

（2）对于配合外语教学，组织开展系列评比和外语知识技能讲座和培训的管理者进行表彰，建立完善的教学管理人员激励机制。大学外语教学不是教师的一时之功，也不是学生的"拼命苦学"。良好的外语学习环境和必备的知识技能讲座和培训对大学外语的教和学起着非常重要的辅助作用，适当而合理的激励将对教学管理人员作用的发挥起着非常大的促进作用。

（3）对于外语学习综合能力强，在各项外语技能竞赛和比赛中获奖的同学进行表彰，建立完善的学生激励机制。学生身边的优秀典型是"可亲的，可近的，可行的，可信的"，通过对他们的激励和表彰，一方面强调学生在外语学习中要注重综合运用能力的提高，同时这是对学习兴趣不浓、基础薄弱的学生是一种巨大的促进和帮助，有助于形成良好的外语学习氛围。

三、创新机制

创新机制是革新教学管理的手段，它紧跟教学发展步伐，创新思维，开拓思路，强化管理。创新机制不仅包括大学外语教育思想创新和教学内容、教学方法、教学手段的创新，而且包括广大学生学习方法、学习环境等方面的创新。创新机制要渗透到教学过程的各个方面，这是大学外语教学质量保证体系的重要特点之一。

（1）鼓励大学外语教师开展教育理念的创新。在新的历史时期，大学外语教学应该紧跟时代发展的潮流和形势的需要。在大学外语教育理念上要坚持"以人为本"，树立科学发展的教育理念。在具体的教学实践中，要不断总结和发现、创新教育理念，真正树立为学生提高外语综合运用能力服务的思想。

（2）鼓励大学外语教师进行教学方法和手段的创新。随着网络技术的普及和发展，多媒体技术已经广泛运用于大学外语教学实践中。要建立一套完整的硬件保证和制度管理及培训计划，在保证大学外语教师熟练掌握多媒体教学的基础上，充分调动发挥教师的创新精神，创新教学方法和教学手段，运用高科技和网络技术，实现课堂教学、课后答疑、作业批改和测验考试等教学过程逐渐模块化和系统化，丰富教学手段，提高教学质量。

四、约束机制

约束机制是使大学外语教学过程保持相对稳定和教学工作健康发展的重要条件。在大学外语教学过程中必须有一定的约束，必须遵循教育规律，遵守课程教学标准，防止出现不规范的行为。

（1）建立严格管理制度，加强对大学外语教师的约束。比如，很多高校出台了大学外语教学改革方案、教学事故责任认定与处理办法等约束规章。教学事故是指教职员工在教学管理及教学活动中，因本人主观过错或过失所引起的影响学校正常教学秩序和教学质量，或违背国家有关法律、法规、政策及学校有关规章、制度的教育教学语言或行为。教学事故依据教学工作与管理工作，分为教学工作事故和教学管理事故两种。对于调课也有明确规定，需要在正常教学时间前规定时段内提出申请，除有不能预计的特殊原因外，教务处不受理调动本周课程的申请，凡私自调课者，一经发现，均记为教学事故，在全校通报批评并追究责任等等。这些要求和规定进一步强化了教学管理，严肃了教学纪律，维护了教学秩序，提高了教学质量。

（2）建立严格考勤制度和平时成绩记载制度，加强对学生的约束。进一步明确在大学外语考试成绩中平时成绩所占比例及构成方法，建立严格的考勤制度和平时作业及测验的记载制度，对于表现良好的同学要予以表扬，并将学习经验进行推广，促进其他同学共同进步；对于表现较差的同学进行批评教育，使其能够充分认识到加强外语学习和提高综合运用能力的必要性和紧迫性，端正其学习态度和动机；对于屡教不改者，可请求学生管理部门按照学生管理规定进行处理，绝不姑息。严格的日常管理制度对学生既是一种约束，也是一种促进，更是对外语教学质量提高的一种辅助。

竞争机制、激励机制、创新机制和约束机制是相辅相成、相互依存、相互作用、相互补充的，它们构成了大学外语教学质量保证体系运行机制的全部内容。

12.1.8 外语专业教学质量保证体系的维护

一、加强院系级教学组织建设

在大学外语教学组织中，学院（系）是教学活动的实体，承担着组织、执行和管理教学活动全过程的职责，是确保和提高教学质量的坚实基础。院系级教学组织对教学活动的管理职责大致包括：根据大学外语教学计划和大纲的规定，有计划地组织理论教学和实践教学，加强各教学环节的管理；组建结构合理的高水平的大学外语教学专业教师队伍；加强学科建设、专业建设、课程建设和教研室建设；组织学生的学习活动和实践活动；建立有序的教学管理程序；建立一支高素质的教学管理队伍。

（1）强调责任意识。目前的大学外语教学质量保证工作，在一定程度上主要还是依靠人员保证，这些人员一般包括教学管理人员、教学督导、调研员、学生信息员等。要明确其职责范围和工作方式方法，使其增强责任意识，扎扎实实开展一系列调研，认真总结发现的问题，以对大学外语质量提高高度负责的态度努力工作。

（2）提高基本素质。教学组织者的基本素质在相当程度上决定着教学质量保证的效果。他们需要懂得教育科学规律，有专业特长（学生信息员另当别论），具有客观公正的态度，高度的工作责任感和调查研究的能力。要组织进行贴近工作实际的进修、培训，加强教学管理人员队伍的建设，让他们在学习中实践，在实践中学习，提高工作效率和效果。

（3）严格管理制度。建立健全各项规章制度，包括工作管理制度，工作考核体系和奖惩体系，充分调动其工作的积极性、主动性和创造性，较好地完成各项工作。

二、完善教学质量保证工作组织系统

大学外语教学质量保证的系统性需要有一个相对完善的高效的工作组织系统。这个工作系统的组织形式纵向是学校、院系、教研室三级组织机构，横向是师资管理的人事处、学生管理的学工处、设备管理的教材设备中心等部门。在此系统中，教务处协助主管教学校长行使学校教学质量保证的职权。在大学外语教学质量保证工作中，教务处是职能部门，对大学外语教学质量保证有组织、协调、督导的权力，是大学外语教学质量保证工作的枢纽中心。横向部门在大学外语教学质量控制中偏重于教学要素的基础建设，具有相对的独立性，主要通过信息的双向交流来联系，通过制度的相互约束来实现。纵向组织偏重于教学要素的运行管理，通过信息反馈与建设加强信息联系。

（1）完善纵向工作组织系统。充分发挥教务处在大学外语教学质量保证系统工作组织中的枢纽地位，加强大学外语教学的组织和有关问题协调，加强对课堂教学以及教学辅助手段的监督和指导作用。同时院系和教研室要建立相应的组织和制度，做到学校、院系、教研室的思想统一，步调协调一致，共同加强对大学外语的教和学的管理和服务，建立畅通的纵向工作组织系统。

（2）完善横向工作组织系统。进一步加强相关部门之间的横向联系，保证为大学外语教学提供强有力的教学要素的基础设施，同时要通过制度约束和管理，建立行之有效的影响教学进行的事件的紧急处理预案。在学生的思想动向、教学设施和其他辅助教学的因素出现问题时，能及时予以配合处理，保证正常教学秩序，提高教学质量。当然，必要的沟通和适度的交流是十分必要的。

三、持续改进，适时更新教学质量保证体系

大学外语教学过程和方法是在不断变化的，而人们对教学过程结果的要求总在不断变化和提高，都会经历一个由不完善到完善、直至更新阶段的过程，这就需要不断创新的机制，即持续改进。持续改进是一个永恒的过程，随着社会、经济和科技的发展，大学外语教学质量保证的目标、内容要素、工作途径和方法都要求与时俱进。

（1）认真学习教学质量保证理论，持续改进教学质量保证体系。随着时代的发展，教学过程、教学手段和教学方法都在不断的提高，教师和学生对教学过程的要求也在不断提高，教学质量保证理论的研究也将不断的深入。要想提高大学外语教学质量，需要各个方面都要认真学习教育教学质量保证理论，丰富全面教育质量观，加强质量保证体系的指导思想和基本原则的深入学习。这将有利于持续改进教学质量保证体系，从而提高大学外语教学质量保证体系。

（2）及时总结大学外语教学中的新形势和新要求，适时更新教学质量保证体系。大学外语教学要面向现代化，面向时代发展的要求。随着国际化进程的加快和社会的发展，人们对大学外语教学提出更高的要求和发展目标，大学外语教学也将出现一些新特点。为此大学外语教学质量保证体系在内容要素、工作途径和方法上都要求与时俱进。要及时总结大学外语教学的新形势，并结合大学外语教学的实际，更新质量保证体系以满足发展的需要，真正发挥其强大的保证作用。

12.2 北京外国语大学外语专业人才培养质量保证体系

北京外国语大学（以下简称为北外）是国内办学历史悠久、开设语种最多、层次齐全、规模较大的外国语大学，目前开设44个本科专业，教授34种外国语。教学目标是培养复合型、复语型、高质量外语专门人才和外语运用能力强的经济、管理、外交、新闻、法律等涉外专业人才，建设一所多语种、多学科、多层次、具有重要国际影响的教学科研型外国语大学。这一目标体现在人才培养模式上，其核心就是培养特色人才。

对外语院校来说，更新教学理念不是简单地换一个教学方法的问题。如何教授一种语言，其实蕴含着如何看待语言的实质，如何看待语言的习得和外语学习。北外在教学观念上大致经历了四个阶段，从语法翻译法的教学传统，到句型操练法，再到被中国外语界普遍参考的情境法、意会法和交际法先后出现，而由北外博采众长的"结构—情境—交际法"，到探索出以外语为基础，打造复合型、复语型、高质量人才的特色人才培养实践路线。

其借鉴国外英语教学界的最新研究成果，结合中国的实际情况，开始了一场新的教学改革，开始探索新的路子，要把英语教学从结构主义彻底过渡到交际功能主义，从以教师为中心彻底过渡到以学生为中心，从词汇语法教学彻底过渡到主题教学，从做大量四项选择题彻底过渡到以任务为基础的教学操练活动，从传统的劳动密集型教学过渡到多媒体教学与面授相结合的高科技密集型的授课方式，并配之以一个考查语言综合运用能力的评估系统，实行形成性评估与终结性评估相结合的办法，增加随堂测试的分数比重，减少高风险考试的分数比重。

所谓功能型、交际型，就是向任务型教学靠拢。其重点在于突出语言技能的具体描写，充实功能意念表达的内容，增加教学理念、学习策略、文化意识等更有利于英语综合能力发展的内容。所谓以任务为基础的教学，就是设计有意义的语言任务让学习者完成，强调有目的的交际和真实意思的表达，鼓励学生多开口、多动手，使教学活动更贴近生活，使学习过程变成运用语言的过程。以学生为中心，就是把学生当成学习的主体，一切教学活动都应以满足学生的需要为出发点，鼓励他们多多参与，鼓励他们为自己的学习负起责任，学会自主学习，学会自我管理。

主题教学模式是对传统的课文内容分散、语言现象复现频率低的一种挑战。主题教学模式能把课内课外有机结合起来，把教与学结合起来。课内从不同侧面围绕一个学生感兴趣、引人思考的共同主题，把听说读写译有机地结合起来，教学活动包括预演、辩论、演讲、小短剧、作文等。高科技和多媒体的运用和普及给外语教学提供了广阔前景。与传统教学相比，计算机多媒体教学软件可以保证发音地道，用生动形象的方式将历史事件、人物、地点呈现给学习者，图文并茂，画面动感，容易给学习者留下深刻的印象，学习内容易记难忘，不容易产生乏味之感。而且，听说读写译各种技能的训练可以紧密地安排在同一时间段，真实的材料、资源共享等特点可充分发挥出来，使学生自主学习成为现实。

北外在多年来教学观念更新的基础上，继开设专业倾向课的成功实践，开始把以教授外国语言文学为主的单一型教育模式，转变为建设多语种、多学科、多层次，培养复合型、复语型、高质量外语人才和涉外专门人才作为学校的总体建设目标简称"两复一高"。

一、拓宽专业培养口径围绕新的培养目标，以强调拓宽学生的知识口径为核心，学校推出了相关的教改举措增加专业选修课，减少必修课。不仅增加了全校性的公共选修课，而且增加了各院系的专业选修课的分量，这些选修课的内容涉及哲学、政治、经济、人文、自然科学各领域各学科。根据专业课程特点，将选修课分为限制性选修课和一般性选修课，以拓宽学生的知识面，弥补外语之外专业知识的不足。各外语专业增设专业倾向。根据社会经济发展和就业的需要，各通用语种纷纷建立了外交、经贸等专业倾向。学生在一、二年级学习基础外语的基础上，三、四年级上一些用外语讲授的专业倾向课程，使学生在掌握外语技能的同时，通晓一些专业基础知识，为适应社会经济发展和就业打下基础。设置复合型专业课程。各外语专业在增设专业倾向的同时，开始尝试开设一批复合型的课程，如德语系开设了"德国经济"、"德国外交信函"、"德国外电分析"、"旅游口译"、"外事口译"、"国际政治导论"等课程，这些课程大都用德语开设，既提高了外语听、说、读、写、译的能力，又开拓了学生在这些专业领域的视野，为毕业后在这些领域继续深造和钻研打下了基础。

二、创办复合型人才培养新专业。为进一步加大复合型人才的培养力度，学校相继建立了一系列新的复合型专业国际经济与贸易、金融学、电子商务、工商管理、信息管理与信息系统、会计学、外交学、法律、新闻与传播等本科专业。这些专业的开设，使学校初步建立起了外语与外交、国际经贸、文学、语言学、法律、新闻等学科相复合的教学和科研体系，初步实现了由单科型大学向多科型外国语大学的战略转型。

三、推行主辅修、双学位制度。学校较早就实行了"辅修—双学位"的复合型人才培养模式。现已开设的"辅修—双学位"专业的种类包括对所有非英语专业的外语专业的学生开设了"英语辅修专业"对所有语言类专业学生开设了经济、管理、外交、法律辅修—双学位专业对所有非语言专业的学生开设了"英语双学位专业"。这种主辅修、双学位的教学模式，是素质教育的重要组成部分，也是现代教育的一种趋势，深受学生欢迎。目前，全校已有名学生拿到了辅修学位证书，名学生拿到了双学位证书。

四、建设全校通开课程全面推动学校的课程体系改革，集中优势资源，充分发挥现有的人才、专业优势，在全校范围内建设和开设四门通开课程，即"大国外交与地区关系系列通开课"、"世界文学系列通开课"、"世界经济系列通开课"、"中国文学与艺术系列通开课"。这四门课程均由学校各院系在各系列课程专业领域中有一定研究的老师任教，每人讲个专题，全部由多媒体授课。这四门课程作为学校的公共选修课程向全校学生推出，并作为校级精品课程立项，准备今后作为学校的特色课程向北京市乃至全国精品课程推出。这四门通开课程的建设和开出，不仅提高了学校现有公共选修课的质量，推进了现有课程体系的改革，而且进一步拓宽了人才培养口径，丰富了复合型人才培养模式的内涵。另外，需要强调的是，原有的外语专业仍是传统优势和强项，在建设复合型专业的同时，对原有的外语专业也提出了新的发展目标朝高精尖的方向发展，即培养其他学校培养不了的高级专业外语人才，如高级翻译、文化研究等。同时强调第二外语，一些小语种专业，还要求英语水平达到专业英语大专水平。这样，高精尖外语人才、复合型人才和复语型人才培养，一起构成了北外的特色和优势。

一所大学之所以著名或具有影响力，可以说在很大程度上是因为它培养出了一大批特色人才或一些出类拔萃的人才，形成了自己的办学特色。无论是牛津、剑桥，还是哈佛、耶鲁、麻省理工、斯坦福、巴黎高师等世界名校，无一例外都造就了一批世界一流人才，对人类社会发展产生了深远影响。一所大学，没有特色人才的培养，便无以成为著名学府没有自己的办学特色，也很难培养出独具个性的特色人才。因此，特色人才培养离不开以下几个重要因素特色人才培养必须要有先进的办学理念。思想是行动的指南。办学理念作为一种教育思想，无疑是一所大学办学的方向标，指导着学校如何培养人才、培养什么样的人才。所谓先进的办学理念，是指根据本校的现状和特点所凝练出的一种既适合学校发展、又具有前瞻性的教育思想和教育观念。特色人才是具有个性的优秀人才，这种人才的培养显然需要以先进的办学理念为基础。所有特色鲜明、办学成绩显著的世界著名大学，都源于凝练而先进的办学理念。

麻省理工学院"理工与人文相通，博学与专精兼取，教学与实践并重"的办学理念，形成了该校鲜明的办学特色，斯坦福大学的"实用教育"理念造就了"硅谷"研究园区的成功，芝加哥大学的"研究工作是学校的主要工作"的办学方针和以"哈拍计划"为代表的服务社会的办学理念，更是产生了"芝加哥学派"和位诺贝尔奖得主。特色人才培养必须继承优良传统、并与时俱进，体现出鲜明的时代性和社会性。一所大学的特色是其明显区别于其他大学的办学风格和优良特点，并且这种办学风格已成为被广泛认同的优势。换句话说，一所大学的办学特色，既不是短期效应，也不是自封的，它是在长期办学过程中积淀而成，具有相对的稳定性。这便是一所大学的优良传统。中国哲学有一句非常富有哲理性的名言"道生一，一生二，二生三。"意思是说，"道"是万物的本源，它可以产生世间万物。我们可以做同样的思考一所大学的本源是什么在我看来，就是它的优良传统，即特色。所以，我认为，特色人才培养首先必须继承优良传统。抛弃优良传统，就等于抛弃了本源，成为无源之水，无本之木，反而失去了特色。

教育必须与社会发展相适应。教育的这一基本规律表明，教育必须随着社会的发展而不断地进行改革，以适应发展了的社会对人才所提出的要求。因此，特色人才培养在继承优良传统的前提和基础上，还必须与时俱进，有所超越和突破，体现出鲜明的时代性和社会性，在与社会发展的互动中形成更强的特色。特色人才培养必须要有一流的师资。国以才强，校以师兴。师资水平对于一所大学人才培养的质量是不言而喻的。牛津大学之所以被人们所称道，主要原因之一是因为它的教师队伍是世界一流的，培养出来的学生也是一流的，如《英国名人录》中有四分之一是牛津毕业的，现任教师队伍中大部分都是位于学术前沿的世界一流学者。哈佛大学名誉校长陆登庭教授也明确指出"在大学中，没有比发现和聘用教师更重要的问题"。古今中外高等教育发展的实践证明，凡是培养出大批富有创造力、有重要影响的高素质人才的大学，都拥有一批一流的乃至大师级的教师队伍。

12.3 上海外国语大学外语专业人才培养质量保证体系

世纪世界各国的竞争主要是综合国力的竞争，也就是教育科技的竞争，归根结底是人才的竞争。面对经济全球化趋势的日益推进，面对国际竞争的日益激烈，如何立足于新世纪发展的战略高度，与时俱进地改革人才培养目标和模式，提高人才国际竞争力，已经成为高等院校共同关注的重要课题。上海外国语大学（以下简称上外）多年来积极探索高等教育改革和人才培养目标、模式，紧跟时代前进的步伐和社会发展的需要，把学校的发展与国家和地区的发展联系起来，明确发展定位，调整培养目标，在我国创建了"外语教学与专业教学交叉融合"的多元人才培养模式，为国家和地区的改革开放和振兴经济，培养和输送了一大批具有国际视野，既有高级外语水平又有专业知识的复合型人才。

确定21世纪的外语人才培养目标应使学生在德、智、体、美、劳诸方面得到发展，应重视对学生的思想道德素质、文化素质、业务素质、身体心理素质以及创新能力的培养，还要考虑21世纪的社会特点及其对人才的要求。世纪的社会具有科技化、信息化、经济全球化、国际化的特征。这样的社会特征要求外语人才应该关注人类的生存与发展，能利用语言工具和专门知识，及时了解和介绍世界各国未来科技新成果和发展状况外语人才应该成为跨国信息传播员，为社会各行各业及时提供最新信息外语人才应该具有全球意识和国际视野，在经济领域中能直接参与国际交流、合作与竞争外语人才应该具有国际主义精神，积极维护人类和平与社会繁荣，为消除文化误解和沟通中国与异国文化作出贡献。全新的时代呼唤着新型的外语人才。因而，上外的人才培养目标经研讨后确定为新世纪科技化、信息化、经济全球化、国际化社会所需的各类既具有高级外语水平又有专业知识的国际化复合型人才。

上外经过多年的教学改革，逐步形成了外语加专业的"四型一辅"多元人才培养模式，即外语专业型、专业加外语型、专业方向型、双语种型和主辅修制。

第一，外语专业型，即外语语言文化专业。此类模式是上外的传统教学模式，历史悠久，具有传统优势和丰富的教学经验。如上外英语专业的学生，在基础阶段着重接受听、说、读、写等语言基本技能的强化训练，培养学生以交际能力为主的地道、规范的英语综合能力。三、四年级学生除继续学习高级英语、写作、口笔译等核心课程外，还可按自己的兴趣选修英语专业知识和相关专业方向知识的课程，如语言对象国的文学、语言学、翻译学、教学法和国家文化等专业方向的系列课程。由于上外外语教学具有传统优势，教学质量好，学生整体水平较高，所以上外外语语言文化专业的学生在参加全国专业等级测试中的成绩历年来均名列前茅。以近三年上外英语专业的学生为例：

表11　上外英语专业学生与全国外语院校、全国院校TEM4、TEM8考试情况比较表

年　份 ＼ 项　目		英语专业四级			英语专业八级		
		上外	全国外语院校	全国院校	上外	全国外语院校	全国院校
2003年	平均分	74.21	65.56	58.66	71.99	63.78	57.66
	通过率	99.53	85.41	61.00	99.57	76.90	51.82
2004年	平均分	75.71	69.29	61.47	75.24	66.80	60.50
	通过率	99.16	86.98	62.68	100	80.43	56.74
2005年	平均分	74.20	64.33	57.65	69.95	65.23	57.74
	通过率	98.23	76.44	53.73	97.71	83.05	54.17

属于此类学生还可以通过参加辅修专业学习把自己培养成外语加专业的复合型人才。

第二，专业加外语型。此类模式培养既有所学专业的基础知识、学科理论与基本技能，又具有扎实的外语基础，熟练掌握外语交际能力的"专业加外语"的复合型人才。如新闻学、国际经济与贸易专业的学生一方面要修读大量的专业主干课程，另一方面又要刻苦学习英语知识和掌握英语语言交际能力，这些学生通过努力绝大多数最终都能通过英语专业八级考试。

表12　上外非英语专业学生与全国外语院校、全国院校TEM4、
TEM8考试情况比较表

年份	项目	英语专业四级			英语专业八级		
		上外	全国外语院校	全国院校	上外	全国外语院校	全国院校
2003年	平均分	73.31	69.75	64.18	69.38	66.61	62.72
	通过率	96.90	91.54	77.93	97.01	86.49	72.54
2004年	平均分	75.47	69.41	66.89	71.78	67.25	64.25
	通过率	97.90	81.50	77.43	94.07	78.95	70.99
2005年	平均分	72.24	65.22	63.96	66.46	63.31	61.67
	通过率	95.91	74.50	74.89	85.15	74.42	68.81

　　由于上外培养的"专业加外语"新型复合型人才既有系统的专业知识又有较强的进行国际合作交流的能力，尤其是能熟练运用英语进行业务工作，这种"双优势"人才，受到社会的充分肯定和欢迎，就业率很高，并有相当部分学生能进入国际著名跨国公司工作。据统计2001–2004年上外毕业生被国际著名的四大会计师事务所录用的人员高达人326人，年均80人以上；其中以"专业加外语"模式培养的非语言类毕业生达259人，占79.4%。

　　第三，专业方向型。此类模式即在原有外语专业中增设若干方向型课程，以系统学习相关专业的系列课程。这些系列课程有的同语言文学学科比较接近，也有的已属于跨学科课程。近几年此类模式的培养层次又得到了提升，增设了本硕连读项目，即通过国际合作办学的途径，在本科阶段修读的经济学或工商管理方向型课程得到外方的认可，外语专业本科一毕业即可连续进入国外大学的经济学或工商管理专业硕士学习阶段。如德语系增设了"德语+经济学"专业方向课程。这些学生由上外和德国拜罗依特大学合作培养，采取本硕连读，整个学习分两个阶段。第一阶段为四年，第二阶段为两年到两年半。第一阶段在拜罗依特大学合作下在上外完成，经过四年本科学习，以文学士中方和经济学"中期考试"（德方）结束。第一、二年主攻德语，有少量经济学课程。第三、

四年经济学与德语并重，完成经济学基础课程，通过德方经济学的"中期考试"，获相关证书德语通过八级考试，获上外毕业证书，随后用两年到两年半时间在德国拜罗依特大学继续经济学专业阶段学习，并以硕士学位结束。

第四，双语种型，即"非通用语种加英语"。此类模式为主修小语种的学生提供了副修英语专业的机会，主修外语专业必须达到本科水平，英语作为副修语种，则要求达到英语专业的四级以上水平。副修英语与公外英语有显著区别在课时学分上，前者有课时学分，后者仅课时学分在教学安排上，前者于第一学期即开课，并贯穿四年直至毕业，后者一般只安排在二、三年级在课程设置上，前者分为精读、泛读、听力、翻译等课型，后者主要为阅读理解，从事副修英语教学的师资都具有进行专业英语教学的能力，加卜副修英语在教材选用和处理方面的加强，保证了双外语学习的学生英语学习水平，他们一般都能通过专业英语四级考试，部分学生在毕业前可通过专业英语八级考试。

第五，主辅修制。此类模式积极促进外语学习与专业学习的交叉、渗透和融合，鼓励学有余力的学生辅修其他专业。参加辅修专业学习的学生可以共享其他高校的优秀教学资源，即上外学生可以跨校到复旦大学、上海外贸学院等校修读相关辅修专业。目前，上外学生可以修读的有法学、经济学、新闻学、国际经济与贸易、金融学、工程管理、市场营销、会计学、工商管理、计算机科学与技术、国际集装箱运输管理、社会体育以及英语、日语、法语、德语等18个辅修专业。

以上几种培养模式在上外并存，通力培养国际化复合型外语人才，以适应我国改革开放和社会主义经济建设以及世纪社会发展的需要。

【参考文献】

[1] 袁长青，周富强，董金伟等.凸显院校办学特色，优化拓展大学英语教学体系——广东外语外贸大学大学英语教学改革的新进展[J].教育导刊（高教论坛）.2010年第1期.

[2] 陈国海.高校学生评教指标体系的效度和信度分析——以广东外语外

贸大学学生评教表为例 [J]. 高等教育研究学报. 2005 年第 2 期.

[3] 董金伟. 教师专业发展与外语师资培养——广东外语外贸大学英语教育专业课程设置探讨 [J]. 广东外语外贸大学学报. 2007 年第 18 卷第 3 期.

[4] 戴炜栋. 我国外语专业教育 60 年：回顾与展望 [J]. 中国外语. 2009 年第 6 卷第 5 期.

[5] 田学军. 外国语学院（系）的目标定位和整体发展 [J]. 郑州航空工业管理学院学报（社会科学版）. 2009 年第 28 卷第 3 期.

[6] 李晓燕，彭家玉. 外语专业教学改革新思考 [J]. 郧阳师范高等专科学校学报. 2003 年第 23 卷第 4 期.

[7] 全永根，章翌. 韩国语教育现状及发展前景——以广东外语外贸大学韩国语教育为例 [J]. 广东外语外贸大学学报. 2006 年第 17 卷第 3 期.

[8] 黄立军. 广东外语外贸大学"服务外包"专业人才培养方案研究 [J]. 人力资源管理. 2010 年第 2 期.

[9] 广东外语外贸大学非通用语种本科人才培养基地 [J]. 广东外语外贸大学学报. 2007 年第 18 卷第 4 期.

附 录

附录一 高等学校外语专业本科教学评估方案

一、高等学校外语专业本科教学评估指标体系

一级指标	二级指标
1.学科规划	*1.1 学科定位 1.2 专业建设特色 1.3 发展目标
2.师资队伍	2.1 整体结构与规划 *2.2 专任教师基本状况 *2.3 专任教师教学能力和科研状况 2.4 教师参与教学改革的状况
3.教学资源	*3.1 教学基础设施 *3.2 图书资料 3.3 网络资源 3.4 国际、国内学术交流
4.教学内容与管理	4.1 教学计划 *4.2 课程建设 4.3 课外活动 *4.4 质量控制
5.教学效果	*5.1 学生外语基本功 *5.2 学生专业知识 *5.3 学生创新能力 5.4学生综合素质 5.5 学生就业情况

二、高等学校外语专业本科教学评估指标等级标准

一级指标	二级指标	主要观测点	等级标准 A	等级标准 C	内涵说明
1.学科规划	*1.1.学科定位	●学科定位规划	学科定位符合学校整体发展规划遵循有条件以及外语学科的基本规律	学科定位基本符合学校整体发展规划和现有条件以及外语学科的基本规律	1.学校要根据社会的需求、自身的条件找准自己的位置。2.专业定位要与学校的目标定位、层次定位，服务面向定位相一致。
	1.2.专业建设特色	●专业方向规划与建设	有明确的专业方向，专业建设规划遵循教学规律，适应对外开放，社会经济发展和课程建设的需要	有专业建设规划，但不够明确，针对性不够强	1.专业建设规划合理包括专业设置适应学校所在地对外开放，经济与社会发展的需要，符合学校的实际情况，遵循外语教学的规律。2.专业建设项指外国语言文学专业中有一定影响的优势和特色专业方向。
		●专业建设强项	有明显的专业建设强项，优势突出	专业建设强项不明显	
	1.3.发展目标	●专业建设的规划	已有硕士学位授予点或有提升办学层次的明确规划、计划落实	有提升办学层次的规划	提升办学层次除申报研究生学位授予点外，还包括申报校级以上（不含校级）重点学科、名牌专业，以及申报拓宽专业方向等学科建设的规划。
		●近五年教学科研发展规划	发展规划落实，措施得力	有发展规划，但缺乏具体措施	

续表

一级指标	二级指标	主要观测点	等级标准		内涵说明
			A	C	
2. 师资队伍	2.1. 整体结构与规划	●专业方向的教师分布	专业技能、专业知识和相关专业知识均有一定数量的合格教师，能满足课程设置的需要	专业核心课程配有一定数量的教师，能基本满足课程设置的需要	1. 专业技能课是指外语技能的综合训练课程和外语技能的单项训练课程，如：基础外语、听力、口语、阅读、写作、口译、笔译等课程。 2. 专业知识课是指外语语言、文字、文化方面的课程，如：语言学、词汇学、语法学、文体学、××文字、××社会与文化等课程。 3. 相关专业知识课是指与外语专业有关联的其他专业知识课程，即有关外交、经贸、法律、管理、新闻、教育、文化等方面的专业知识课。 4. 梯队发展趋势良好指有学科带头人，形成了有年龄层次的学术梯队，有数量适宜的骨干教师。
		●梯队建设	专业课教师的年龄、学历、学位、职称、专业方向分布合理、发展趋势良好	专业课教师的年龄、学位、学历、职称、专业方向分布基本合理	
	*2.2. 专任教师基本状况	●教师数量	师生比符合教育部对外语专业的规定	师生比基本符合教育部对外语专业的规定	1. 师生比以评估当年教育部的规定为准，2003年教育部为高校外语专业确定的师生比为1：8.7。
		●年龄分布	有一定数量55周岁以下的教授和40周岁以下的副教授	有55周岁以下的教授或40周岁以下的副教授	

续表

一级指标	二级指标	主要观测点	等级标准 A	等级标准 C	内涵说明
	*2.2. 专任教师基本状况	●学位	35周岁以下青年教师中有硕士以上学位的比例大于或等于80%	35周岁以下青年教师中有硕士以上学位的比例大于或等于60%	2. 外语专业基础阶段的专业技能课——特别是部分专业课的专业技能课仍应坚持小班上课，每班学生数控制在24人左右。 3. 在校外国学习工作经历包括出国学习进修、选修其他高校课程或做国内访问学者。
		●职称	高级职称教师占专任教师的比例大于或等于45%	高级职称教师占专任教师的比例大于或等于30%	
		●在校外或国外学习工作经历	在校外或国外学习工作超过半年的人数占专任教师总数的30%	在校外或国外学习工作超过半年的人数占专任教师总数的10%	
2. 师资队伍	*2.3. 专任教师科研能力和科研状况	●本专业专任教师开设课程的能力	近三年内已开设两门以上本专业课程占专任教师的比例大于或等于80%	近三年内已开设两门以上本专业课程的专任教师的比例大于或等于60%	1. 学术著作是指著作为第一或第二署名人的学术类论著。 2. 论文涵盖有关教学研究、教学成果、研究的外语论文。 3. 编著出版的外语教材、外语工具书、外语教研论文。正式出版的外语教材每10万字可折合1篇论文。著名著译作每10万字可折合1篇论文。
		●本专业专任教师近三年出版学术著作	出版学术著作3部以上（含3部）	出版学术著作1部	
		●本专业专任教师近三年均发表论文	1篇以上（含1篇）	0.5篇	
		●本专业专任教师近三年担课题	省部级以上项目1项以上（含1项）	每年平均1项以上（含1项）校级立项项目	
		●本专业专任教师近三年获奖情况	省部级以上奖励1项以上（含1项）	校级以上奖励1项以上（含1项）	

续表

一级指标	二级指标	主要观测点	等级标准 A	等级标准 C	内涵说明
2. 师资队伍	2.4. 教师与教学改革的参与状况	●有关教学思想、教学理念的讨论	近三年来定期组织这类讨论，教师积极参加	近三年来学校组织了这类讨论	
		●参与校级以上教改立项教师比例	占专任教师总数的25%	占专任教师总数的15%	
3. 教学资源	*3.1. 教学基础设施	●教室面积	面积达到有关规定，各类教室能满足教学要求	面积达到有关规定，基本满足教学要求	1、根据《高等学校本科教学水平评估方案》的规定，外语类院校人均教室面积为3.37平方米，综合大学2.52平方米，工科院校3.53平方米，师范院校2.51平方米，农业院校2.38平方米，林业院校2.80平方米，医学院校、财经政法院校2.28平方米。 2. 语言实验室和多媒体指全校供外语专业学生上课使用的实验室和教室。 3. 教育部2002年《关于加强高教教学质量工作提高教学重点质量的若干意见》规定，国家重点建设的高校专业必修课中使用多媒体应达到30%以上，其他院校应达到15%以上。 4. 便携式多媒体教学设备指能播放 PowerPoint 文件、DVD、VCD 光盘，以及能直接上网的设备。
		●语言实验室面积	达到人均1平方米	基本满足教学要求	
		●多媒体教室	数量达到有关规定	尚无一定数量的多媒体教室，但有便携式多媒体教学设备	

续表

一级指标	二级指标	主要观测点	等级标准 A	等级标准 C	内涵说明
3. 教学资源	*3.2. 图书资料	●供学生阅读的、与本学科相关的国内期刊	10种以上（含10种）	5种以上（含5种）	图书资料均指全校供外语专业师生查阅与使用的文字、音像资料。
		●供教师查阅的、国外出版的与本学科相关的国外期刊与报纸	5种以上（含5种）	3种以上（含3种）	
		●每年平均购置的、与本学科相关的国外原版图书	20种以上（含20种）	10种以上（含10种）	
		●每年添置的外语音像资料	20部以上（含20部）	10部以上（含10部）	
	3.3. 网络资源	●供学生使用的网络设备	有供学生使用的网络设备，能满足教学的要求	正在购置供学生使用的网络设备	网络资源指全校可供外语专业学生使用的资源。
		●培养学生通过网络获取信息能力的措施	有相应的培训措施，效果较好	相应的培训措施不够落实	

续表

一级指标	二级指标	主要观测点	等级标准 A	等级标准 C	内涵说明
3. 教学资源	3.4. 国际、国内学术交流	●外教聘用	聘用的外籍专家和教师水平较高，能满足学科建设的需要	有外籍专家和教师，能基本满足教学需要	1. 与国（境）外院校稳定的合作项目是指与国（境）外院校有实质内容的长期合作项目。这些项目应有助于外语专业的学科建设、师资队伍培养、图书资料的建设。 2. 与国内院校的合作包括主办或参加国内相关的学术会议，聘请外校资深专家来校讲学，本校教师受聘担任其他学校的客座教授或兼职教授。
		●与国（境）内外院校合作项目	有比较稳定的合作项目，主办或参加国内相关的学术会议	有一定的合作与交流	
4. 教学内容与管理	4.1. 教学计划	●专业教学总体计划	较好地执行全国本专业教学大纲对课程结构的要求，对开设的课程、学时和学分有明确规定	有教学计划，执行情况尚可	
		●课程大纲	对每门课程的教学目标、教学内容、教学要求、教材、教法、考核方式和参考书目有明确规定	主干课的课程大纲比较完善	

续表

一级指标	二级指标	主要观测点	等级标准			内涵说明
			A		C	
4. 教学内容与管理	*4.2. 课程建设	● 教学内容与课程体系改革	有总体思路，具体计划和配套措施，执行良好，成效显著		有思路，计划和措施，有一定成效	1. 现代化教学技术主要指使用多媒体和网络进行教学。多媒体技术是指利用计算机综合处理文字、声音、图像、动画等信息的新技术。
		● 课程设置	课程设置符合本专业教学大纲的要求，部分主干课被评为校级以上重点课程		课程设置基本符合本专业教学大纲的要求，专业必修课和专业选修课均能开出，基本无因人设课的现象	
		● 教材建设	有科学的教材评估和选用制度，执行情况良好		能够按需选用公认水平较高的教材	
		● 教学方法与教学手段改革	积极采用现代教学技术，用现代教学技术改革教学方法，成效显著		注意改革，现代教学技术有一定应用面	
		● 高职称教师开课情况	55周岁以下高级职称教师每学年均为本科生开课		95%的55周岁以下高级职称教师每学年均为本科生开课，或举办针对本专业的系列学术讲座	
	*4.3. 课外活动	● 组织用外语开展的各种活动和竞赛	方式多样，参加面广，效果明显		有一定的活动，对课堂教学有促进	

续表

一级指标	二级指标	主要观测点	等级标准 A	等级标准 C	内涵说明
4. 教学内容与管理	*4.4. 质量控制	●教学规章制度的建设与执行	管理制度健全，符合现代教育思想，执行严格	制度基本健全，执行比较严格	1. 教学质量保证与监控体系包括目标确定，各主要教学环节质量标准的建立，信息的收集、评估，信息反馈，调控等环节。
		●教学环节的监控	对教案编写、作业批改、考试出题和试卷评阅等教学环节有明确的监控措施，执行得力	有一定的监控措施	
		●教学评估与检查措施	建立起了全国性专业水平测试相结合的专业课程测评；积极开展学生评教、教师评和教师评学的活动，成效显著	初步形成了教学质量保证与监控体系	
5. 教学效果	*5.1. 学生外语语言基本功	●外语听说读写译的基本功	符合全国本专业教学大纲中规定的听说读写译等各项技能的要求	基本符合全国本专业教学大纲中规定的听说读写译各项技能的要求	
	*5.2. 学生专业知识	●对外语专业知识的掌握	能定期开设全国本专业教学大纲中规定的外语专业知识课程，学生的外语专业知识能力较强	能开出全国本专业教学大纲中规定的部分外语专业知识课程	

续表

一级指标	二级指标	主要观测点	等级标准		内涵说明
			A	C	
5. 教学效果	*5.3.学生创新能力	● 毕业论文	达到全国本专业教学大纲对论文的要求	基本达到全国本专业教学大纲对论文的要求	
		● 在与外语有关的比赛中获奖情况	本专业学生近三年获得省级以上的奖项1项以上（含1项）	本专业近三年在省级以上比赛中获下校级以上奖	
		● 与本专业相关的社会实践活动	近三年教多参与本专业有关的涉外实践活动、教学实践活动，评价较好	近三年学生参与本专业有关的涉外实践活动、教学实践活动，评价较好	
	5.4. 学生综合系	● 思想道德修养和心理素质	比较高	基本符合要求	1. 与本专业相关的文化知识是指除了需要熟练掌握的专业知识外还需了解的相关的知识，可以涉及法律、外交、金融、经贸、新闻等诸多学科领域。对于外语专业的学生来说，除了具备人文学科的知识外，还应具有一定的科学技术知识。
		● 与本专业相关的文化知识	选修了一定数量的复合专业课程	参加了复合专业知识的讲座	
		● 复合专业的基础知识	知识面比较广	有一定的与本专业相关的文化知识	2. 复合专业知识是指除外语专业知识之外的某一复合专业的知识，这是培养复合型人才的一个重要方面。
	5.5. 学生就业情况	● 近三年的就业率	就业率和继续就读研究生比率在本地区同类专业中居领先地位	就业率和继续就读研究生比率较高	
		● 社会对毕业生的评价	用人单位对毕业生评价好	用人单位对毕业生评价较好	

三、高等学校外语专业本科教学评估结论标准

本方案二级指标共20项，其中重要指标（带星号*）10项，一般指标10项。二级指标的评估等级分为A、B、C、D四级，评估标准列出A、C两级，介于A、C级之间的为B级，低于C级的为D级。

评估结论分为优秀、良好、合格、不合格四种，其标准如下：

优秀：A≥15，C≤4，（其中重要项目A≥8，C≤1），D=0

良好：A+B≥15，（其中重要项目A+B≥10，D=0），D≤1

合格：D≤3（其中重要项目D≤1）。

四、高等学校外语专业本科教学评估方案有关说明

（1）高等学校外语专业本科教学评估以《中华人民共和国高等教育法》为依据，贯彻"以评促改、以评促建、评建结合、重在建设"的原则。通过外语专业本科教学评估加强对全国高等院校外语专业教学工作的宏观管理与监控，促进高校自觉地加强外语专业学科建设、改善办学条件、强化教学管理、深化教学改革、全面提高外语专业教学质量。

（2）本评估方案努力体现教育部下发的《关于外语专业面向21世纪本科教育改革的若干意见》中对新世纪外语专业人才培养规格的要求，反映各外语专业全国性教学大纲中规定的各项要求。

（3）本方案适用于各类普通高等学校中的外语专业本科教学评估。英语专业以外的其他外语专业在评估时可对"专任教师科研状况"、"图书资料"等二级指标中的量化标准作适当调整，但调整方案须由教育部批准。

附录二　广东外语外贸大学英语专业本科人才培养方案

一、专业培养目标

英语专业旨在培养具有扎实的语言基础、较强的语言综合应用能力、宽广的知识面及一定的相关专业知识，能熟练地用英语在教育、经贸、农业科技、文化、旅游、涉外企业及外事等部门从事教学、翻译、研究、管理、文化交流等项工作的应用型、复合型英语高级专门人才。

二、专业培养要求

基本规格：本专业学生主要学习英语语言、文学基础知识，接受听、说、读、写、译各方面的训练，掌握政治、经济、外交、国际贸易、社会文化、管理等方面的基本理论和基本知识，具有扎实的基本功、宽广的知识面、一定的相关专业知识、较强的能力和较高的素质。具有运用英语从事翻译、研究、教学、管理和国际交流工作的业务水平。注重培养获取知识的能力、独立思考的能力和创新能力，提高思想道德素质、文化素质和心理素质。

毕业生应获得的知识与能力：

1. 了解我国与外事有关的方针、政策、法规；

2. 具有扎实的英语语言基础和熟练的听、说、读、写、译能力；

3. 掌握英语语言、文学的基本理论和基本知识；

4. 掌握相关人文和科技方面的基础知识；

5. 了解英语国家的社会和文化；

6. 具有基本的第二外语实际应用能力；

7. 掌握文献检索、资料查询及运用现代化信息技术获得相关信息的基本方法，具有初步科学研究和实际工作能力。

三、主干学科和主干课程

主干学科：英语语言文学

主干课程：基础英语、高级英语、英语阅读、英语听力、英语口语、英语语法、英汉口笔译、英语写作、英美文学、语言学导论、英语国家概况、英语文体学、英语词汇学、商务英语、旅游英语、法律英语、英语教学法、科技英语翻译等。

四、主要实践环节

主要包括课程实习、毕业实习、思政实践和素质拓展实践。

五、最低学分要求

最低修读285学分（课内教学不低于250学分，实践教学不低于35学分）。

六、毕业标准及要求

1、达到德育培养目标。

2、修满本方案规定的最低学分。

3、达到国家教育部要求的大学生体育合格标准。

七、学制与学位：标准学制四年，修业年限3-6年；文学学士。

附录三　《高等学校英语专业英语教学大纲》中英语专业学生阅读参考书目

一、英国文学

Kingsley Amis, *Lucky Jim*

Jane Austen, *Pride and Prejudice*

Arnold Bennett, *The Old Wiveds' Tale*

Elizabeth Bowen, *The Death of the Heart*

Charlotte Bronte, *Jane Eyre*

Emily Bronte, *Wuthering Heights*

Anthony Burgess, *A Clockwork Orange*

Samuel BVutler, *The Way of All Flesh*

A. S. Byatt, *Possession*

Lewis Carroll, *Alice's Adventures in Wonderland*

Angela Carter, *The Company of Wolves*

Agatha Christie, *Murder on the Orient Express*

Ivy Compton-Burnett, *A Fmily and a Fortune*

Joseph Conrad, *Heart of Darkness; Lord Jim*

Daniel Defoe, *Robinson Crusoe*

Charles Dickens, *David Copperfield*

Sir Arthur C. Ddyle, *Adventure of Sherlock Holmes*

Margaret Drabble, *The Waterfall*

Daphne Du Maurier, *Rebecca*

George Eliot, *Middlemarch*

E. M. Forster, *Howards End; A Passage to India*

John Fowles, *The French Lieutenant's Woman*

John Galsworthy, *The Man of Property*

William Golding, *Lord of the Flies*

Graham Greene, *The Human Factor*

Thomas Hardy, *Tess of the D'Urbervilles; Jude the Obscure*

Aldous Huxley, *After Many a Summer*

Henry James, *Daisy Miller*

James Joyce, *A Portrait of the Artist as a Young Man*

Rudyard Kipling, *Kim*

Charles Lamb, *Tales from Shakespeare*

D. H. Lawrence, *Sons and Lovers*

John Le Carre, *The Spy Who Came in from the Cold*

Doris Lessing, *The Grass Is Singing*

David Lodge, *Nice Work*

W. Somerset Maugham, *The Moon and Six Pence; Of Human Bondage*

Iris Murddoch, *The Black Prince*

George Orwell, *Nineteen Eighty-four*

Salman Rushdie, *Midnight Children*

Sir Walter Scott, *Ivanhoe*

C. P. Snow, *Thed Affair*

Muriel Spark, *The Prime of Miss Jean Brodie*

Robert Louis Stevenson, *Treasure Island*

Johathan Swift, *Gulliver's Travels*

William M. Thackeray, *Vanity Fair*

Evelyn Waugh, *A Handful of Dust*

H. G. Wells, *The Invisible Man*

Oscar Wilde, *The Picture of Dorian Gray*

Virginia Woolf, *Mrs Dalloway; To the Lighthouse*

二、美国文学

Sherwood Anderson, *Winesburg; Ohio*

James Baldwin, *Go Tell It on the Mountain*

Saul Bellow, *Seize the Day; Henderson the Rain King*

Willam S. Burroughs, *The Naked Lunch*

Willa Cather, *My Antonia*

Kate Chopin, *The Awakening*

Stephen Crane, *The Red Badge of Courage*

Theodore Dreiser, *Sister Carrie. An American Tragedy*

Ralph Ellison, *Invisible Man*

William Faulkner, *Go Down, Moses. The Sound and the Fury*

F. Scott Fitzgerald, *The Great Gatsby*

Alex Haley, *Roots*

Nathaniel Hawthorne, *The Scarlet Letter*

Josph Heller, *Catch-22*

Ernest Hedmingway, *The Sun Also Rises. The Old Man and the Sea*

James Jones, *From Here to Eternity*

Maxine Hong Kingston, *The Woman Warrior*

Harper Lee, *To Kill a Mockingbird*

Sinchlair Lewis, *Main Street*

Jack London, *The Call of the Wild; Martin Eden*

Norman Mailer, *The Naked and the Dead*

Carson McCullers, *The Heart Is a Lonely Hunter*

James A. Michener, *Centennial*

Margaret Mitchell, *Gone with the Wind*

Toni Morrison, *The Bluest Eye*

Vladimir Nabokov, *Lolita*

Frank Norris, *The Octopus*

J. D. Salinger, *The Catcher in the Rye*

Erich Segal, *Man, Woman and Child*

Upton Sinclair, *The Jungle*

John Steinbeck, *The Grapes of Wrath*

Harriet Beecher Stowe, *Uncle Tom's Cabin*

William Styron, *Sophie's Choice*

Mark Twain, *The Adventures of Huckleberry Finn*

Alice Walker, *The Color Purple*

Robert Penn Warren, *All the King's Men*

Edith Wharton, *The Age of Innocence*

Thornton Wilder, *The Bridge of San Luis Rey*

Thomas Wolfe, *Look Homeward, Angel*

Herman Wouk, *The Winds of War*

Richard Wright, *Native Son*

三、加拿大文学

Morley Callaghan, *That Summer in Paris*

Northrop Frye, *The Great Code*

Margaret Laurence, *The Stone Angel*

Stephen Leacock, *Sunshine Sketches of a Little Town*

Malcolm Lowry, *Under the Volcano*

Hugh MacLennan, *The Watch That Ends the Night*

L. M. Montgomery, *Anne of Green Gables*

四、澳大利亚文学

Martin Boyd, *Lucinda Brayford*

Peter Carey, *Oscar and Lucinda*

Miles Franklin, *My Brilliant Career*

Thomas Keneally, *Shindler's Ark*

Alex Miller, *The Ancestor Game*

Henry Handel Richardson, *The Fortunes of Richard Mahony*

Christina Stead, *The Man Who Loved Children*

Randolph Stow, *To the Islands*

Patrick White, *Voss*; *The Tree of Man*

五、中国文化

Yung Ming, *My Life in China and America*

Chiang Monlin, *Tides from the West*

Tcheng Ki Tong, *The Chinese Painted by Themselves*

Ku Hung Ming, *The Spirit of the Chinese People*
Fei Hsiao Tung, *Peasant Life in China*
Lin Yu Tang, *My Country and My People*
A Retrospective of Chinese Literature: Classical Poetry
A Retrospective of Chinese Literature: Classical Prose
A Retrospective of Chinese Literature: Classical Fiction
A Retrospective of Chinese Literature: Modern Poetry
A Retrospective of Chinese Literature: Modern Prose
A Retrospective of Chinese Literature: Modorn Fiction

附录四　外语人才培训的教育质量控制和质量评价

从质量管理角度，理解外语人才培训教学质量控制的内涵，它是以学生达到职业岗位能力要求为基本目的，了解外国文化，培养出既懂专业、又懂外语的复合型人才。致力于满足专业教学质量目标及其要求的专业教学管理过程。因此，外语人才培训专业教学质量目标既是专业教学质量控制的起点，也是专业教学质量控制的归宿。

从系统管理角度，研究专业教学质量控制体系，应依托实现专业教学质量目标的系统流程展开。

外语人才培训教育的专业教学特以ISO宣称的"在世界上促进标准化及其相关活动的发展，以便于商品和服务的国际交换，在智力、科学、技术和经济领域开展合作"的思想主张，与现代社会分工下职业岗位的标准化要求相符合，因此可以将标准化的概念引入外语人才培训教育质量管理控制之中。

现代教育理论中的主体型参与教学倡导教育教学管理中作为教育服务对象的学生在接受教育服务和参与教育教学管理中的主体地位。因此，外语人才培训教学质量控制的成败、好坏应以学生的主体型参与程度，专业技能、素质的发展程度，职业岗位的认可程度为标准。基于"教育促进人的个性化与多样性的全面发展"的目的，确立适合于职业岗位规范性要求和学生可持续发展需求的外语人才培训教学标准。

外语人才培训教育专业教学质量控制应是基于有效过程管理下动态的开放系统。

（一）外语人才培训教学质量控制体系构建的原则

1. 充分结合高职院校自身实践，以常规教学管理为平台

（1）不是对现有的教学质量管理工作的否定，而是以规范管理为目的。

（2）不能脱离高职院校自身实践，应以常规教学管理为基础和平台。

2. 以"学生"为关注焦点，转变教学管理观念

（1）以专业教学主体（教师、学生）为关注焦点，树立"教育服务"观念。

（2）根据就业的需求，规划专业教学基本流程（需求导向流程），确立教育教学的市场观念。

3. 以外语人才培训专业教学管理持续改进为目的

（1）持续改进应作为专业教学质量控制体系框架构建的基本要求，反映在专业教学服务内容、过程以及体系各个方面。

（2）持续改进重在预防控制，专业教学质量控制体系框架下应明确预防控制的程序、措施、技术方法。

4. 坚持过程方法，以过程控制作为体系控制的基本手段

（1）坚持以专业教学的基本流程（过程）为依托构建专业教学质量控制体系框架。

（2）坚持以过程方法设计专业教学质量控制体系下的工作内容并实施过程控制，以"预防在先"、"过程之中解决问题"为目标。

5. 坚持系统方法，将专业教学中相互关联的过程作为系统加以识别和管理，提高教学管理的有效性和效率

（1）运用系统方法，以专业教学质量目标为目的，定义专业教学质量控制流程、框架，并依次展开树形结构。

（2）运用系统方法处理教学过程（质量环）及其关联过程之间的关系。

6. 倡导组织的共同责任

（1）专业教学质量控制体系建立、运行应以明确的管理者的职责为前提。

（2）专业教学质量控制体系建立、运行应以教职工、学生等多元主体对实现专业教学质量目标必需的过程、资源和职责的明确认识为前提。

（3）倡导管理者、教职工、学生的全员参与，强调专业教学的组织行为特征。

7. 坚持基于事实的决策方法

（1）依据精确、可靠、及时的信息进行决策，是体系构建、运行的可靠性保证。

（2）体系框架下应明确信息收集与处理的种类、渠道、适合的技术。

8. 坚持专业教学质量控制体系的可操作性原则

（二）外语人才培训课题研究的内容、原则、标准及形式和方法

该课题具体研究三个问题：

1. 课堂教学评价标准与形式；

2. 学业、学力评价标准与模式；

3. 创新能力的评价标准与方法。

张正东教授提出："外语教育评价的主要组成部分是外语教学评价，而教学评价主要包括教学过程评价和学生学业、学力评价。当然，外语教育评价除了学业评价和教学过程评价之外，还有教育管理评价、教育资源评价、社会主体评价、教师评价等等。"

本课题主要研究教学过程评价和学生学业、学力评价，以完善我国外语教育评价体系（我国外语教育评价假说或框架见附件）并对上述几个问题提出假说。

评价标准与形式

1. 课堂教学评价标准与形式

标准：在新颁布的《英语课程标准》关于评价建议的基础上，我们提出以下三条标准：

1）根据学习成果评价教学

根据学习成果评价教学，把学生能否用英语完成什么任务这一结果用作教学质量的准则。当把学习成果用作教学质量的准则时，文件记录上的元素就是学生在通过教学而应该掌握的知识、能力和其它特性的测量维度上所取得的分数；在给记录评分时，主要的问题是把这些测量工具上能够归之于被评价的教学活动之结果的各部分给分离出来并加以评估。

2）根据教学行为评价教学

根据教师行为评价教学，以教师的教学理念、教学路子和课堂行为评价课堂教学。实际上，目前学校里通行的教学评估大多是以过程、亦即以教师的课堂行为为依据的。过程评估使用的记录是教师如何教。

把教师行为用作评估教学的准则有两个优点，即所得的评价既有诊断性、又有及时性。假如教学活动的质量低，就可以去考察记录来查明教师做了什么或没有做成什么，这才使他（她）的分数这么低。只要评价一完成，这种诊断也就立时做出来了；而若把学生的学习成果用作

评价教学的准则，那就只有在教了几个月后才能取得作为评估之依据的记录；然而当能够使用记录时，里面也没有描述被评价的教学行为，没有关于教师为了在下次得到更高的分数而应该做些什么不同的事的线索。

依据过程的教师评价的主要缺点在于，这种评价缺乏依据成果的评价所在的那种内部效度。过程评估的效度取决于有关可以使用的有效教学行为之性质的可靠知识的总量、取决于能够多么准确地把一份教学行为记录中那些表明中足够有效的教学的行为同那些不表明如此的行为区别开来。目前已知的关于有效教学之性质的知识总量可惜是不够的，而必须给过程记录并对它评分主要是为了反映某个人的最佳判断而不是已被证实了研究结果。

3）根据学生行为评估教学

据学生行为评价教学，把学生行为作为尺子，一改过去依据教师行为评价教学的原则。从许多方面看，这是可用于评价教学的三种标准中最有吸引力的一种。由于不是根据教师如何行为来评价，这种评价标准减轻了教师在被评价时担心表现出不规范行为的负担。由于它根据在教学进行时发生的事件作评从，所以它当场就提供了足以立即使用的结果。此外，这一标准的有效性也很少依赖于教师本人的决策规则。

在过去，学生的行为是与教师行相结合而用于教师评价的；大多数评定量表是把学生参与课堂学习之类情况的评定与对教师特点的评定包括在一起的，许多观察系统也是这么做的。但是现在看来有必要把作为教学成果的学生行为同作为教学手段的教师行为给分离开来。当我们说，在教师评价中只应该用到那些已知是积极地（或消极地）关系到学习成果的学生行为时，这显然是合乎逻辑的，但是大多数教育者，还有家长们，对于学生在学校里应该具有的经验种类却有根深蒂固的看法。

工作形式：1）教师说课；2）检查教案；3）他人听课。

2. 学生学业、学力评价评价标准、原则与模式

更好地推进素质教育，更充分地体现义务教育的性质、积极促进中小学英语课堂教学改革，加强培养学生运用英语进行交流的能力，为学生动、活泼地新型学习创造更加有利的环境。

评价的参考标准应该是：

1）内容以课程标准规定的相应级别为标准。

2）试卷总体上应体现义务教育的性质，有利于培养学生的创新精神和实践能力，有利于促进学生生动、活泼、主动地学习；有利于对教学产生良好的导向作用。

3）试卷结构简约，题量、题型、分数结构合理；技能考查全面；主客观题分值比例恰当。开放型试题评分标准简明、易懂，插图运用得当，试题、指导语无科学性错误。

4）强调学生对所学语言知识与技能的应用，注重考查学生在生活中运用语言的能力。情景或语境设置有意义，符合学生生活实际。难易适度。无考查机械记忆纯语言知识的试题。

5）创造性地使用已有的题型，并能够设计出合理的新题型；题目呈现方式新颖多样，激发考生对考试的参与性。

6）试题选材具有时代性，体现学科联系，题材体裁丰富多样，贴近学生生活；语言真实、自然。

评价的基本原则应该是：

1）坚持以学生发展为本，切实体现素质教育的要求，发挥评价和考试的积极导向作用；

2）强调能力立意，考查基础知识更注重语言能力的评价，坚持重发展、重能力的原则；

3）增强探究性，考查创造性产生和理解语言的能力；

4）注重评价的反馈作用，通过评价找出教学中问题及产生问题的原因，及时调整教学方法；

5）形成性评价应用定性描述，而终结性评价应使用定量性描述。

对学业中的终结性评价，我们应借鉴美国教育评价中的原则和要求，对语言系统、文化意识、技术技能、学习策略、交际策略等方面都有了明确的评价指标，注重考查学生综合语言运用能力。设计适合终结性评价的。

关于学力评价，我们主要设计能力立意型综合性测试命题思路，我们设计的思路是：知识为基础，注重能力考查，开发学生潜能。使双基、运用、创新有机地结合，从而评价达到应用、综合、发展的层面。同时，通过学习、研究，提炼出能力立意型测试的特点：

1）题材选择上注重现代性、真实性，选择题材各异、内容丰富、贴近学生生活的文章；

2）主观试题进一步增加开放性，主观题的控制、半控制、开放的比例要合理；

3）既注意学科内听、说、读、写综合，又注意材料题材的选择上跨学科综合；

4）试题有意识地表现出较强的教育性，体现积极的价值取向，强化试题的教育价值立意；

5）开放性试题评分标准合理，提供语言意义和语言结构双重标准，双重标准更应注重意义。

评价的形式应该是：学业评价主要测量学生完成课程目标的程度，应采取形成性评价和终结性评价并重的模式；学力评价主要测量学生所具有的语言知识和应用能力，一般采取水平考试的方式来测量。

3. 创新能力的评价标准与方法

创新思维的实质是选择（目标）、突破（过程）和重建（结果）三者的统一。

语言能力创新主要表现为语言成分的组合能力和语言与语境的组合能力。因此，语言成分的组合能力和语言与语境的组合能力变成为创新能力的评价标准和内容。

考查外语创新能力的标准有：

1）考查学生语言成分的重新组合能力；

2）考查学生语言成分与语境的重新组合能力，在不同的语境下创造、理解话语意义的能力。

考查外语创新能力的方法有：

1）产生性检测：使学生创造性的运用语言，通过说、写，创造出各种可理解的句子，有限的成分生成无限的句子；

2）理解性检测：使学生灵活性的运用语言，通过听、读，理解各种多意义的句子，有限的知识理解多义的句子。

（三）教育专业教学质量控制体系的理论框架

专业教学质量控制体系框架是基于上述分析，以专业教学质量目标为框架构建基点，依托实现既定专业教学质量目标的专业教学工作流程展开树型结构系统，主要从以下几个方面构建：

1. 构建以专业教学设计与提供过程要求为目的的质量控制框架

以专业教学基本流程为主线，构建以专业课程目标、课程设计开发、课程实施、课程考核评价为内容的可靠性框架。

可靠性框架是对于专业教学设计与提供过程层面控制的系统展开的。可靠性框架以四个基本教学流程（课程目标确立、课程设计、课程实施、课程评价）为依托，并以四个基本教学流程的可靠性作为控制目的。从课程化目标开始的"要求、内容、措施"为前一个教学环节目标的控制手段、措施；可靠性框架的目的在于每个教学环节（质量环）以及整体的可靠性（设计、管理、评价与改进）控制。

四个基本教学流程分别依托于专业课程内容标准、课程实施标准、课程考核评价标准，目的在于专业教学流程、内容、实施、考核评价的规范性。

2. 构建以学生的主体参与型心理发展取向为目的的控制框架

学生对于职业岗位能力要求的认知引导、学生个人自我需求的认知引导、学生专业学习目标的激发与引导、学生主体型学习行为的激发与引导、学生自我积极评价的引导、学生自我专业能力的形成性评价的引导以及学生对于教学管理过程的主体参与。

要实现上述目标需要识别并提供关键的学生服务，将关键的学生服务（教学服务、生活服务、就业服务、教育服务等）整合为合适的输入，创造适合学生参与的环境。学生主体型参与的专业学习及其心理发展过程是专业教学质量控制体系框架中的主线。学生专业学习的主体型心理发展过程是一般心理过程在专业学习中的积极反映。对于学生专业学习的主体型心理发展过程的引导与教育，应贯穿于专业教学过程及相关环节的始终。

3. 构建以专业教学支持过程要求为目的的控制框架

专业教学支持过程是指对专业教学设计与提供过程、学生心理发展过程、学生服务要求等提供适合的支持和保证的过程，主要包括：教职员工管理、教学基础设施管理、学院整体环境（校园自然环境、学习氛围环境、生活服务环境）管理等。这一过程主要致力于以下工作：对专业教学活动、学生心理发展、学生服务要求的关键支持过程的识别；进行关键支持过程设计，并提供关键的支持服务；运用适合的统计、测量、分析技术与方法实施监控。这一过程主要依赖高职学院明确的管理职责、有效的资源管理。

依托二级层面的控制框架构成专业教学质量控制体系。实现专业教学质量目标主要依托于横向展开的上述三个二级层面，以及三个二级层面在纵向上展开，形成一个由教学服务、学生心理发展、教学支持共同构成一个有机的质量结构网。

4. 构建符合外语人才培养目标定位的专业教学标准控制框架

外语教育人才培养的职业岗位定位，决定了职业岗位标准与能力要求是专业教学标准制定的重要依据。因此，教学标准的策划、设计应体现职业岗位标准、能力需求的规范性、开放性要求，教学标准应具备规范性、开放性的基本取向，教学标准也应体现教育对于学生可持续发展的目的，体现可持续性的取向。

在教学质量控制体系框架下，教学标准与教学质量控制的三级层面（设计与提供过程、学生心理层面、支持过程层面）相对应，并对其形成有效的约束与支持。

在当前框架下，针对教学质量标准设计过程的合理性、规范性、开放性要求进行控制。教学质量控制主要是依据专业教学质量标准，针对专业教学质量的符合性要求实施。

5. 构建文件化的专业教学质量控制的操作系统

专业教学质量控制体系运行及专业教学质量标准设计的控制。需要以文件化的手段驱动、实施。

6. 构建专业教学质量控制体系的信息系统

从信息论出发，有效的专业教学质量控制就是教学以及相关信息充分流动、循环的过程。例如，在专业教学实施过程中，若没有教、学的主体——教师与学生间充分地沟通与交流，实施过程的控制将缺乏有效性。因此，有效的信息系统，结合文件化的操作系统，是专业教学质量控制体系及其有效运行的必要部分。

信息循环体现在过程管理的任意环节，有效的"监视、测量、分析和改进"，即"信息的及时、准确、充分、有效"需要以适合的技术、手段和有效的制度保证。

(四) 高等教育质量保障制度存在的问题

我国自从上世纪90年代开始新一轮高等教育改革以来，高等教育规模得到了快速的发展，步入了高等教育大众化阶段，社会对高等教育质量的要求也越来越高，高校自身的质量意识明显增强，有关质量保障的研究迅速被提出，以质量保障为目的的教育评估广泛开展。但总体而言，我国高等教育质量保障制度建设尚处于探索和借鉴外国经验的阶段，仍然存在着一些需要完善的地方，主要有：

1、质量监控主体单一化。建国以来，我国对高等教育进行质量控制是政府，他们既是高等学校的兴办者，又是高等学校的管理者，还是高等学校的评价者。在我国高等教育已经大众化的情况下，面对近2 000所高校的质量监控全部由政府来完成，其结果必然是周期长，时效性差，质量不能保障。

2、质量控制外部化。在我国现行的质量保障制度中，质量控制主要来自外部，政府在高等教育质量管理和保障方面有绝对的权威，其结果是学校本身高度重视外部评价，而忽视自身内部的自我评价，高校普遍缺乏加强质量管理的内部动力。从管理学理论角度看，高校内部全体员工自觉的质量控制才是持久的，仅依靠外部的质量监控是很难保障其教育质量的。

3、质量观念片面化。在评价高等教育质量过程中，往往只根据人才培养的数量和规格这一因素来评价高等教育的整体质量，忽视了高等教育是否促进当地社会的经济、政治、文化发展，是否能满足广大人民群众的受教育需要，是否有利于高等教育自身的发展等根本内容。在质量标准方面，用精英阶段高等教育的学术取向和质量标准来规范大众化高等教育，结果又造成了质量标准的同一化。

4、质量保障评价体系尚未真正建立起来。我国目前对高教质量保障评价体系问题尚存在许多不同意见，大致说来存在四种偏向：(1) 仅存在精英而没有大众化教育质量标准；(2) 将教育质量保障体系等同于教学质量保障体系和教育评估体系；(3) 将教育质量保障评价等同于学校内部的质量管理和评价；(4) 将教育质量保障评价等同于高等教育引入ISO质量保障体系，等等。目前众多高等院校更多地把注意力集中在对教学质量的评价和评定上，缺乏对高等教育质量保障评价体系的全面认识，建立科学充分的质量保障体系还需要付出很大的努力。

（五）完善高等教育质量保障制度的取向

制度是质量的保障，要提高我国高等教育的质量，必须建立健全我国的高等教育质量保障制度。

1. 政府部门的质量监控制度

一是制订质量保障法律、法规，规范高校行为。目前我国高等教育质量保障主要以《普通高等学校教育评估暂行规定》（以下简称《规定》）为政策依据，由于该《规定》制定较早，其基本框架已不适应当前形势发展的需要。为此，国家应以《教育法》、《高等教育法》、《教师法》等为法律依据，并吸收欧美发达国家高等教育保障的经验，制订有关高等教育质量保障的法律、法规，对高等教育质量保障的目的、组织、程序、周期、结果公布、保障对象及类别、保障结果的使用等做出明确规定，使高等教育质量保障活动规范化、制度化。

二是建立多层次、各种类型的高校质量标准。多层次、各种类型的高等教育质量标准的建立，是由人才培养目标的多样性和高等学校不同的层次、类型、结构和功能决定的，难以用一个统一的质量标准来衡量，也不可能用一个统一的机制来保障。必须区分类型，建立分层次的多元化质量评估标准，使各级各类高校找到合理的定位和发展空间，在相应的平台上与其他高校展开竞争。

三是按学校类型和学科评定教学质量。教学质量评定分为两个层次，一是对不同办学主体总体质量的综合评估，大体分为三种类型：一类是研究型的综合性的重点大学；二类是以地方高校为主的培养应用性的高级专门人才的一般普通高校；三类是一大批以培养技术技能型的高职院校。二是各校新专业申请和原有专业质量状况的评估。随着我国高等教育在投资主体和办学模式愈来愈走向多元化的情况下，按学校类型和学科评定教学质量是非常必要的。

四是分类认证。20世纪90年代后期，我国高校结构性的合并调整、招生并轨、大规模地扩招等改革，使我国的高等教育进入大众化时期。学习美国等发达国家高等教育大众化历程中的经验，尽快建立起高等教育的认证制度，制订公正客观的评价标准，对多样化、多层次、不同区域的高等教育进行认证评估，以确保各类高校的教学质量符合社会经济发展对高等教育的人才培养要求。

2. 高校内部施行全面质量管理制度

一是切实加强师资队伍建设。目前，国家实行的五年一轮的本科教学工作水平评估，只是高等教育外在的质量保障，而不是高等教育内在的质量保障。质量保障最基本的是师资队伍建设，主要从两个方面进行，一是引进人才，二是立足自己培养，坚持两者并举的原则。从长远考虑，最主要的还是立足自身的人才培养。学校办学是一个长期的积淀过程，因此，高等教育质量的内部保障制度非常重要，首先要从加强师资队伍建设做起，而且有长远的观点。

二是强化质量意识，建立校内质量控制体系。全面质量管理是教育质量保障体系的重要理论基础，基本核心就是提高教职员工的素质，增强质量意识，通过抓好教学、科研等工作质量来保障和提高教育质量；建立校、院（系）两级教学质量监控和管理体系；完善教学督导制度和教师教学评估制度；学校内部的教学质量由校、（院）系承担，对专业的规划、设置、监控严格把关，并实行审查。学校设立质量监控中心、学术委员会，（院）系也设立相应的职能结构，目标分解，层层把关，及时纠正出现的问题，确保教育质量。

三是建立定期的教学质量自我评估制度。学校教学质量自我评估分两个方面进行，一是院系对人才培养的自我评估，主要评估专业培养目标是否符合社会需要，教学质量是否达到培养目标要求。二是对教师教学质量的自我评估，主要对教师教学态度、教学技能、教学内容、教学方法、教学效果进行评估。为保障评估目标的实现，学校建立教育质量评价与诊断系统，组成质量监控中心，通过各种渠道了解学生和其他方面对教学的意见和建议，以便对学校教学质量管理进行评价，诊断质量管理存在的问题，并提出相关的改革意见。

四是建立毕业生信息反馈制度。毕业生就业状况和对社会的贡献度如何，直接反映高校的教学质量，是高校质量保障工作的重要环节。学校可建立毕业生就业状况档案，了解毕业生就业状况。一方面能够完整地了解毕业生走向社会的反馈情况，一方面又能够为学校提供专业的需求状况，及时修正人才培养工作的偏差，也为学校及时调整专业起导向作用。

3. 建立独立自治的专门评估审核制度

通过学习国际先进经验，尽快确立全国独立、自治的专门的教育质量评估机构，对各类型高校教育质量进行认证和监督。一是行业评估。它是由大学的各学科专业研究会、学会等组成的学术共同体完成。学术共同体审核、评估制度，实际上是学术界内部的一种高等教育质量保障机制。二是社会评估。就是由教育部门以外社会组织或中介机构对高等教育的办学质量进行评估，其独立、自治地位应通过立法或国务院行政命令的形式予以保障。它应当有权在有关法律指导下确定评估标准、选择和培训评估专家并建档、在系统评估后独立做出自己的结论，不受行政干扰。建立专门评估审核制度，让社会各界和专业组织进行审核和评估教学质量有助于高等教育适应社会的需要，便于质量保障的可信性和规范性。

（六）结论

专业教学质量控制体系框架是基于ISO9000的质量过程管理模式下的四个板块：管理职责、资源管理、产品实现、测量分析和改进的系统设计，旨在切实地以教学管理为中心，规范教学的基本过程，确立明确的职责，进行资源配置并实施有效的过程控制，从而达到促进学生职业素质、技能全面发展的目的。

附录五 广东外语外贸大学翻译硕士专业学位的课程设置

翻译硕士专业学位的课程与研究型学位课程的最大不同是实践性课程增大、理论研究型课程减少。翻译硕士专业学位各培养点应该根据已有的学科、师资、教学资源等条件，决定其翻译硕士专业（MTI）的培养方向。一般建议设立口译、笔译两个主要方向。翻译硕士专业学位课程应包括必修课与选修课，总学分不低于30分：

（一）必修课

1. 公共必修课

（1）政治理论3分

（2）中国语言文化3分

2. 专业必修课

（1）翻译概论2分

（2）交替传译2分

（3）笔译理论与技巧2分

3. 方向必修课

（1）口译方向

专题口译4分

同声传译4分

（2）笔译方向

文学翻译2分

非文学翻译2分

（二）选修课（其中1-7至少选择两门）

1. 第二外国语2分

2. 中外翻译简史2分

3. 翻译批评与赏析2分

4. 跨文化交际2分

5. 中外语言比较2分

6. 文体概论 2 分

7. 国际政治与经济 2 分

8. 模拟会议传译 2 分

9. 视译 2 分

10. 商务口译 2 分

11. 法庭口译 2 分

12. 外交口译 2 分

13. 经贸翻译 2 分

14. 法律翻译 2 分

15. 科技翻译 2 分

16. 传媒翻译 2 分

17. 计算机辅助翻译 2 分

18. 中国典籍外译 2 分

(三) 实习 2 分

(四) 学位论文

学位论文可以采用以下形式：（1）翻译项目：学生在导师的指导下选择中外文本进行翻译，字数不少于 10 000 字，并根据译文就翻译问题写出不少于 5 000 字的研究报告；（2）实验报告：学生在导师的指导下就口译或笔译的某个环节展开实验，并就实验结果进行分析，写出不少于 10 000 字的实验报告；（3）研究论文：学生在导师的指导下撰写翻译研究论文，字数不少于 15 000 字。（以上字数均以汉字计算）学位论文采用匿名评审，论文评阅人中至少有一位是校外专家。答辩委员会成员中必须有一位具有丰富的口译或笔译实践经验且具有高级专业技术职称的专家。

上海外国语大学英语专业教学计划

一、培养目标及知识能力要求

修业年限：四年

培养目标：培养能在教育、经贸、外事、文化、宣传、科研等部门从事教学、翻译、研究、管理工作的德才兼备的英语高级专门人才。

知识能力要求：学生应熟悉我国外事、经贸等方面的方针、政策和法规；具有坚实的英语语言基础和熟练的听、说、读、写、译的能力；掌握英语语言和文学理论的基础知识；有一定的阅读和分析鉴赏各种体裁的英语原著的能力；初步了解主要英语国家的历史和现状；对主要英语国家社会和文化有概括的了解；懂得英语教学法；具有较好的汉英表达能力和初步的科研能力；懂得一门第二外国语；通过选修有关课程，了解一些国际关系、翻译流派理论、文学、语言学等方面的知识。

二、主干课程

基础英语、高级英语、英语泛读、英语视听说（I、II）、英语语音、英语写作、英语口语、基础英语语法、英美概况、美国文学史、英国文学史、翻译理论与实践等

三、学位及学分要求

英语专业本科生必须完成160学分方可毕业，学生完成论文撰写，经校学位委员会评审通过，可授予学士学位。其中各类课程修读要求如下：

		应修满学分数	占应修总学分数 %	占应修总学分数 %
普通教育课程	公共必修课	38	23.75	28.75
	任意选修课	8	5.00	

续表

		应修 满学分数	占应修 总学分数%	占应修 总学分数%
专业必修课程	专业基础课	46	28.75	51.25
	专业课	36	22.5	
专业选修课程		32	20	20
合 计		160	100	100

四、课程设置

1. 普通教育课程

学生应在下列普通教育课程中修满46学分:

课程名称	课程代码	学分	周学 时	开课 学期	应修 学分	备注
思想道德修养	101.001.1	3	3	1/2		
毛泽东思想概论	101.002.1	3	3	1/2		
马克思主义哲学	101.003.1	3	3	3/4		
邓小平理论概论	101.004.1	2	2	1/2		
马克思主义政治经济学原理	101.005.1	2	2	1/2		
当代世界经济与政治	101.006.1	3	3	3/4		
体育	102.001.1-4	6	2	1-4	38	
计算机应用基础	103.001.1-2	6	4	5-6		
现代汉语	104.001.1	2	2	1/2		
中国现代文学	104.002.1	2	2	1/2		
中国古代文学	104.003.1	2	2	3/4		
语言学概论	104.004.1	2	2	3/4		
法律基础	105.001.1	2	2	1/2		
任意选修课					8	

2. 专业课程

学生应在下列专业基础课程中修满76学分：

类别	课程名称	课程代码	学分	周学时	开课学期	应修学分	备注
专业基础课	基础英语		12	6	1-2	46	
	基础英语		8	4	3-4		
	基础语音	211.012.1	2	2	1/2		
	基础英语语法	211.005.1-2	2	2	3-4		
	英语视听说	211.004.1-4	8	3	1-4		
	英语泛读	211.003.1-4	8	2	1-4		
	英语口语	211.022.1-2	4	2	2-3		
	英美概况	211.006.1	2	2	3		
专业课	高级英语		8	4	5-6	36	
	高级英语	211.002.3	4	4	7		
	高级英语	211.002.4	2	2	8		
	翻译理论与实践	211.010.1-3	6	2	5-7		
	美国文学史	311.003.1	2	2	5		
	英国文学史	311.004.1	2	2	6		
	口译I、II	211.011.1-2	4	2	6-7		
	英语语言学导论	311.042.1	2	2	5		
	学术论文写作	311.067.1	2	2	6		
	英语写作		4	2	5-6		

3. 专业选修课程

学生应在下列专业课程中选修38学分：

课程名称	课程代码	学分	周学时	开课学期	应修学分	备注
英语应用文写作	211.007.1	2	2	4		
英语词汇学	311.006.1	2	2	5		
英语理论语法	311.007.1	2	2	5		
圣经故事	311.012.10	2	2	5		
短篇小说选读	311.049.1	2	2	5/6		
英国社会与文化	311.013.1	2	2	5		
国际关系概论	311.051.1	2	2	5		
现代国际关系史	311.022.1	2	2	5		
东西方文化	311.062.1	2	2	5		
希腊罗马神话	311.063.1	2	2	5		
高级英语视听说	211.008.1	2	2	5/6		
英语散文欣赏	311.050.1	2	2	5/6		
英美诗歌	311.056.1	2	2	5/6		
文学翻译与鉴赏	311.052.1	4	2	5-6	24	
美国文学选读	311.009.1	2	2	6		
美国对外关系史	311.061.1	2	2	6		
高级商务英语	311.055.1	2	2	6		
当代美国电影	211.013.1	2	2	6/7		
英语修辞学	311.010.1	2	2	7		
美国社会与文化	311.014.1	2	2	7		
美国历史	311.015.1	2	2	7		
语言与翻译	311.057.1	2	2	7		
英国学	311.058.1	2	2	7		
英语应用文翻译	211.009.1	2	2	8		
外报外刊选读	211.014.1	2	2	8		
英国文学选读	311.008.1	2	2	8		
社会实践	311.065.1	2	2	不限		
第二外语		12	4	2-5	12	